5G 增强技术丛书

蜂窝车联网通信标准：
从LTE-V2X到NR-V2X

赵振山　张世昌　卢前溪　杜忠达　丁伊　沈霞◎著

C-V2X Communication Standards:
From LTE-V2X to NR-V2X

人民邮电出版社
北京

图书在版编目（CIP）数据

蜂窝车联网通信标准：从LTE-V2X到NR-V2X / 赵振山等著. -- 北京：人民邮电出版社，2021.8
（5G增强技术丛书）
ISBN 978-7-115-56481-8

Ⅰ. ①蜂… Ⅱ. ①赵… Ⅲ. ①第五代移动通信系统—应用—汽车—物联网—技术标准 Ⅳ. ①U469-39

中国版本图书馆CIP数据核字(2021)第077546号

内 容 提 要

本书主要介绍车联网的系统设计和通信标准。车联网通信是基于 D2D（设备-设备）的一种通信技术，与传统的蜂窝通信不同，D2D 通信利用侧行链路进行终端之间的直接通信，因此本书着重介绍侧行链路通信的原理及相关技术、物理层的设计和高层信令设计，具体包括侧行链路的帧结构设计、侧行链路物理信道（PSCCH、PSSCH、PSFCH、S-SSB 等）、侧行链路参考信号设计、侧行链路控制信息、侧行反馈机制（HARQ-ACK 反馈）、侧行链路测量和上报（SL RSRP 测量、CQI/RI 测量）、侧行链路功率控制、侧行链路同步机制和设计、资源调度（基于网络调度和终端自主选取的传输方式）、侧行链路 RRC 设计、逻辑信道。

本书适合对车联网技术或通信标准感兴趣的高校师生、通信工程师、通信标准研究人员、自动驾驶工程师、系统设计师、芯片开发人员、车辆设计人员等阅读。

◆ 著　　赵振山　张世昌　卢前溪　杜忠达　丁 伊　沈 霞
责任编辑　李 强
责任印制　陈 犇

◆ 人民邮电出版社出版发行　北京市丰台区成寿寺路 11 号
邮编 100164　电子邮件 315@ptpress.com.cn
网址　https://www.ptpress.com.cn
涿州市京南印刷厂印刷

◆ 开本：787×1092　1/16
印张：15.5　　　　　　2021 年 8 月第 1 版
字数：302 千字　　　　2021 年 8 月河北第 1 次印刷

定价：99.80 元

读者服务热线：(010)81055493　印装质量热线：(010)81055316
反盗版热线：(010)81055315
广告经营许可证：京东市监广登字 20170147 号

前言

车联网（Vehicle to Everything，V2X）即车辆与其他可以影响车辆驾驶及服务的实体之间以无线通信的方式进行的信息交互，达到提升交通效率、安全以及服务体验的目的。V2X包含了V2V（Vehicle-to-Vehicle，车—车）、V2I（Vehicle-to-Infrastructure，车—基础设施）、V2N（Vehicle-to-Network，车—互联网）、V2P（Vehicle-to-Pedestrian，车—行人）4种基本的通信模式。通过车联网系统交互的信息可以包括基础安全信息，如车辆或行人的位置、移动速度、移动方向等，以辅助其他车辆或实体判断是否存在安全隐患；也可以包括采集到的传感器信息，如车辆将通过摄像头或雷达采集到的周围环境的信息发送给其他的车辆或行人，从而使得其他的车辆或行人获得更多的道路交通状况信息，提高道路安全性。

借助通信技术提供V2X应用服务的车联网系统主要包括两种技术，一种是以美国、欧洲国家为代表提出并推动的专用短程通信（Dedicated Short-Range Communication，DSRC）技术，另一种是以中国为代表主推的蜂窝车联网（Cellular-V2X，C-V2X）技术。DSRC在20世纪90年代即被提出，并且美国和欧洲为基于DSRC的车联网技术分配了专用的频谱资源，DSRC技术主要以IEEE 802.11p协议作为物理层和MAC层协议，以IEEE 1609协议作为高层协议，一起构成DSRC的协议架构。DSRC虽然提出了二三十年，但是因为部署基础设施成本高等原因，至今没有大规模商用。C-V2X技术是基于蜂窝网的车联网技术，其优点是可以基于现有蜂窝网络基础设施提供车联网服务。C-V2X既可以通过蜂窝网络的中转实现设备之间的通信，实现高速率、广覆盖的传输，又可以通过设备之间直接通信的方式，实现低时延、高可靠的传输。另外，C-V2X系统也可以随着蜂窝网络的演进而演进，如基于LTE蜂窝网络的LTE-V2X可以实现辅助驾驶、基于NR蜂窝网络的NR-V2X可以实现自动驾驶。

C-V2X技术的起步虽然晚于DSRC技术，但是发展速度远高于DSRC技术。3GPP于2015年正式启动C-V2X标准化研究工作，并于2017年完成R14 LTE-V2X标准化工作，在2020年完成基于5G NR技术的NR-V2X第一个版本的标准化工作。随着C-V2X技术标准的完成及产业的完善，越来越多的国家和车企开始考虑将C-V2X技术作为车联网技术，美国将原先分配给DSRC使用的75MHz频谱资源中的30MHz重新分配给了C-V2X技术。C-V2X是我国主推的车联网技术，并且我国具有完备的4G、5G蜂窝网络基础设施，因此，C-V2X将是我国采用的车联网技术。我国将5.905~5.925GHz的授权频段应用于LTE-V2X试验，并且在北京、无锡、长沙、上海、重庆等城市建立了车联网应用示范园区，和其他国际车联网组织，国内外通信设备商、芯片企业以及车企等组织 C-V2X 试验，联合推动 C-V2X 的产业化进程，加速 C-V2X 产业发展。

本书着重介绍基于 3GPP 的 C-V2X 通信技术标准，包括基于 4G 网络的 LTE-V2X 和基于 5G 网络的 NR-V2X。本书的作者都是 3GPP 标准代表，参与 LTE-V2X 和 NR-V2X 的技术研究与标准推动，对 3GPP 车联网标准的技术发展和标准化背景具有深入的了解。本书试图通过介绍 LTE-V2X 和 NR-V2X 的主要技术差别，分析从 LTE-V2X 演进到 NR-V2X 的技术原理，让读者不仅能了解 C-V2X 技术标准的现状，还能了解标准化讨论中的一些其他的观点和技术方案。

在本书的撰写过程中，仍有一些技术方案还在讨论和标准化过程中，如有机会，也希望能够进一步修正和更新。另外，本书是基于作者的主观视角和有限学识对标准化讨论结果的理解，如有不当之处，敬请读者批评指正。

目录

第 1 章　车联网概述 1
  1.1　车联网概念 2
  1.2　车联网通信发展历程 4
    1.2.1　从起步到 DSRC 4
    1.2.2　C-V2X 的快速发展 6
  1.3　车联网标准特性 7
    1.3.1　DSRC 标准技术 8
    1.3.2　C-V2X 标准技术 9
    1.3.3　DSRC 与 C-V2X 性能对比 11
  1.4　各章概述 12

第 2 章　C-V2X 应用实例和性能需求 15
  2.1　LTE C-V2X 应用实例和需求 16
  2.2　NR C-V2X 的应用实例和性能需求 19

第 3 章　基础参数集和帧结构 23
  3.1　基础参数集 24
  3.2　无线帧结构 26

第 4 章　物理信道和物理信号 31
  4.1　物理信道 32
    4.1.1　PSCCH 32
    4.1.2　PSSCH 37
    4.1.3　PSFCH 42
    4.1.4　PSBCH 43
  4.2　参考信号 49
    4.2.1　解调参考信号 49
    4.2.2　CSI-RS 54
    4.2.3　PT-RS 56
  4.3　侧行同步信号 56

第 5 章　侧行链路资源分配 59

5.1　资源池 60
- 5.1.1　为什么引入资源池 60
- 5.1.2　资源池的确定方法 63
- 5.1.3　发送和接收资源池 72
- 5.1.4　发送资源池的选择 74
- 5.1.5　共享资源池 76

5.2　基于网络调度的资源分配 80
- 5.2.1　LTE-V2X 系统动态资源分配 81
- 5.2.2　NR-V2X 系统动态资源分配 84
- 5.2.3　LTE-V2X 系统半静态调度资源分配 90
- 5.2.4　NR-V2X 系统配置授权资源分配 92

5.3　终端自主资源选择 97
- 5.3.1　LTE-V2X 模式 4 资源选择算法 98
- 5.3.2　NR-V2X 模式 2 资源选择算法 103
- 5.3.3　重评估与资源抢占 111
- 5.3.4　低功耗的资源选择算法 116

5.4　Cross-RAT 调度 119
- 5.4.1　LTE Uu 控制 NR SL 119
- 5.4.2　NR Uu 控制 LTE SL 120

第 6 章　侧行链路物理过程 125

6.1　侧行 HARQ 反馈 126
- 6.1.1　侧行 HARQ 反馈的激活（Enabled）或禁用（Disabled） 127
- 6.1.2　多播传输中的两种侧行 HARQ 反馈方式 130
- 6.1.3　基于区域的侧行 HARQ 反馈方式 132
- 6.1.4　侧行反馈资源的配置 135
- 6.1.5　侧行反馈资源的确定 139

6.2　侧行反馈信息上报给网络 142
- 6.2.1　侧行反馈上报内容 142
- 6.2.2　侧行反馈上报定时机制 143
- 6.2.3　侧行反馈上报优先级处理 145
- 6.2.4　侧行半静态码本反馈上报 146
- 6.2.5　侧行动态码本反馈上报 149

6.3　侧行链路测量和反馈 151
- 6.3.1　CQI/RI 测量与反馈 151

	6.3.2	RSRP 测量与反馈	153
	6.3.3	CBR/CR 测量	154
6.4	侧行链路功率控制		155
	6.4.1	LTE-V2X 侧行链路功率控制	156
	6.4.2	NR-V2X 侧行链路功率控制	158
6.5	侧行传输碰撞处理		161
	6.5.1	侧行与上行传输碰撞	162
	6.5.2	侧行与侧行传输碰撞	164
6.6	拥塞控制		165

第 7 章 同步过程 169

7.1	同步源类型		170
7.2	同步源优先级		173
	7.2.1	LTE-V2X 系统同步源优先级	174
	7.2.2	NR-V2X 系统同步源优先级	174
	7.2.3	配置或预配置 gNB/eNB 或 GNSS 为最高优先级	175
7.3	同步源 ID		179
7.4	同步资源		180
	7.4.1	多套同步资源的工作机制	180
	7.4.2	同步资源的配置	182
7.5	同步过程		183
	7.5.1	确定能够发送 SLSS 和 PSBCH 的终端	183
	7.5.2	确定同步源的过程	185
	7.5.3	确定发送 SLSS 和 PSBCH 的过程	189

第 8 章 高层相关——用户面 197

8.1	媒体接入控制层		198
	8.1.1	侧行链路调度请求缓存状态上报	198
	8.1.2	冲突解决机制	201
	8.1.3	侧行链路逻辑信道优先级处理	203
	8.1.4	信道状态信息报告	204
	8.1.5	MAC 报文头格式	205
8.2	RLC 层		206
8.3	PDCP 层		207
8.4	SDAP 层		212

第9章 高层相关——控制面 213

9.1 无线资源控制层 214
9.1.1 PC5 接口 RRC 协议综述 214
9.1.2 PC5 接口能力交互 215
9.1.3 PC5 接口接入层参数配置 216
9.1.4 PC5 接口测量配置与报告过程 219
9.1.5 PC5 接口无线链路监测/无线链路失败 219
9.1.6 Uu 接口 RRC 协议综述 220
9.1.7 Uu 接口侧行链路辅助信息上报 221
9.1.8 Uu 接口能力上报 222
9.1.9 Uu 接口侧行链路配置 223
9.1.10 Uu 接口测量配置与报告 224
9.1.11 Uu 接口侧行链路移动性管理 225

9.2 V2X 层协议 226

第10章 总结与展望 233

参考文献 237

第1章

车联网概述

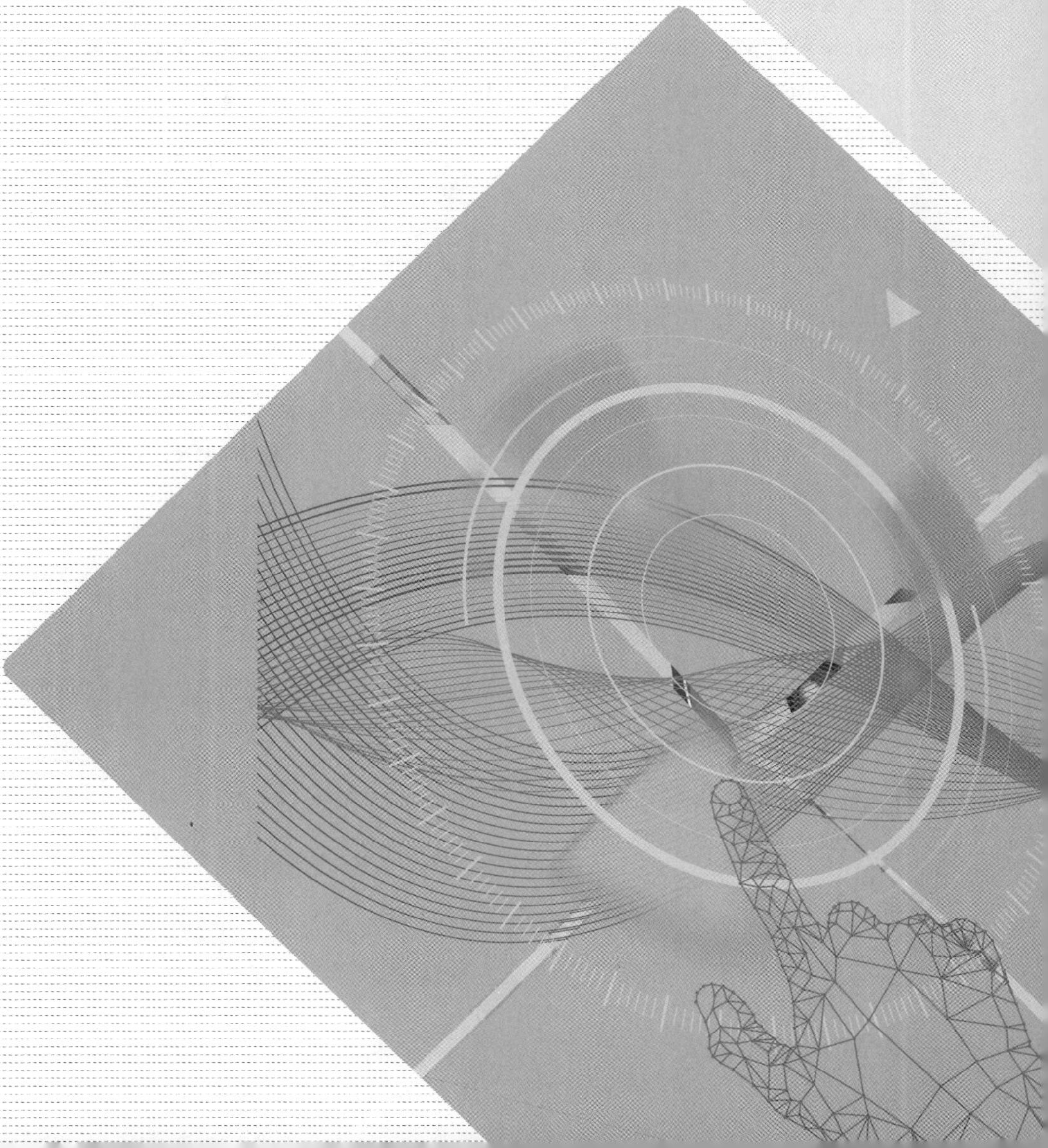

1.1 车联网概念

车联网的定义：借助新一代的信息通信技术，实现车内、车与车、车与路、车与人、车与服务平台的全方位网络连接，提升汽车智能化水平和自动驾驶能力，构建汽车和交通服务新业态，从而提升交通效率，改善汽车驾乘的感受，为用户提供智能、舒适、安全、节能、高效的综合服务[1]。

目前业界普遍用"V2X"（Vehicle to Everything）来指代车联网，即车作为一个设备，可以利用信息通信技术与一切可以影响车辆驾驶及服务的实体进行信息交互，达到提升交通效率、安全及服务体验的目的。V2X包含了车-车（Vehicle-to-Vehicle，V2V）、车-基础设施（Vehicle-to-Infrastructure，V2I）、车-互联网（Vehicle-to-Network，V2N）、车-行人（Vehicle-to-Pedestrian，V2P）4种基本的通信模式（如图1-1所示）。

（1）V2V支持车辆之间的信息交互，可用于车辆间互相收集周围车辆的位置和移动速度等信息，用于防撞提醒等。

（2）V2I支持车辆与基站、道路或者其他基础设施如交通灯、道路传感器等进行通信，可获取移动通信信息、交通灯信号时序的道路管理信息等服务。

（3）V2N支持车与互联网及云服务平台连接，可通过网络实现远程车辆控制，或者利用网络提供交通导航、车载娱乐、防盗等服务。

（4）V2P支持车辆与路边或非机动车道的行人直接通信，可用于安全警告等。

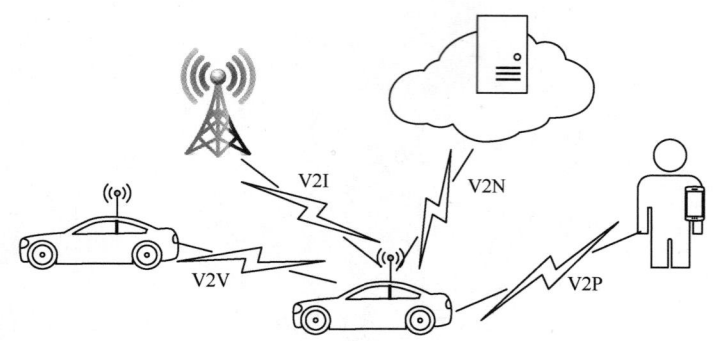

图1-1 车联网V2X基本通信模式

根据V2X的定义，车联网系统包含了车、通信、道路、人及信息服务平台等重要元素，是一个需要跨行业协同推进的技术领域。信息行业、通信行业、交通行业、汽车行业及电子设备行业等多方协作，为提高驾驶安全水平和服务质量及交通效率一起探索V2X新应用、新商业模式。按技术领域的不同，可以通过"云—管—端"的架构来描述车联网[1]，如图1-2所示。"云"主要包括与V2X相关的连接管理、数据计算与存储、服务能力开放平台，可以借助云计算与大数据等应用层面的信息技术为V2X提供更好的计算与应用服务。"端"主要包括远端车载操控的设备、路边设施、车载电子设备、车载操作系统等软硬件设备。"管"则主要是指通过互联网和无线通信技术，为"端"与"端"之间、"端"与"云"之间提供连接，实现"端"内和"端"外的网联化，通过大量的信息交互大力提升汽车设备的智能化水平。

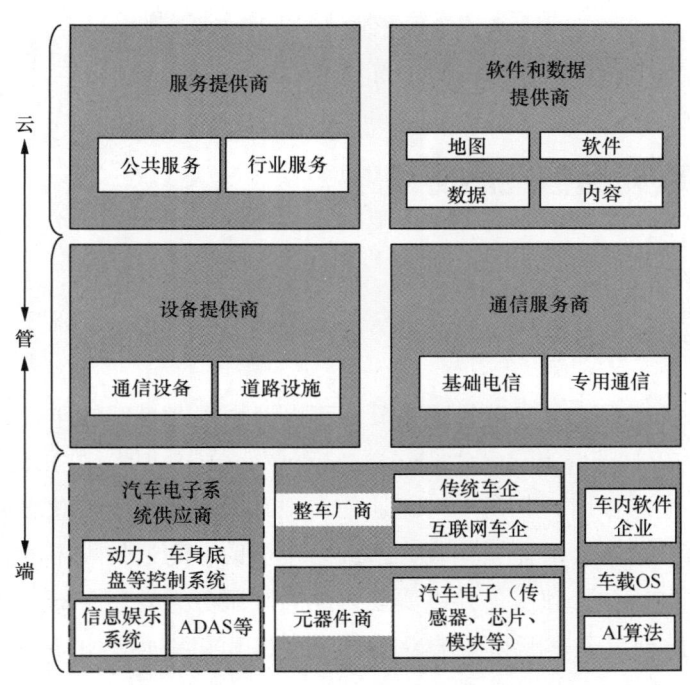

图1-2 车联网"云—管—端"架构

车联网加速了汽车的智能化和网联化，一个重要的发展目标是从协同驾驶逐步实现自动驾驶。国际汽车工程师协会将汽车智能水平划分为L0～L5等级（如图1-3所示），分别对应没有自动化、驾驶辅助、部分自动驾驶、有条件自动驾驶、高度自动驾驶和完全自动驾驶6个状态。目前汽车智能水平处于L1～L2等级，距离完全自动驾驶还有一定的距离，需要车联网"云""管""端"全行业共同协力推进其进一步发展。

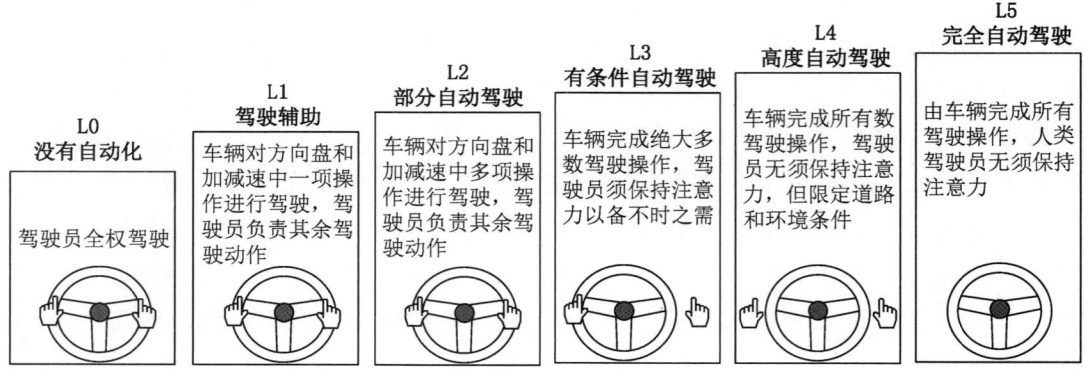

图1-3 汽车智能水平L0~L5划分示意图

1.2 车联网通信发展历程

1.2.1 从起步到DSRC

借助通信技术提供V2X应用的服务最早可以追溯到20世纪70年代美国设计的电子路线引导系统（Electronic Route Guidance System，ERGS）[2]。在ERGS中，利用路边设备向车辆提供道路指引，利用车—路通信实现了早期的辅助驾驶服务。车联网的早期发展则以美国、日本和欧盟为代表，都致力于借助移动通信技术的智能交通项目的实施与研发，支持协作驾驶服务并以实现自动驾驶服务为发展目标。从20世纪90年代开始，各国纷纷出台用于车辆和基础设施之间的专用短程通信（Dedicated Short-Range Communication，DSRC）的使用频段和通信标准，大力推动了车联网的发展进程。

在使用频段方面，美国联邦通信委员会早在1999年就将以5.9GHz为中心的75MHz（5.850~5.925GHz）分配给用于车辆和基础设施之间的专用短程通信。欧洲电子通信委员会（Electronic Communications Committee，ECC）初期将5.795~5.805GHz频段分配用于车—路系统，后续又将5.855~5.925GHz用于智能交通系统以支持车—车通信。日本在20世纪90年代末将5.770~5.850GHz划分为DSRC通信频段，在2012年又将755.5~764.5MHz频段用于道路安全应用的V2X专用频段[3]。

在通信标准方面，美国材料与试验协会（American Society for Testing and Materials，ASTM）于2000年成立了专门的DSRC标准研究工作组，将基于无线局域网协议IEEE 802.11a修改的802.11p作为DSRC物理层和MAC层协议，将IEEE 1609作为高层协议，一起构成WAVE（Wireless Access in Vehicular Environment）协议架构。欧盟和日本也制定了相应的DSRC标准。欧盟于1997年通过了其DSRC标准化工作小组CEN/TC278制定的标准ENV12253、ENV12795、ENN12834，分别对应DSRC的物理层、数据链路层和应用层。日本无线工业及商贸联合会（Association of Radio Industries and Businesses，ARIB）分别于2001年和2004年发布了用于5.8GHz的DSRC标准ARIB STD-T75/STD-T88，工作于TDMA模式，主要用于电子收费，2012年又推出了700MHz下的DSRC标准ARIB STD-T109，基于CSMA，用于解决车—车和车—路防撞安全问题[4]。

国际标准化组织（International Organization for Standardization，ISO）则于1993年成立TC204委员会，专注于交通信息和控制系统状况方面的国际标准组织工作，其中工作组WC16则由美国牵头推出了标准陆地移动访问通信（Communication Access for Land Mobiles，CALM）通用体系架构，支持蜂窝网络、WiMAX、红外、微波等通信技术应用于车联网[5]。ISO TC204将与其他国际标准组织及各国相关的标准组织合作共同研制车联网相关标准，欧、美、日也纷纷将本国研制的DRSC标准提交到ISO TC204，纳入CALM标准体系中。2007年，ISO TC204推动欧洲电信标准化协会（European Telecommunications Standards Institute，ETSI）成立了TC ITS，目的是将ISO CALM标准转化为欧洲标准并联合开发新的标准[6]。ETSI制定了基于802.11p的DSRC标准ITS-G5，同时作为第三代合作伙伴计划（3rd Generation Partnership Project，3GPP）的创建伙伴，ETSI也会对3GPP的技术标准成果进行直接转化、引用。

我国在车联网标准技术研究方面相对美、欧、日起步较晚，早期阶段主要跟随ISO组织推进相关工作。1998年，我国交通部向交通部无线电管理委员会提出将5.8GHz频段（5.795～5.815GHz）分配给DSRC技术领域[4]。2003年成立了全国智能运输系统标准化技术委员会（ITS标委会），并于2007年发布国标GB/T 20281.1～5 2007《电子收费专用短程通信》等系列DSRC标准，专用于ETC业务。

从DSRC的发展历程来看，基本可以分为DSRC1.0和DSRC2.0两个阶段，DSRC1.0主要应用于ETC等车—路通信服务，在欧、美、日以及我国已获得广泛应用。在标准方面，欧、美、日在ISO的CALM框架下应用自己出台的DSRC标准，我国则主要借鉴了国外的DSRC技术，在该方面自主知识产权积累薄弱。DSRC1.0的通信距离和传输速率都较受限，结合车—车通信需求，在传输速率和距离上都需要大幅度提升，因此欧、美、日都在IEEE 802.11p的基础上研究增强的DSRC标准，可以称为DSRC2.0，例如，日本推出的ARIB STD-T109。目前IEEE组织也在研制标准IEEE 802.11bd，称为下一代的802.11p，希望在传输速率和覆盖范围上都能进一步增强。基于802.11p的DSRC2.0从2009年至2021年已经在全球范围内进行了大量的规模试验，产业成熟度较高，恩智浦等公司已经推出商用芯片[3]。美国已经在26个州开展试点示范，支持以802.11p为主的车联网试验，测试其不同道路场景下的性能，为802.11p的规模商用做准备。

1.2.2　C-V2X的快速发展

　　DSRC经过二三十年的试验、测试，其产业化进程缓慢的一个主要原因在于基础设施成本高。随着蜂窝通信的快速发展及基础通信设施的不断完善，考虑借助蜂窝基础设施作为路边设施提供车联网通信服务，大唐电信于2010年率先提出了基于蜂窝通信技术的车联网技术，即C-V2X（Cellular-V2X），并联合华为在3GPP中积极推动LTE-V2X标准化工作[7]。3GPP于2015年正式成立标准化研究项目LTE-V，并于2017年完成R14 LTE-V2X标准制定工作。该标准于2019年8月由ISO正式发布，标志着C-V2X技术纳入ISO定义的智能交通通信框架，支持设备之间基于C-V2X技术实现及时可靠的通信[8]。随着5G技术的发展，3GPP在5G NR标准的制定过程中，也将支持V2X作为一个重要的技术特征，并在2020年7月推出的第二版5G NR标准中完成了R16 NR-V2X标准制定工作。

　　车联网通信标准随着LTE-V2X的推出，很快形成了DSRC和基于蜂窝通信技术（LTE/NR）的C-V2X两大阵营。基于我国企业在C-V2X上较深的技术积累，C-V2X是我国主推的车联网标准技术。我国率先将5.905～5.925GHz的授权频段应用于LTE-V2X试验。在IMT-2020（5G）推进组下成立了C-V2X工作组，推动中国通信标准化协会（China Communications Standards Association，CCSA）快速制定国内基于LTE-V2X的通信设备标准，同时和其他国际车联网组织，以及国内外通信设备商、芯片厂商及汽车厂商等企业组织C-V2X试验，联合推动C-V2X的产业进程。

　　由于蜂窝通信基础设施的优势及其性能良好、稳定，C-V2X在车联网中的影响力越来越大，并在产业界的积极推动下，在全球范围内进行了C-V2X的技术试验。2018年，5G汽车协会（5G Automotive Association，5GAA）牵头组织企业在欧洲完成了首个C-V2X技术的演示，验证了基于C-V2X的技术对于安全告警方面的支持。同年，美国福特汽车公司发布与大唐、高通的C-V2X（LTE-V2X）联合测试结果，对比DSRC和C-V2X实际道路测试的性能，显示了LTE-V2X相比DRSC在远距离通信场景下具有明显的误码率性能优势。大陆集团联合NTT DoCoMo等5家企业于2018年7月～2018年10月在日本也进行了C-V2X测试，展示了C-V2X在延迟、覆盖和可靠性方面的性能。

　　我国也于2018年在上海开展了世界首个跨通信模组、终端设备、整车厂商的"三跨"互联互通C-V2X应用实验，验证了中国C-V2X标准的全协议栈有效性[3]。2019年年底，我国C-V2X工作组联合70多家企业首次实现了"跨芯片模组、跨终端、跨整车、跨安全平台"的应用示范，为后续C-V2X的商用奠定了重要基础。目前我国在北京、无锡、长沙、上海、重庆等城市建立了车联网应用示范园区，并在无锡、北京、上海、广州、雄安、重庆、长沙、宁波、盐城等城市积极构建移动边缘计算（Mobile Edge

Computing，MEC）与C-V2X融合验证环境，加速C-V2X产业的发展[8]。

现在，大唐、华为、高通等企业已对外提供LTE-V2X商用芯片/模组，华为、大唐、中国移动等企业也可以提供基于LTE-V2X的车载单元和路侧单元（Road Side Unit，RSU）硬件设备及相应的软件协议栈，标志着与C-V2X相关终端产品已具备商用基础。福特于2019年2月宣布2021年量产首款C-V2X车型，上汽集团、一汽集团、东风公司等也宣布2020年下半年至2021年上半年陆续实现C-V2X汽车量产[8]。C-V2X在车联网中的产业接受程度逐步提高，C-V2X的规模商用正快速来临。

总结来看，车联网通信标准从DSRC1.0起步，目前走向了基于802.11p的DSRC 2.0和C-V2X为主的两个阵营，在发展过程中涉及的主要通信标准组织及对应标准总结如表1-1所示。在车联网通信标准竞争中，802.11p起步相对较早，在产业成熟度上有一定优势，C-V2X虽然起步较晚，但是凭借技术性能和通信基础设施的优势快速地在车联网中占据了不可或缺的地位。在频谱方面，中国为C-V2X分配了5.905～5.925GHz频段的20MHz，美国为C-V2X分配了5.895～5.925GHz频段的30MHz，由此可见，C-V2X技术正在被国内外普遍认可，并且商用前景也更广阔。

表1-1 主要车联网通信标准组织及对应标准

地区	标准组织	车联网通信标准	接入方式[9]	主要应用场景
美国	IEEE	802.11p（802.11bd）/1609（WAVE）	CSMA/CA	车—车/路
日本	ARIB	ARIB STD-T75/STD-T88	同步TDMA	车—路（ETC）
		ARIB STD-T109	CSMA/CA	车—车/路
欧洲	CEN/TC278	ENV12253/ENV12795/ENN12834	异步TDMA	车—路（ETC）
	ETSI	802.11p/LTE-V2X/NR-V2X	—	车—车/路
	3GPP	LTE-V2X/NR-V2X	网络分配+终端自主	车—车/路
	ISO TC204	CALM（标准体系）	—	车—车/路
中国	ITS标委会	GB/T20281.1～52007	—	车—路（ETC）
	CCSA	基于LTE-V2X的车联网通信设备标准	网络分配+终端自主	车—车/路

1.3 车联网标准特性

本节将对1.2节中提到现有车联网产业中两大标准阵营中的标准技术，即基于802.11p的DSRC和C-V2X展开介绍。

1.3.1 DSRC标准技术

基于IEEE 802.11p的DSRC技术，以IEEE 802.11p作为底层技术，以IEEE P1609协议族为上层协议构成WAVE协议栈，架构如图1-4所示，其中IEEE 802.11p包括了物理层和MAC下层（信道接入机制）的协议标准，IEEE 1609.1规定了多个远程应用和资源管理间的控制互换流程，IEEE 1609.2规定了信息安全、抵制窃听等方面的管理机制，IEEE 1609.3规定了WAVE连接初始化和管理流程，IEEE 1609.4规定了MAC上层多信道操作机制[10]。

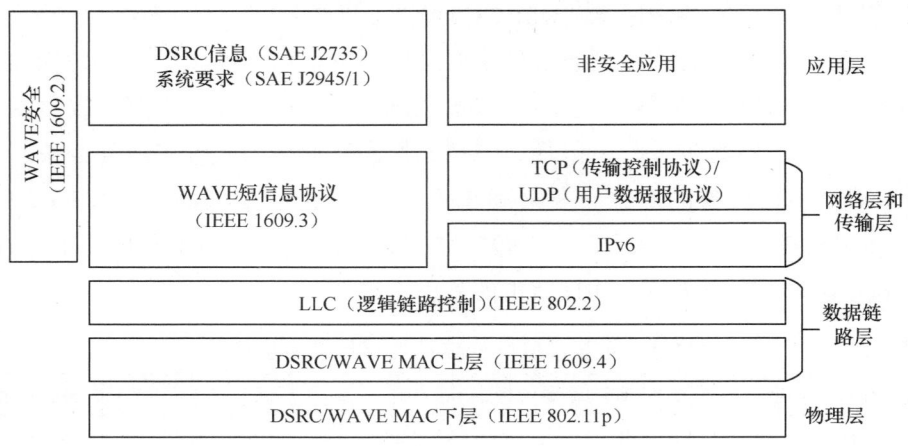

图1-4 WAVE协议栈

IEEE 802.11p是以IEEE 802.11a为基础修改而来的，采用OFDM技术，为了适应车辆移动、复杂的多径环境，修改了相关物理层参数，如加倍保护间隔以支持1km的远距离覆盖。IEEE 802.11p支持的物理层传输速率为3～27Mbit/s。下一代IEEE 802.11p技术，即IEEE 802.11bd则通过加倍保护间隔和重复传输扩展覆盖，引入更高阶调制、加倍信道带宽及MIMO技术提升传输速率，并利用数据间插入midamble码来增强高速多普勒频移下的信道估计。IEEE 802.11bd同时可以与IEEE 802.11p后向兼容，支持IEEE 802.11p的信号收发[11]。IEEE 802.11a、IEEE 802.11p和IEEE 802.11bd的底层主要参数的对比如表1-2[11, 12]所示。

表1-2 IEEE 802.11a/802.11p/802.11bd物理层参数对比

参数	IEEE 802.11a	IEEE 802.11p	IEEE 802.11bd
波形	OFDM	OFDM	OFDM
信道编码	BCC	BCC	BCC/LDPC
OFDM符号长度	4μs	8μs	8/16μs
保护间隔	0.8μs	1.6μs	1.6/3.2μs
子载波间隔	312.5kHz	156.25kHz	312.5kHz/156.25kHz/78.125kHz
MCS	MCS0～7（BPSK～64QAM）	MCS0～7（BPSK～64QAM）	MCS0～9（BPSK～256QAM）

续表

参数	IEEE 802.11a	IEEE 802.11p	IEEE 802.11bd
信道带宽	20MHz	10MHz	10/20MHz
频段	5GHz	5.9GHz	5.9/60GHz

IEEE 802.11p协议中MAC层采用基于载波侦听干扰避免（Carrier Sense Multiple Access with Collision Avoid，CSMA/CA）的增强分布式信道接入（Enhanced Distributed Channel Access，EDCA）机制，节点之间分布式竞争信道，以适用于车联网快速变化的拓扑结构。EDCA机制来源于传统WLAN的IEEE 802.11e[13]协议，并根据车联网的多优先级业务场景进行了相应的修订。EDCA设计了4个具有不同传输优先级的接入队列，将上层需要传输的数据根据其流量类型和QoS需求接入相应的队列中。车辆节点中的每个队列相互独立，分别采用CSMA/CA机制去竞争信道的传输机会。当内部业务队列发生传输碰撞时，则将传输机会分配给传输优先级较高的队列。

1.3.2 C-V2X标准技术

C-V2X在我国推动下迅速发展，商用产业链日趋成熟。我国在2020年2月发布的《智能汽车创新发展战略》中明确指出，2025年，车用无线通信网络（LTE-V2X等）实现区域覆盖，新一代车用无线通信网络（5G-V2X）在部分城市、高速公路逐步开展应用，高精度时空基准服务网络实现全覆盖。本小节将对C-V2X从4G LTE到5G NR阶段面向的应用需求和标准技术展开概述性的介绍。

1. 应用需求

在3GPP标准制定体系中，在成立新技术项目之前，需要先评估该技术所面向的场景性能需求。性能需求研究在3GPP SA1中完成。2015年8月，由LG牵头在3GPP SA1中立项了"基于LTE的V2X业务需求"标准项目，并于2016年2月完成，相关成果体现在3GPP TS 22.185[14]中。该项目定义了包含V2V、V2P、V2I、V2R的27个典型用例，主要为基本的安全类预警业务和交通效率提升业务，例如，前向碰撞预警、逆向超车碰撞预警、交叉路口碰撞预警、基于信号灯的车速引导、前方拥堵提醒等，业务特性以周期性为主。LTE-V2X主要通过广播方式支持相关业务，其最大时延需求为100ms（非安全类）/20ms（安全类），可靠性要求为80%~95%，支持最大相对移动速度为500km/h、传输频率为1~10次/秒。

相比LTE-V2X应用，NR-V2X致力于满足更高级的辅助驾驶需求，同时也可以支持LTE-V2X所覆盖的基本业务。3GPP SA1将增强V2X应用分为车辆编队、自动驾驶、扩展的传感器和远程驾驶4类[15]，具有实时、高可靠、高清视频图像传输需求。因此，NR-V2X相比LTE-V2X在时延、传输速率和可靠性等方面的性能指标更严苛，如覆盖达到1000m、最大吞吐量达到1Gbit/s、最小时延达到3ms、可靠性达到99.999%、传输频率达100次/秒等。业务不再以周期性广播为主，还包括大量的非周期业务及点对点的通信。由此NR-V2X将通信模式扩展为广播、多播和单播3种，以支持更复杂的V2X通信场景。

2. 标准技术

针对C-V2X标准，LTE-V2X分别于2017年和2018年完成R14基础版本和R15增强版本。NR-V2X于2020年7月完成了R16基础版本。在C-V2X标准工作组织上，则主要由3GPP SA1、SA2、RAN1、RAN2和RAN4来负责相关领域的V2X标准化工作。如上所述，SA1负责完成V2X业务需求研究；SA2负责完成V2X通信架构的设计，定义了终端和终端之间、终端和网络（基站）之间的通信端口，分别为PC5和Uu端口；RAN1负责完成V2X通信帧结构设计、物理信道、资源分配、同步、功率控制等物理层设计；RAN2负责完成与V2X相关的高层信令设计和资源管理；RAN4负责实现与V2X相关的射频要求。

C-V2X标准在设计上是基于蜂窝通信的扩展延伸，Uu口可以复用蜂窝通信中的上下行链路，支持V2I和V2R（基站类型路边设施）通信需求，PC5接口支持V2V、V2P和V2R（终端类型路边设施）通信需求，因此RAN1和RAN2在接入技术上的设计重点也是侧行链路（PC5接口上终端设备间传输数据的链路）以及与侧行链路相关的Uu链路的传输设计。

在关键技术方面，LTE-V2X则在LTE-D2D标准技术上针对V2X业务需求进行了增强。在蜂窝通信下支持终端与终端之间的通信资源分配方式有两种基本模式：一种是终端间通信资源受网络控制，另一种是终端间通信资源可以由终端自主选择，这两种模式在LTE-D2D中分别对应模式1和模式2，相应的LTE-V2X则对应模式3和模式4。依据3GPP TS 22.185中定义的V2X业务需求，在LTE-V2X中引入1次重复传输提升可靠性，通信以广播为主，无HARQ反馈。在R15中则引入载波聚合、支持64QAM等方式，进一步提升传输速率。

由于基于LTE技术的设备间通信最快获得产业推进的应用场景为V2X，因此NR R16在制定设备间通信标准时首先就是依据3GPP TS 22.186中定义的增强V2X应用需求和NR的基础特性开展NR-V2X的标准设计。NR-V2X延续了LTE-V2X的基本设计理念，同样支持上述两种基本资源分配模式，在NR-V2X分别对应为模式1和模式2。为了满足不同场景更高的性能需求，NR-V2X支持单播、多播和广播传输模式，相比LTE-V2X，增加了重复传输次数，并且引入传输反馈、信道状态信息测量反馈以提升可靠性。因此在NR-V2X中，除了PSCCH、PSSCH，还新增了用于传输反馈的物理侧行反馈信道

（PSFCH）。NR-V2X充分利用NR设计的灵活性，支持多子载波间隔和高频，满足多样化的性能需求。此外，C-V2X除了通过基站获取同步外，还可以通过GNSS和设备间发送的同步信号实现设备间的同步，因此在LTE和NR中都设计了多同步源的同步机制。

考虑到V2X的产业节奏，NR-V2X将与LTE-V2X进行融合应用，在NR-V2X设计中还支持与LTE-V2X的设备共存和协同调度，即支持LTE基站调度NR终端及NR基站调度LTE终端。LTE-V2X和NR-V2X将作为两个版本的V2X技术，面向不同的业务需求，其中LTE-V2X能够满足基本安全预警和效率提升类应用需求，NR-V2X设计是为了满足2025年后更多高级自动驾驶应用场景需求。因此，LTE-V2X与NR-V2X的业务能力是递进的，同时将长期共存，支持广泛的车联网业务。

总结现阶段LTE-V2X（R14/R15）和NR-V2X（R16）中主要技术特征，如表1-3所示。目前正在研制NR-V2X R17版本，将引入中继、部分侦听和非连续接收（Discontinuous Reception，DRX）技术对V2X覆盖和节能性能进行增强。虽然NR-V2X还未支持LTE-V2X中的一些技术特征，例如载波聚合，但是NR-V2X在后续演进中将以LTE-V2X所包含的技术特征为基准，结合更高的性能需求进行进一步的增强。

表1-3 LTE-V2X和NR-V2X关键技术特征

关键技术	LTE-V2X（R14/R15）	NR-V2X（R16）
传输模式	广播	广播、多播、单播
资源分配模式	Mode3（网络控制） Mode4（终端自主）	Mode1（网络控制） Mode2（终端自主）
波形技术	SC-FDMA	OFDM
频段	低频	低频/高频
子载波间隔	15kHz	15/30/60/120kHz
重复传输	单次调度支持2次传输，单个数据最多2次传输	单次调度支持3次传输，单个数据最多32次传输
传输反馈	无	单播、多播下支持HARQ反馈
测量反馈	无	单播支持CQI、RI、RSRP测量反馈
功率控制	开环功率控制（基于下行路径损耗）	开环功率控制（基于下行、侧行路径损耗）
设备间同步	基于GNSS、基站、终端多同步源的同步机制	基于GNSS、基站、终端多同步源的同步机制
载波聚合	支持	无

1.3.3　DSRC与C-V2X性能对比

在时延方面，基于IEEE 802.11p/IEEE 802.11bd的DSRC技术只能通过信道侦听接入信道，C-V2X（LTE-V2X/NR-V2X）可以通过网络控制和终端自主的资源分配接入信道，理论上可以获得比DSRC更小的信道接入时延，实际上在Anwar W等[11]对IEEE 802.11p、IEEE 802.11bd、LTE-V2X和NR-V2X的性能评估中也证实了这一点。同时，C-V2X在资源分配上充分考虑了业务的周期性，当周期性业务到达时不用再去竞争信道，从而有效保障了业务传输的连续稳定。

在可靠性方面，DSRC虽然在IEEE 802.11bd中加倍保护间隔并引入重复传输提升了可靠性，但还是难以避免CSMA/CA机制下的信道拥塞问题。C-V2X一方面可以基于网络控制支持设备之间的通信无传输碰撞，另一方面设计了针对终端自主的资源分配模式下的信道拥塞机制，对安全类通信业务的可靠性需求更有保障。2018年福特发布的C-V2X试验结果也证实了C-V2X相比DSRC在远距离通信下具有更低的BLER性能。

在传输速率方面，C-V2X和DSRC都可以支持256QAM高阶调制及多流的传输。C-V2X速率方面的优势主要在于其可以通过载波聚合和BWP（Bandwidth Part）技术支持灵活多变的带宽，根据V2X业务需求配置相应的资源池带宽。

在同步方面，DSRC以GNSS（全球导航卫星系统）为时钟同步源，而C-V2X可以支持以GNSS、基站和终端等多种时钟同步源，可以使终端在无法支持GNSS时同样可以进行V2X通信。

在优先级业务保障方面，DSRC通过为不同优先级业务设置不同的信道接入参数，以提升高优先级业务接入信道的概率。而C-V2X中除了基于优先级控制资源选择的信道阈值之外，NR-V2X还引入了资源抢占机制，可以支持高优先级业务在低优先级业务发送数据之前抢占其信道，低优先级业务进行资源重选以保障高优先级业务的传输。

综上考虑，C-V2X相比DSRC技术，不仅在基础设施网络构建上有产业优势，在信道接入时延、可靠性、传输速率等关键性能上也体现了技术优势，这也是其产业进程不断加快的重要技术基础。

1.4 各章概述

本书将对C-V2X从4G LTE到5G NR标准演进中的关键技术展开详细的介绍，也包括重要候选技术的筛选过程。本书分为10章，本章为第1章，主要介绍车联网概念、发展历程和C-V2X标准特性，第2章介绍LTE C-V2X和NR C-V2X系统的应用实例和性能需求，第3～7章为C-V2X标准的物理层设计，第8、9章为C-V2X标准的高层设计，第10章为总结与展望。下面是对后续各章的主要内容的介绍。

第2章：对3GPP TS 22.185和3GPP TS 22.186中关于C-V2X应用实例和性能需求进行介绍。

第3章：介绍V2X传输的基础参数集和帧结构，包括支持频段、波形、子载波间隔及物理信道帧结构设计等内容。

第4章：介绍与V2X相关的物理信道和参考信号的生成方式。

第5章：介绍侧行链路的两种资源分配模式：一种是由网络控制的资源分配模式，包括基于物理控制信令的动态调度和高层信令的半静态调度；另一种是基于终端自主的资源分配模式，包括信道侦听和资源选择的具体流程介绍。此外也对跨RAT的资源调度模式进行了介绍，以支持NR-V2X和LTE-V2X的共存。

第6章：介绍侧行链路的主要物理层过程，包括终端间的传输反馈及终端向网络上报侧行传输反馈、侧行链路的测量反馈、功率控制、拥塞控制等内容。

第7章：介绍侧行传输同步机制，包括同步源选择、同步信号的生成和发送等内容。

第8章：介绍与C-V2X系统高层用户面相关的内容。

第9章：介绍与C-V2X系统高层控制面相关的内容。

第10章：介绍基于侧行链路传输技术的未来技术演进方向。

第2章 C-V2X应用实例和性能需求

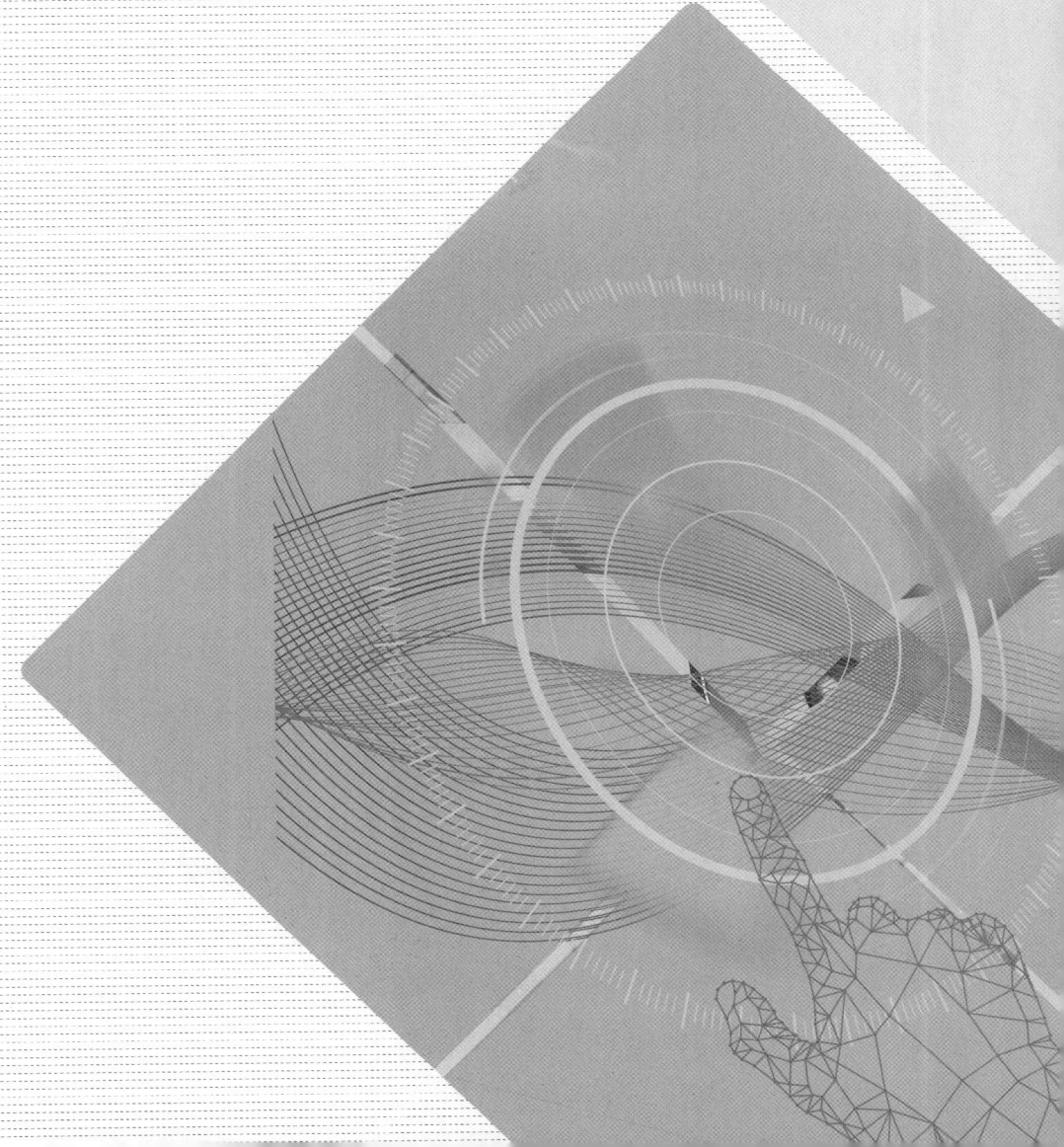

2.1 LTE C-V2X应用实例和需求

C-V2X是Cellular-V2X的简称，即基于蜂窝网络的V2X。V2X表示车辆（Vehicle）和其他的通信实体（X）之间的通信。X是一个泛称，可以是另外一个（群）车辆（V2V，Vehicle to Vehicle）、路上的行人（V2P，Vehicle to Pedestrian）、基础设施（V2I，Vehicle to Infrastructure）和网络（V2N，Vehicle to Network）。

3GPP技术报告[14]研究和记录了车联网中的典型应用实例。在这些应用实例中，与V2V相关的基本上是近距离的交通安全的事例。车辆之间通过侧向链路（Sidelink, SL）直接交换信息来提高行车的安全性。V2I一般发生在车辆和路侧单元（Road Side Unit，RSU）之间。在车辆之间因为距离或者建筑物遮挡的缘故无法直接通过SL进行通信时，就需要通过RSU进行间接的交流。RSU是车联网标准中经常用到的实体，在C-V2X通信系统中，一个RSU可以是一个特殊的网络设备，比如一个小型的基站；或者是一个特殊的终端。所以车辆和RSU之间可以通过Uu或者PC5接口进行通信。V2N是指车辆与V2X应用服务器之间的通信。这种通信的目的往往是实现远距离的信息交流，比如车辆可以通过服务器预先知道几十千米之外的停车场的空位信息。V2P指的是车辆和在公路边步行或者骑行的个人之间的通信，往往是为了彼此提醒，避免事故。图2-1很好地体现了这些不同类型的通信。

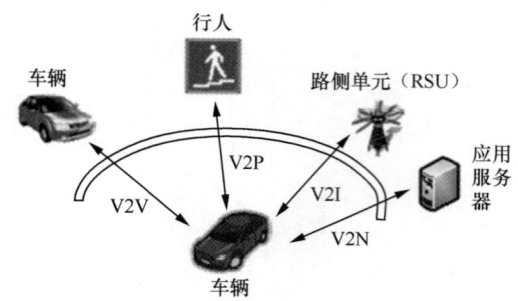

图2-1 不同的V2X应用（V2V、V2P、V2I、V2N）

下面通过具体的应用实例说明这些通信方式所起到的作用。在公路上最常见的交通事故是追尾事件。一般情况下往往是前面的车辆因为某些原因需要减缓速度，甚至紧急刹车，而后面的车辆因为无法及时知道这些信息，只能在看到前面的车辆采取了减速或者刹车的动作时才开始反应，但是往往为时已晚。在图2-2所示的例子中，这种情况可以减少发生或者避免。

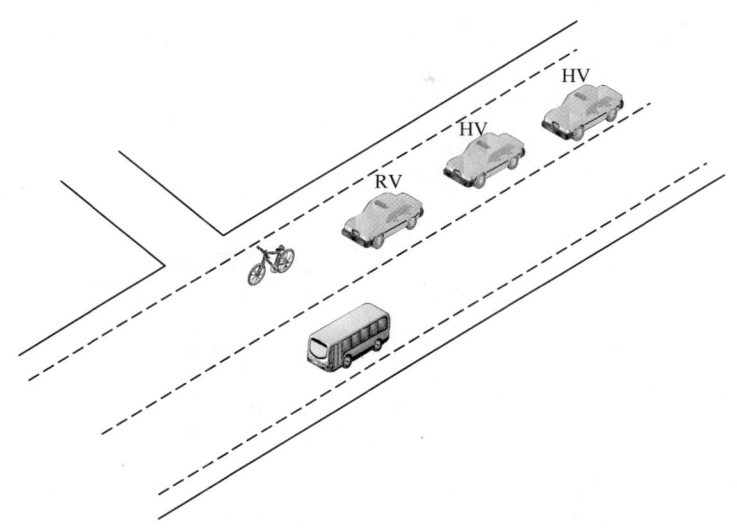

图2-2　V2V应用实例

在这个例子中，最前面的车辆称为RV（Remote Vehicle），而在它后面的车辆称为HV（Host Vehicle）。在车辆行进的过程中，RV会周期性地广播它的位置、速度、加速度和预估的车辆行进轨迹。HV在收到这些信息之后，会以一定的方式呈现给司机，从而采取相应的措施。比如当有一辆自行车出现在RV的前面时，RV的司机觉得这辆自行车侵占了机动车道路。此时，RV就会通过SL通道广播它会降低速度的信息。HV在收到这样的信息时，也会降低速度，并且和RV之间保持适当的距离。与此同时，RV还会通过SL通道给骑行者发送警告消息。骑行者如果携带了支持V2X应用的手环或者智能手机，在收到这样的警告消息后，就会让出机动车的道路，从而避免和马路上的车辆发生碰撞。这种车辆和骑行者之间的通信就是V2P的一个例子。

在山路或者城市中弯度比较大的路口会有一面大的反射镜，目的是让来往的车辆可以通过镜子看见彼此。但是在大路口，镜子本身往往会对交通造成干扰，而且司机也不一定能够看得到。这个时候可以借助RSU，让司机们通过V2X系统进行及时的交流（如图2-3所示[15]）。

在图2-3中，接近十字路口车辆可以告知RSU车辆目前的位置、速度等信息。RSU在接到这些信息后会进行适当的处理，并且把处理后的信息通过V2X应用广播给它附近的车辆。由于这个RSU就安装在图2-3所示的十字路口，所以来往的车辆可以提前知道在相关道路上的车辆分布及它们的行进意图，从而避免可能发生的交通事故，或者在交通比较畅通的时候，提高行车的效率。

V2N可以应用在交通的控制优化中。在图2-4所示[16]的例子中，十字路口没有安装交通信号灯。来往车辆在十字路口是否通行或者停止受控于V2X服务器所设置的一个虚拟红绿灯。这个虚拟红绿灯通过无线通信系统将相关信息发送给开往此路口的车辆。

由于虚拟红绿灯的开启需要提前相当一段时间来通知车辆,因此车辆也需要提前告知服务器其位置、速度、加速度和目的方向或者轨迹。而前面提到的V2V或者V2I无法发挥作用。

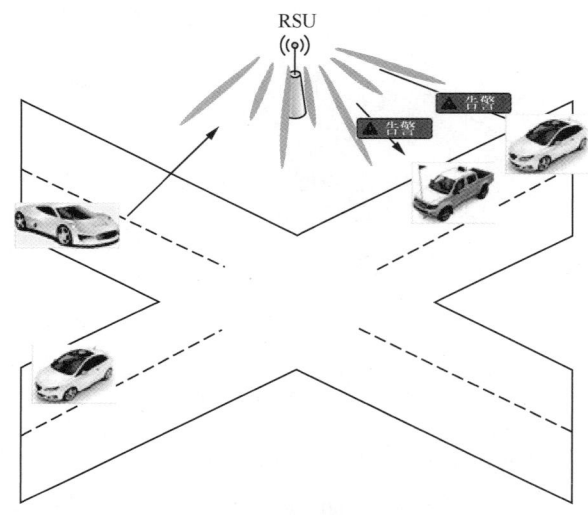

图2-3　通过RSU实现的道路安全服务

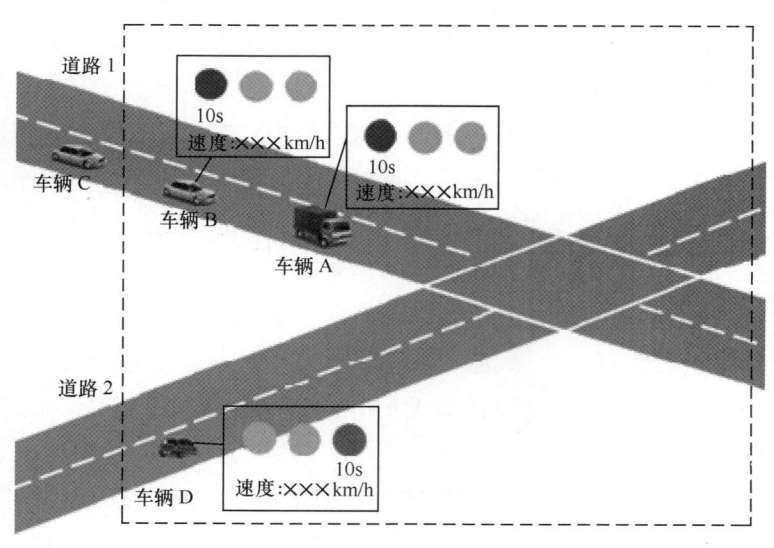

图2-4　交通控制优化实例

在这个具体的例子中,V2X应用服务器通过收集到的信息判断出应该让道路1上的3辆车辆(车辆A、B和C)先行,而让道路2上的一辆小汽车(车辆D)在十字路口停下,从而来提高道路的使用效率。

在参考文献[16]中还可以找到很多类似的例子,这里就不一一列举了。在分析了这些实际的应用实例后,在参考文献[14]中总结了和道路交通基本安全相关的V2X应用的需求。表2-1中列出了一些可以量化的需求。

表2-1　LTE-V2X性能需求

需求名称	需求内容	备注
覆盖	终端在有网络覆盖或者没有网络覆盖时，都可以支持终端之间的通信	可以是V2V、V2P和V2I
定位	网络应该尽可能地给终端提供提高定位精度的服务	
安全	每个使用V2X业务的终端都需要进行认证和授权才能使用	
时延	终端和终端之间的通信限制在一定的时间范围之内	V2V和V2P，小于100ms（针对某些特殊情况，比如避碰感知，小于20ms）；V2I小于100ms；V2N小于1000ms
消息块大小	周期性广播业务，50～300Byte 事件触发性业务，高至1200Byte	
消息频度	一个终端在1s内发送10个消息	
通信范围	至少让司机有4s的反应时间	
速度	绝对速度250km/h，相对速度500km/h	

2.2　NR C-V2X的应用实例和性能需求

从2.1节的介绍可以看出，LTE C-V2X提供了基本的交通安全或者优化的通信手段。交通的多样化，特别是自动驾驶的兴起，对C-V2X网络提出了更高的要求。这些新的应用大致可以分成4类：车辆编队、自动驾驶、扩展的传感器、远程驾驶。其中自动驾驶根据司机参与的程度分成了6个等级（如图1-3所示）。这些新的应用要求C-V2X网络能够承载更高速率的业务，并且要求更低的时延、更高的可靠性、更长的通信距离（PC5接口）和支持更高的车辆驾驶速度。而这些是前述LTE C-V2X所不能满足的，因此，引入了基于NR的C-V2X技术。在同时配备了LTE C-V2X和NR C-V2X的车辆中，车联网的应用层会根据发送的业务类别自动把这些应用要求发送的数据通过NR C-V2X网络进行发送。

编队行进的车辆从远处看起来好像是一列在公路上前进的"火车"。车辆和车辆之间保持在1～2m的距离，而且每个车辆的速度和前进的方向要保持高度一致（如图2-5所示[17]）。

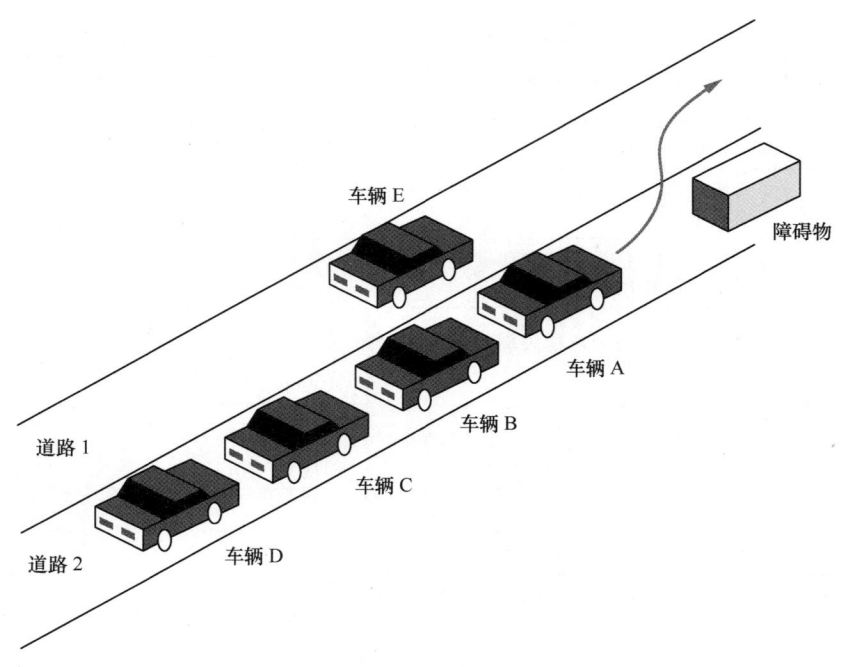

图2-5 车辆编队

在最前面的车辆负责整个车队的指挥。例如在图2-5所示的例子中，最前面的车辆会在遇到障碍物的时候给后面的车辆发出一个群广播消息，告诉后面的车辆在相同的位置按照建议的速度进行向左并线。另外为了保持队形，前后的车辆之间也需要及时交换信息。由于车辆之间的间隔比较小，而车速比较快，实际上要求消息传递在10ms内就能完成。除了这些基本的操作之外，还需要支持车队的管理，比如车队中某个车辆的离开或者某个新的车辆的加入；如果指挥车辆有故障，还会更换指挥车辆等。这些操作要求NR的C-V2X支持多播的通信方式。

扩展的传感器是为其他应用提供信息的一个手段，主要是为了传递比较精准的局部环境信息，包括但不限于位置信息、周围环境的影像和其他传感器信息。把这些分离的传感器的信息综合起来并且在短时间内处理成一个完整的局部环境信息需要高频率的数据传送，并且要求数据传送的时延比较低。这要求NR的C-V2X能够具备高速率、低时延的特点。

远程驾驶在日常生活中会应用于某些需要按照固定路线行驶的车辆，比如公交车；或者在有毒有害场所，比如一个化工厂的仓库等。虽然有这些或多或少的限制或者约定，远程驾驶还是需要车辆能够及时反馈周边环境的变化。比如一辆行驶的公交车需要把交通信号灯信息、上下车的乘车信息、道路上的拥堵信息或者突发的事件信息通过NR C-V2X快速传递给远程的操控者，并且允许操控者有足够的时间做出反应来进行处理。而操控者的反馈也需要及时送达公交车的伺服系统以便车辆做出正确的动作。

自动驾驶技术中一个很重要的组成部分是车辆能够对周边环境进行感知和反应。由于车辆行驶过程中周边环境一直在动态变化，这就要求在一定范围内的不同车辆之间能够及时交换各自车辆上的传感器所获得的信息，从而能够拼凑出一幅完整的，但是不断更新的"地图"。这要求交换信息不但快，比如端到端时延小于3ms，还要很频繁，比如10次/s，并且对可靠性提出了很高的要求，如消息传递成功的概率不能小于99.999%。

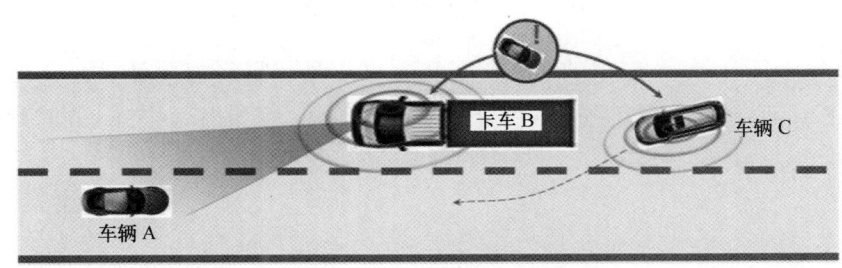

图2-6 环境的协作感知

在图2-6[17]的例子中，车辆C在卡车B的后面。在车辆C试图超车时，卡车B把对面开过来的车辆A的信息及时传递给车辆C。车辆C就暂停了超车的动作，避免了可能的撞车事件。

某个具体的应用往往只要求某个或者某些性能要达到最极致的要求，而不是全部。而NR C-V2X系统也无法同时达到这些所有的要求。表2-2中给出了一些典型应用的需求，图2-7中给出了应用实例的需求差异性。

表2-2 最高性能需求

性能指标名称	性能指标值	来自应用实例
单个消息负荷大小	6500Byte	自动驾驶，车辆编队
消息发送频度	100次/s	自动驾驶
最大端到端时延	3ms	自动驾驶
可靠性（消息发送成功概率）	99.999%	自动驾驶，扩展传感器，远程驾驶
数据速率	1000Mbit/s	扩展传感器
通信范围	≤1000m	扩展传感器

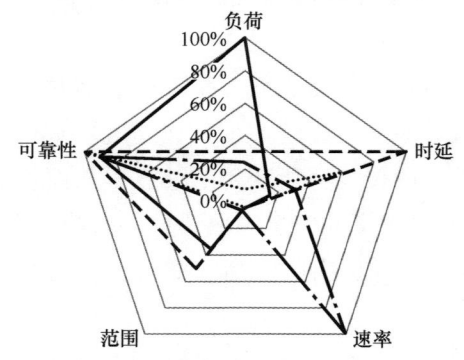

图2-7 应用实例的需求差异性

为了方便比较，每个应用的需求除了可靠性以外，已经按照计算百分比的方式进行了归一化（可靠性本身就是按照百分比来表示的）。例如时延，3ms的时延是100%，而10ms的时延是30%，等等。

第3章

基础参数集和帧结构

LTE-V2X和NR-V2X是目前3GPP制定的两个支持V2X业务的侧行通信标准,其中,LTE-V2X标准的第一个版本是在3GPP R14中基于LTE系统架构完成的,并在R15中进行了增强。NR-V2X的第一个版本完成于3GPP R16,而且是基于3GPP R15制定的NR系统架构,NR-V2X也将在3GPP后续版本中继续演进。本章将对LTE-V2X和NR-V2X的基本物理层参数和帧结构进行介绍,由于上述两个标准均是基于相应的终端与网络间通信(User-Equipment UTRAN,Uu)接口标准制定的,因此在本章的介绍中,也将以LTE Uu接口或NR Uu接口作为参考。此外,本章中提到多种侧行物理信道,关于这些信道和信号的具体功能和物理结构,请阅读第4章。

3.1 基础参数集

LTE-V2X和NR-V2X均可以工作在智能交通系统(Intelligent Transportation System,ITS)专用频谱上,同时,为了扩大V2X技术的应用范围,LTE-V2X和NR-V2X均可以在授权频段上与LTE Uu或NR Uu操作共存。为了避免对下行接收端的影响,LTE-V2X和NR-V2X只能工作在上行载波或上行时域资源上,详见5.1.1节。在频谱范围方面,LTE-V2X的目标工作频段在6GHz以下,目前已有多个国家和地区在5.9GHz频段为LTE-V2X分配了专用频段,而NR-V2X同时支持第一频率范围(Frequency Range 1,FR1)(410~7125MHz)和第二频率范围2(Frequency Range 2,FR 2)(24 250~52 600MHz)[18]。3GPP在R14中完成了第一个LTE-V2X标准化版本,在这一版本中,LTE-V2X仅支持一个侧行载波,随后在R15中对LTE-V2X进行了增强,增强后的LTE-V2X可以支持8个侧行载波的载波聚合。截至3GPP R16标准,NR-V2X仅支持一个侧行载波。

LTE-V2X采用和LTE Uu接口相同的子载波间隔,即15kHz。出于支持不同覆盖范围的考虑,LTE Uu接口支持两种不同长度的CP,即常规CP和扩展CP,但是由于LTE-V2X支持的典型业务的目标覆盖范围在500m以内[16],覆盖范围较小,所以LTE-V2X中仅支持LTE Uu接口中定义的常规CP。NR-V2X在FR1和FR2支持的子载波间隔及对应的CP长度类型与NR Uu接口完全相同,即在FR1支持15kHz、30kHz和60kHz子载波间隔,在FR2支持60kHz和120kHz子载波间隔,在60kHz子载波间隔情况下支持常规CP和扩展CP,在其他子载波间隔情况下,仅支持常规CP。

LTE-V2X中采用LTE的上行波形,即单载波频分多址(Single Carrier Frequency Division Multiple Access,SC-FDMA),由于这种波形的峰均功率比(Peak to Average Power Ratio,PAPR)较低,有利于提高终端侧的功放效率,而且上行和侧行的波形相

同，终端只需要支持SC-FDMA一种发送方式，可以降低终端的复杂度。

然而，在NR中上行链路除支持SC-FDMA外，同时也支持CP-OFDM，所以3GPP在确定NR-V2X的波形时，面临着如下选择：

- 仅支持CP-OFDM；
- 仅支持SC-FDMA；
- 同时支持CP-OFDM和SC-FDMA。

由于侧行链路上也存在不同类型的信道和信号，例如，物理侧行控制信道（Physical Sidelink Control Channel，PSCCH）、物理侧行数据信道（Physical Sidelink Shared Channel，PSSCH）、信道状态信息参考信号（Channel State Information Reference Signal，CSI-RS）和相位跟踪参考信号（Phase Tracking Reference Signal，PT-RS）等，这些信道和信号需要在同一个时隙内发送，所以需要一种灵活的资源复用方式，从这个角度来看，CP-OFDM是比SC-FDMA更好的选择，因为采用CP-OFDM时不同信道或信号可以在时域和频域进行资源复用，复用方式更为灵活。另外，为了提高数据速率，NR-V2X中需要支持空分复用，采用CP-OFDM波形的空分复用接收机结构也远比SC-FDMA的简单，所以NR-V2X中需要支持CP-OFDM。

接下来的问题是在支持CP-OFDM的前提下是否有必要进一步支持SC-FDMA。正如前面所述，SC-FDMA的优势在于PAPR较低，从而有利于增加侧行传输的覆盖范围，尤其是侧行同步信号（Sidelink Synchronization Signal，SLSS）、物理侧行广播信道（Physical Sidelink Broadcast Channel，PSBCH）、PSCCH和物理侧行反馈信道（Physical Sidelink Feedback Channel，PSFCH），因为增加SLSS和PSBCH的覆盖可以尽可能避免蜂窝网络覆盖范围外出现多组采用不同定时的侧行通信UE，增加PSCCH的覆盖范围有利于提高资源侦听（Sensing）的性能，而由于PSFCH仅占用一个OFDM符号，在极端情况下可能需要增加最大发送功率以增加覆盖范围。

然而，由于NR-V2X中PSCCH和PSSCH将在部分OFDM符号上通过FDM的方式复用（如3.2节所述），也就是说UE需要在某些符号上同时发送PSCCH和PSSCH，这种情况下，SC-FDMA的低PAPR优势将不复存在。而如果沿用NR-Uu接口的设计，SLSS和PSFCH将会采用ZC序列，ZC序列的PAPR不会随着波形发生改变，所以SC-FDMA不会带来额外的增益。如果要支持两种波形，则UE需要同时支持SC-FDMA的发送和接收，而NR Uu中UE只需要支持SC-FDMA的发送，所以支持侧行通信的UE的实现复杂度将明显增加。所以最终3GPP决定在NR-V2X中仅支持CP-OFDM。

和NR Uu接口类似，在NR-V2X载波上也支持侧行带宽分段（Sidelink BandWidth Part，SL BWP）配置，由于侧行通信中存在广播和多播业务，一个UE需要面向多个接收UE发送侧行信号，一个UE也可能需要同时接收多个UE发送的侧行信号，为了避免UE同时在多个BWP上发送或接收信号，在一个载波上，最多只能配置一个SL BWP，而且该SL BWP同时应用于侧行发送和侧行接收。在授权频段上，如果UE同时配置了DL BWP（下行BWP）和UL BWP（上行BWP），则两者的子载波间隔（Subcarrier Spacing，SCS）需要相同，这一限制可以避免UE同时支持两个不同的子载波间隔。表3-1中给出了LTE-V2X和NR-V2X基本物理参数的汇总。

表3-1　LTE-V2X和NR-V2X的基本物理参数

	LTE-V2X	NR-V2X
频段	6GHz以下	FR1和FR2
子载波间隔	仅15kHz	FR1：15kHz、30kHz、60kHz。FR2：60kHz、120kHz
CP长度	仅常规CP	60kHz：常规CP和扩展CP。其他子载波间隔：仅常规CP
波形	SC-FDMA	CP-OFDM

LTE-V2X和NR-V2X中都存在资源池（Resource Pool，RP）的配置，资源池限定了侧行通信的时频资源范围。在LTE-V2X中，资源池配置的最小时域粒度为一个子帧，在NR-V2X中为一个时隙，资源池内包含的子帧或时隙由RRC信令通过比特位图的方式指示，以便灵活地选择资源池内时隙或子帧的位置。资源池的最小频域粒度为一个子信道（Sub-channel），子信道是频域上连续的多个PRB。在LTE-V2X中，最小子信道为4个连续的PRB，最大的子信道为100个连续的PRB（对应20MHz最大信道带宽），由于LTE-V2X采用SC-FDMA，因此子信道内包含的PRB个数需要能够被2、3或5整除。NR-V2X中一个子信道可以为10、12、15、20、25、50、75或100个PRB，由于NR-V2X中仅支持CP-OFDM，为了降低侧行发送的PAPR，资源池内的子信道在频域上也必须是连续的，此外，资源池内包含的频域资源应位于一个SL BWP范围内。关于资源池的具体内容参见5.1节。

3.2　无线帧结构

在LTE-V2X中存在2种和侧行数据传输相关的物理信道，即PSCCH和PSSCH，其中PSCCH用于指示PSSCH的发送资源及发送方式，而PSSCH用于承载侧行数据信息，这2种信道的功能和LTE中的另外一个侧行通信系统LTE的设备到设备（Device to Device，D2D）相同。然而，LTE-D2D中PSCCH和该PSCCH调度的PSSCH在不同的子帧内发送，PSCCH的发送子帧早于PSSCH的发送子帧，两者之间的最大时间间隔可能达到320ms。这一设计的主要原因在于LTE-D2D主要用于支持语音业务，对时延和可靠性的要求不高，PSCCH早于PSSCH发送有利于接收端在接收PSSCH之前完成PSCCH的解码，从而根据PSCCH中的内容过滤掉不需要接收的PSSCH，达到降低功耗的目的。LTE-V2X并没有沿用LTE-D2D中PSCCH和PSSCH在不同子帧中的发送方式，而是将PSCCH和其调度的PSSCH在同一个子帧内发送，这样的设计主要是出于以下两方面的考虑。

（1）LTE-V2X所支持业务的时延要求通常小于100ms，最低为20ms[16]，如果在不同的子帧内发送PSCCH和PSSCH，将引入额外的接收时延。

（2）LTE-V2X所支持业务的可靠性要求一般在80%～95%，甚至更高[16]，侧行通信系统中均存在半双工限制，即终端没有能力在同一个载波上同时进行侧行发送和接收，将PSCCH和PSSCH集中在一个子帧内发送，可以将终端的发送时间减少一半，以便有效降低半双工限制带来的接收失败。

在同一个子帧内，PSCCH和其调度的PSSCH可以通过频分的方式进行复用，即PSCCH和PSSCH占用相同的时域符号但占用不同的PRB；或者通过时分的方式复用，即PSCCH和PSSCH占用不同的时域符号。频分复用方式意味着终端需要在同一时刻发送PSCCH和PSSCH，PAPR将会有所增加。时分复用可以规避这一问题，但为了保证较低的PAPR，PSCCH的DMRS需要单独占用一个OFDM符号，因此PSCCH和对应的DMRS至少需要占用两个符号。而通常情况下PSCCH所占用的PRB个数小于对应的PSSCH，所以，如果PSCCH和对应的DMRS占用固定个数的PRB，则可能会导致两个符号以上的资源浪费，如图3-1（a）所示；或者PSCCH和PSCCH的DMRS均占用与对应的PSSCH相同的PRB个数，这种情况则会导致PSCCH的频域大小不固定，接收端需要假设不同的PSCCH频域大小进行盲检，如图3-1（b）所示。最终LTE-V2X采用频分复用的方式。

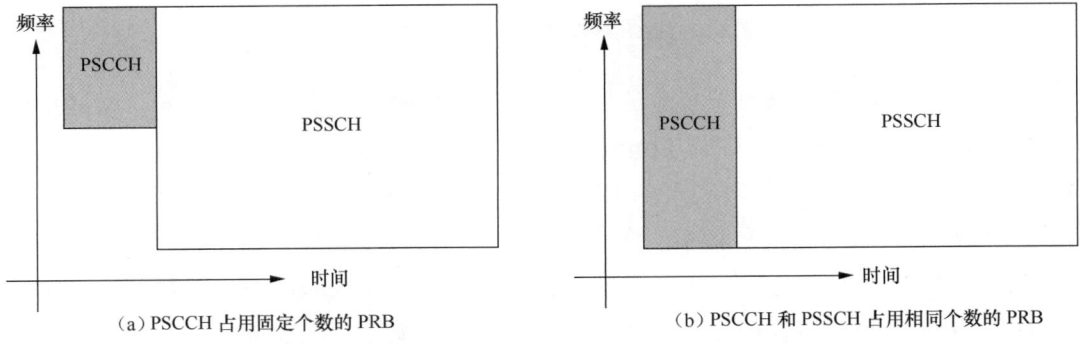

图3-1　PSCCH和PSSCH时分复用将导致资源浪费

LTE-V2X中的PSCCH和PSSCH的频分复用方式又进一步分为两种，即频域相邻资源复用方式和频域非相邻资源复用方式。频域相邻的资源复用方式如图3-2（a）所示，这种方式中，一个子信道内的第一和第二个PRB固定为PSCCH资源，子信道内的其他资源为PSSCH资源，所以PSCCH和PSSCH的资源在频域上总是连续的，这种方式可以进一步降低每个符号上的PAPR。然而，这种方式也存在缺点，由于PSCCH资源分布在整个资源池的带宽范围内，PSCCH和其他终端发送的PSSCH的碰撞概率将会增加。频域非相邻的资源复用方式如图3-2（b）所示，在这种方式中，资源池内的资源分为两部分，即PSCCH资源部分和PSSCH资源部分，前者包括N个PSCCH资源，分别对应N个不同的PSSCH子信道的起点。这种方式可以避免PSCCH和PSSCH碰撞的问题，但由于不能保证PSCCH和PSSCH总是在频域上连续，因此这种方式的PAPR较高。

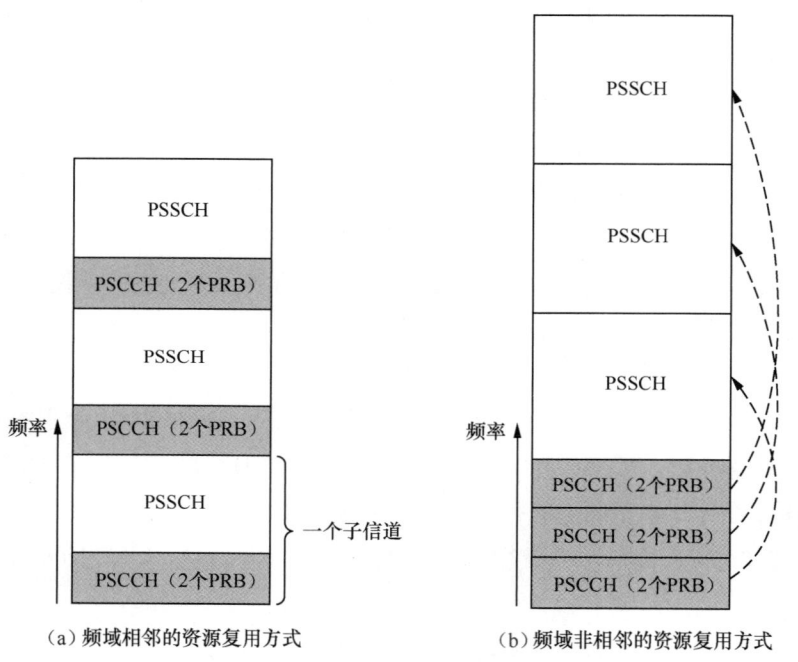

图3-2　PSCCH和PSSCH的频分复用方式

在时域上，LTE-V2X的子帧内各个符号的功能如图3-3所示。其中第一个符号用于自动增益控制（Automatic Gain Control，AGC）调整，这一设计和LTE-D2D相同，设置AGC符号的主要原因在于不同子帧内发送端的地理位置可能不同，从而导致接收端在每个子帧内接收到的信号功率的动态范围很大，通过AGC符号，接收端可以将功率放大器调整到合适的状态，从而避免产生剪切误差（Clipping Error）或量化误差（Quantization Error）。在LTE-V2X中，PSSCH速率匹配（Rate Matching）时并没有去除AGC符号的影响，所以在AGC符号上发送正常的PSSCH调制符号，但接收端可能并不对AGC符号上的PSSCH进行解调。

另外，子帧内的最后一个符号固定用于收发转换符号，即保护间隔（Guard Period，

GP）符号，在GP符号内，终端不执行侧行发送和接收操作。设置GP符号的原因在于侧行链路存在半双工的限制，也就是说终端没有能力同时进行收发操作，所以在同一个载波上，接收和发送只能通过时分方式进行，而终端从发送/接收转换到接收/发送需要对射频链路进行调整，这一调整过程通常需要几十微秒的时间。此外，如果LTE-V2X工作在上行载波，则下一个子帧可能是上行子帧，由于上行TA的存在，在该上行子帧上发送上行信号的时间可能早于子帧的上边界，也就是说终端可能会在上行子帧的前一个子帧的末尾便开始发送上行信号，所以GP符号的存在也可以避免上行和侧行之间的干扰。

由于LTE-V2X支持的目标最大相对速度为500km/h，而且目标工作频段为6GHz，在这种相对速度下和载波频率下，最大多普勒频移将明显高于LTE上行链路，因此在LTE-V2X中，每个侧行子帧都包含4个DMRS符号，为LTE上行子帧内DMRS个数的两倍，以保证高多普勒频移环境下的信道估计精度。子帧内剩余的8个符号为PSCCH或PSSCH符号。

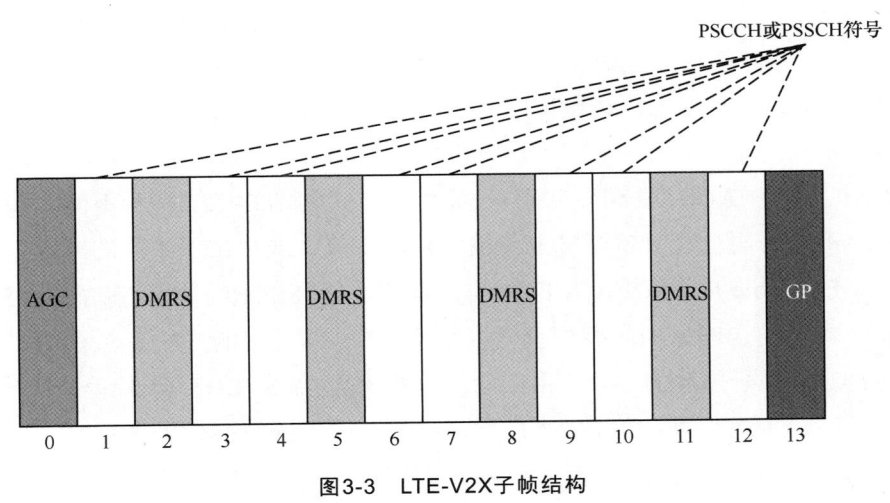

图3-3　LTE-V2X子帧结构

NR-V2X中的时隙结构如图3-4所示，和LTE-V2X相比，主要存在以下4个方面的改变。

（1）PSCCH位于时隙的开始，而且仅占用时隙中的部分OFDM符号，而不是像LTE-V2X一样占用整个时隙。这一设计的优点在于，接收端可以提前完成PSCCH的接收并开始解码，从而能够提前获得PSCCH中指示的PSSCH传输信息以便进行PSSCH解调，最终达到降低时延的目的。进行这一增强的原因在于NR-V2X需要支持的业务时延远远小于LTE-V2X，LTE-V2X需要支持的最小业务时延为20ms，而NR-V2X需要支持的最小业务时延仅为3ms。另外，NR-V2X采用的是OFDM波形，不同信道、不同信号之间的频分复用更为灵活，从而也使这一增强成为可能[17]。

（2）时隙内除存在PSCCH和PSSCH之外，还可能存在PSFCH。在NR-V2X中，PSFCH资源是周期性配置的，周期可以为{0, 1, 2, 4}个时隙，如果为0，表示当前资源池内没有PSFCH资源配置，而2或4个时隙的周期可以降低PSFCH占用的系统资源。如果在一个时隙内存在PSFCH资源，则PSFCH位于时隙内的倒数第二个OFDM符号，由于在PSFCH所在的OFDM符号上UE的接收功率可能发生变化，所在时隙内的倒数第三个符号也将用于PSFCH发送，以辅助接收UE进行AGC调整，倒数第三个符号上的信号是倒数第二个符号上信号的重复。此外，发送PSSCH的UE和发送PSFCH的UE可能不同，因此，在两个PSFCH符号之前，需要额外增加一个符号用于UE的收发转换，如图3-4所示[18]。引入PSFCH的目的是为了支持侧行链路的HARQ反馈，从而提高侧行链路传输的可靠性，考虑到NR-V2X对部分业务需要提供高达99.999%的可靠性，这一增强非常必要。

（3）时隙用于侧行传输的符号数可以小于14，最小可以为7个符号。由于NR Uu接口支持非常灵活的符号方向配置[19]，每个时隙内的OFDM符号均可以通过信令配置为下行符号、上行符号或灵活符号，所以一个时隙内的上行符号数可能小于14。因为NR-V2X需要工作在授权频段的上行资源上，所以也需要能够支持小于14个符号的时隙结构。由于涉及PSSCH DMRS设计以及PSCCH和PSSCH之间的复用等问题，NR-V2X中没有进一步支持小于7个符号的时隙结构。

（4）NR-V2X中AGC符号上发送信号的生成方式和LTE-V2X有所不同。在标准制定过程中，不同公司曾经对该符号上传输信号的生成方式提出了不同的方案，如传输前导序列（Preamble）以缩短AGC的时间，或者传输PSSCH的DMRS以提高PSSCH的解调性能，或者发送PSSCH的调制符号。最终NR-V2X采用的方式为，在AGC符号上直接复制第二个符号传输的信号，由于第二个符号包括PSCCH，因此第一个符号实际上也包括了PSCCH的数据，但是在NR-V2X标准中，所谓的PSCCH占据2个或3个时域符号，是指从侧行传输资源的第二个符号开始的2个或3个时域符号，而不包括用作AGC的第一个符号。

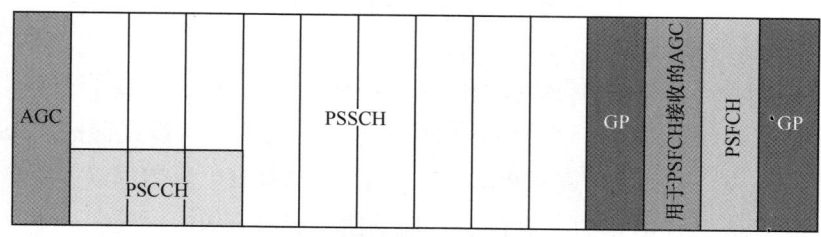

图3-4　14个OFDM符号的NR-V2X时隙结构

第4章

物理信道和物理信号

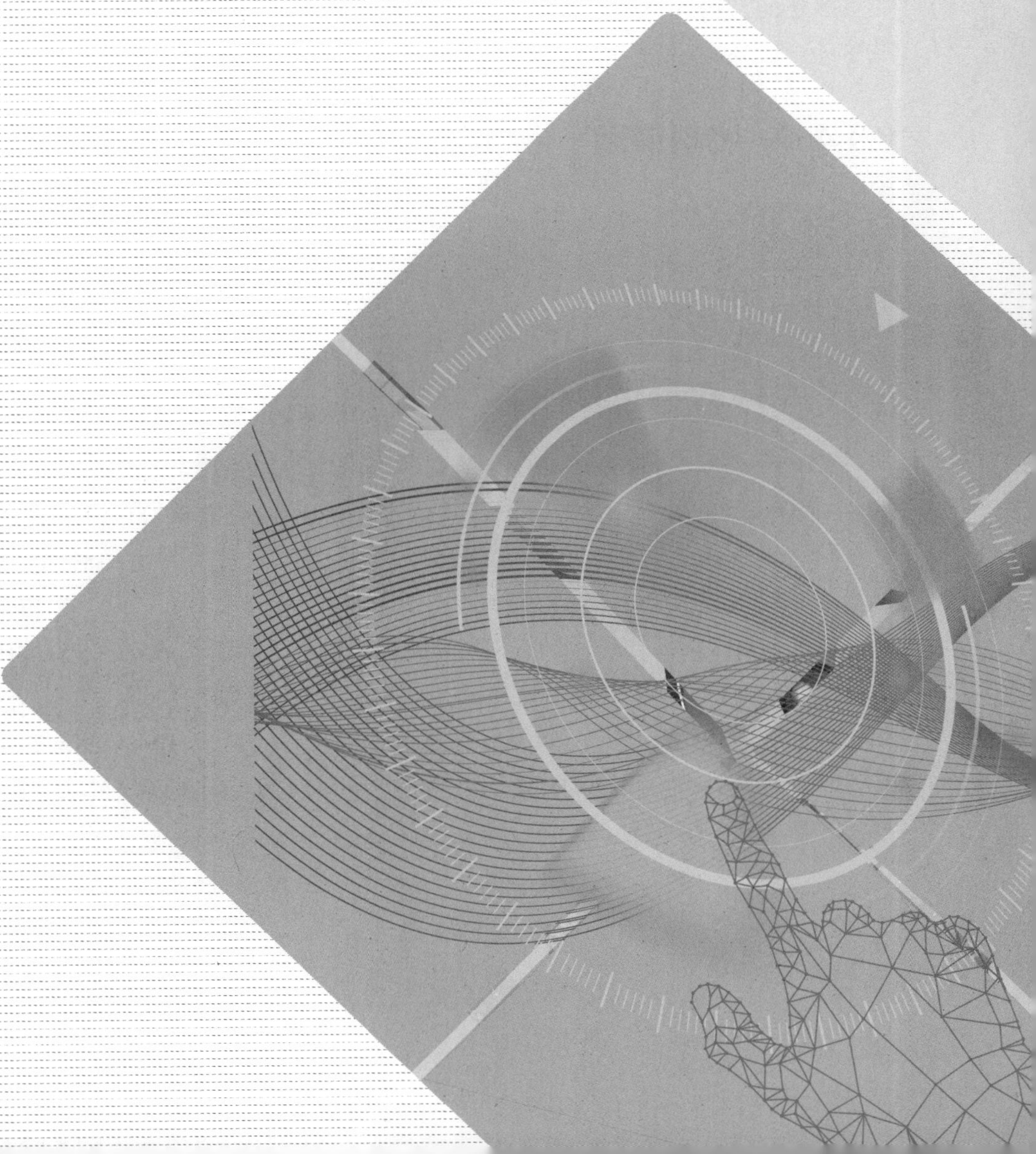

在LTE-V2X中，支持3种侧行物理信道，即PSCCH、PSSCH和PSBCH，其中PSCCH用于指示PSSCH的传输资源及传输方式，PSSCH用于承载数据信息，而PSBCH用于为蜂窝网络覆盖范围外的终端提供侧行系统信息，上述3种侧行物理信道均有与之对应的DMRS以辅助物理信道的解调。另外，LTE-V2X中还支持SLSS用于为无法获取蜂窝网络或全球导航卫星系统（Global Navigation Satellite System，GNSS）信号的终端提供同步信息。

NR-V2X支持LTE-V2X中的所有侧行物理信道和侧行物理信号，这些信道和信号在NR-V2X中承担的功能也和在LTE-V2X中大致相同。此外，NR-V2X还额外支持PSFCH用于在侧行单播和多播通信中承载侧行HARQ-ACK反馈信息，以及CSI-RS，以支持侧行单播通信中的CSI测量。如3.1节所述，NR-V2X需要能够工作在FR2，所以NR-V2X中也支持PT-RS用于相位跟踪。本章将具体介绍各种侧行物理信道和侧行物理信号的功能及物理结构。

4.1 物理信道

4.1.1 PSCCH

1. LTE-V2X中的PSCCH

在LTE-V2X中，PSCCH用于承载指示PSSCH的传输方式的侧行控制信息（Sidelink Control Information，SCI），在LTE-V2X中，一个侧行数据块最多传输两次，即初始传输和一次重传，而在一个PSCCH中会同时指示这两次传输的时频资源，如图4-1所示。在终端自主选择的资源分配方式（模式4，详见5.3.1节）中，PSCCH也将用于终端的资源侦听。为了保证PSCCH的链路性能，降低接收端对PSCCH的盲检复杂度，在LTE-V2X中每个PSCCH固定占用2个频域上连续的PRB，而且仅采用QPSK调制方式。在3GPP R15中，如果终端拥有多个发射天线，PSCCH还可以采用小时延循环时延分集（Small Delay Cyclic Delay Diversity，SD-CDD）进一步增强PSCCH的可靠性。

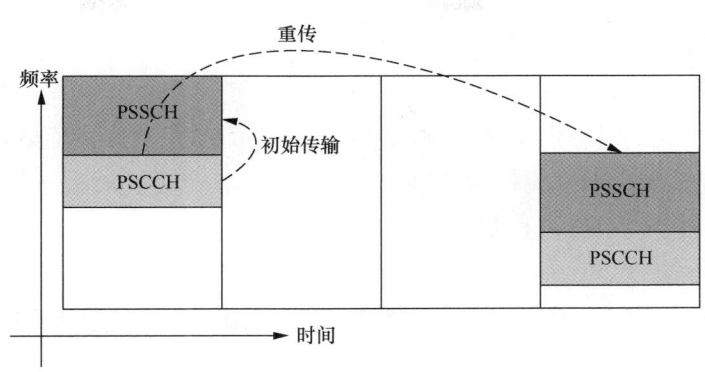

图4-1 PSCCH同时指示初始传输和重传的时频资源

在LTE-V2X中，PSCCH和PSCCH调度的PSSCH总是在同一个子帧内发送，为了保证PSCCH可以单独解码，PSCCH的信道编码和DFT预编码均独立于PSSCH。

PSCCH中承载的信息称为侧行控制信息（Sidelink Control Information，SCI），在LTE-V2X中只定义了一种SCI格式，即SCI格式1，SCI格式1中包含以下信息域。

（1）调度的PSSCH的优先级，3bit。

该域用于指示PSSCH的优先级，取值范围为0~7，其中较小的取值表示较高的绝对优先级，优先级信息将用于终端自主资源选择过程中的资源排除、拥塞控制过程中发送参数的确定等。

（2）资源预留周期，4bit。

用于指示资源预留周期，4bit用于指示{0, 20ms, 50ms, 100ms, 200ms, 300ms, 400ms, 500ms, 600ms, 700ms, 800ms, 900ms, 1000ms}中的一个值，如果为0，则表示终端不预留下一个周期的资源。

（3）初始传输和重传的频域资源指示，$\left\lceil \log_2 \left(N_{\text{subchannel}}^{\text{SL}} \left(N_{\text{subchannel}}^{\text{SL}} + 1 \right) / 2 \right) \right\rceil$ 比特，其中 $N_{\text{subchannel}}^{\text{SL}}$ 表示当前PSSCH资源池（详见5.1节）内包含的子信道个数。

具体来说，这一比特域用于指示当前传输的子信道个数，而当前传输的子信道起点根据PSCCH所在的PRB位置间接确定（如3.2节所述），如果该侧行数据支持2次传输，该信息域还用于指示另外一次传输（重传或初始传输）的子信道起点和子信道个数，两次传输占用的子信道的个数相同。

（4）初始传输和重传之间的时间间隔，4bit。

用于指示初始传输和重传之间的时间间隔，单位为子帧，取值范围为0~15，如果为0，则表示当前传输没有重传。

（5）调制编码方式，5bit。

（6）重传索引，1bit。

用于指示当前传输属于初始传输还是重传，如果为0，则表示当前传输为初始传输，如果为1,则表示当前传输为重传。

(7)传输模式,1bit。

如果该比特为1,则表示调度的PSSCH在速率匹配过程中去掉了最后一个GP符号,而且在TBS确定过程中通过比例因子确定PRB的个数,详见4.1.2节。如果该比特为0,则表示PSSCH并没有采用上述两种方式。

(8)预留比特。

预留比特用于保证SCI格式1的总比特数等于32bit,所以预留比特数并不固定,预留比特的值设置为0。

为了进一步提高侧行峰值速率,在3GPP R15中引入了侧行链路载波聚合,即终端可以在多个侧行载波上进行侧行发送或接收。然而,为了避免资源的碎片化,支持R15 LTE-V2X的终端需要能够和仅支持R14 LTE-V2X的终端在同一个资源池内共存,R14终端需要根据PSCCH进行资源侦听,所以,R15中PSCCH的结构及承载的SCI格式必须与R14完全一致。基于上述考虑,R15中并没有引入新的SCI格式,侧行链路的载波聚合中也不支持跨载波侧行调度,即PSCCH和该PSCCH调度的PSSCH总是在同一侧行载波上发送。

2. NR-V2X中的PSCCH

NR-V2X中PSCCH在时域上占用2个或3个OFDM符号,在频域上可以占用{10, 12, 15, 20, 25}个PRB。为了避免UE对PSCCH的盲检测,在一个资源池内只允许配置一种PSCCH符号个数和PRB个数,也就是说,PSCCH只有一种聚合级别。另外,因为子信道为NR-V2X中PSSCH资源分配的最小粒度,PSCCH占用的PRB个数必须小于或等于资源池内一个子信道中包含的PRB个数,以免对PSSCH资源选择或分配造成额外的限制。不同的OFDM符号和PRB个数可以获得不同的PSCCH码率,考虑到NR-V2X中BWP带宽、时隙内可用于侧行的符号个数、PSCCH目标覆盖范围,以及干扰环境等因素的变化,多个时频域PSCCH可选参数为系统选择合适的PSCCH码率提供了更高的灵活性。PSCCH固定采用QPSK调制,并和Uu接口中的下行控制信道相同,采用Polar编码。

NR-V2X中PSCCH用于承载SCI,定义为SCI格式1-A,在介绍SCI格式1-A之前,有必要先介绍一下NR-V2X中的二阶SCI设计。

由于NR-V2X支持广播、多播和单播3种传输类型,为了避免资源的碎片化,上述3种传输类型需要能够在同一个资源池内共存。在不同的传输类型中,用于指示PSSCH传输的SCI比特域存在交集,例如PSSCH的优先级、PSSCH时频域资源指示、PSSCH采用的MCS指示等。但是,不同于广播业务,多播和单播只针对部分终端,因此SCI中需要指示当前传输的目标接收端ID。对于部分多播业务,可能只针对特定距离范围内的终端,为了避免目标距离外的终端反馈不必要的HARQ信息,SCI中还需要指示目标通信范围及发送端的当前地理位置信息。而目标终端ID、目标通信距离以及发送端的当前地理位置等信息的总比特数超过30bit。所以，如果采用相同的SCI大小，则意味着广播业务中需要在SCI中添加很多冗余比特。而如果采用不同的SCI大小，则接收UE需要针对多种不同的SCI大小进行盲检。

此外，对于单播业务，如果要兼顾PSCCH的可靠性和资源效率，在不同的信道状态下有必要采用不同的PSCCH码率，但PSCCH码率的改变也需要接收端对PSCCH进行盲检。

为了综合解决以上问题，3GPP最终决定在NR-V2X中采用二阶SCI设计。二阶SCI设计的原则是尽可能缩小第一阶SCI的比特数，并且保证第一阶SCI的比特数不随传输类型、信道状态等因素而改变，从而使得NR-V2X无须根据不同的应用场景来调整第一阶SCI的聚合级别。基于这一原则，第一阶SCI用于承载资源侦听相关的信息，包括被调度的PSSCH的时域和频域资源、PSSCH解调参考信号图样、PSSCH优先级等，同时指示第二阶SCI的码率、第二阶SCI的格式等信息。第一阶SCI即为最终定义的SCI格式1-A，由PSCCH承载。

相比之下，第二阶SCI提供PSSCH接收和解码所需的其他信息，例如源ID、目标ID、HARQ进程号、新数据指示（New Data Indicator，NDI）信息、侧行HARQ反馈激活/去激活指示信息等，由于第一阶SCI能够指示第二阶SCI的相关信息，因此第二阶SCI可以采用多种不同的格式和码率，但接收UE不需要对第二阶SCI进行盲检。二阶SCI设计可以有效降低第一阶SCI的比特数，提高第一阶SCI的解码性能，从而提高资源侦听的准确性，而且第一阶SCI的比特数保持不变，可以实现单播、多播和广播在同一个资源池内的共存，而不会影响PSCCH的接收性能。第二阶SCI由PSSCH承载，在3GPP R16中共定义了两种第二阶SCI格式，即SCI格式2-A和SCI格式2-B，这部分内容将在4.1.2节详细介绍。

具体来说，SCI格式1-A中包含的信息比特域以及对应的比特数如下。

（1）调度的PSSCH的优先级，3bit。

该域用于指示PSSCH的优先级，取值范围和具体含义与LTE-V2X中SCI格式1调度的PSSCH的优先级相同。

（2）频域资源分配（Frequency Resource Assignment）如下。

① 如果一个PSCCH可以指示当前传输资源和1个重传资源，则为
$\left\lceil \log_2 \left(\frac{N_{\text{subchannel}}^{\text{SL}} \left(N_{\text{subchannel}}^{\text{SL}} + 1 \right)}{2} \right) \right\rceil$ bit。

② 如果一个PSCCH可以指示当前传输资源和2个重传资源，则为
$\left\lceil \log_2 \left(\frac{N_{\text{subchannel}}^{\text{SL}} \left(N_{\text{subchannel}}^{\text{SL}} + 1 \right) \left(2 N_{\text{subchannel}}^{\text{SL}} + 1 \right)}{6} \right) \right\rceil$ bit。

与LTE-V2X类似，PSCCH除了指示当前传输的频域之外，也将额外指示重传的频域资源信息，但不同于LTE-V2X，NR-V2X中一个传输块（Transport Block，TB）的最大重传次数为32。然而，在一个PSCCH中，显然没有足够的容量指示所有重传的频域资源，作为资源预留个数和PSCCH容量之间的折中，在NR-V2X中，一个资源池内PSCCH可以指示一个或两个重传的频域资源。

（3）时域资源分配（Time Resource Assignment）。

① 如果一个PSCCH可以指示当前传输资源和1个重传资源，则为5bit。

② 如果一个PSCCH可以指示当前传输资源和2个重传资源，则为9bit。

这一比特域的功能类似于LTE-V2X中的"初始传输和重传之间的时间间隔"域，所不同的是，在NR-V2X中，该比特域需要最多指示两次重传相对于当前传输的时间间隔，而且，NR-V2X中能够指示的最大时间间隔为32个时隙（LTE-V2X中为15个时隙），以便增加重传资源的选择范围。

（4）当前SCI调度的PSSCH使用参考信号图样，$\log_2 N_{pattern}$ bit，其中，$N_{pattern}$为当前资源池内允许的DMRS图样个数。

不同于LTE-V2X，NR-V2X中支持多种PSSCH解调参考信号图样，以满足不同运动速度和干扰环境下的PSSCH解调需要，详见4.2.1节，终端在每次传输之前均可以动态选择DMRS图样，所以需要在PSCCH中予以指示以便接收端解调PSSCH或测量PSSCH的参考信号接收功率（Reference Signal Receiving Power，RSRP）。

（5）第二阶SCI格式，2bit。

00代表SCI 2-A，01代表SCI 2-B，10、11为用于将来版本的保留状态。

（6）第二阶SCI码率偏移，2bit。

表示第二阶SCI码率相对于PSSCH码率的偏移，从而发送端可以根据信道状况或目标通信距离等信息调整第二阶SCI的码率，详见4.1.2节。

（7）PSSCH DMRS端口数，1bit。

NR-V2X中PSSCH最大支持两个端口，详见4.1.2节，这一比特域用于指示当前PSSCH的端口数。

（8）MCS，5bit。

（9）MCS表格指示，0～2bit，取决于资源池内允许使用的MCS表格个数。

与NR Uu类似，NR-V2X中支持3个不同的MCS表格，即常规频谱效率的64QAM MCS表格、低频谱效率的64QAM MCS表格和256QAM MCS表格。而一个资源池内可以采用的MCS表格数由RRC信令从上述3个表格中进一步配置，如果可用的表格数多于一个，发送端可以动态选择当前PSSCH传输所采用的表格，并通过这一比特域予以指示。由于第二阶SCI的解码依赖于MCS信息（详见4.1.2节），所以这一信息不能包含在第二阶SCI中。

（10）PSFCH符号数，如果PSFCH周期为2或4个时隙，则PSFCH符号数为1bit；否则，PSFCH符号数为0bit。

用于指示在传输块大小（Transport Block Size，TBS）确定过程中以及第二阶SCI符号数确定过程中假设的PSFCH符号数，详见4.1.2节。当PSFCH符号数对应比特数为1比特时，如果该比特为0，则表示PSFCH符号数为0，如果该比特为1，则表示PSFCH的符号数为3。

（11）资源预留周期（Resource Reservation Period），4bit。当资源池配置中去激活TB间资源预留时，不存在该信息比特域。该比特域的功能和LTE-V2X中"资源预留周期"域相同。

（12）保留比特，2～4bit，具体比特个数由网络配置或预配置（保留比特的值均设为0）。

4.1.2 PSSCH

1. LTE-V2X中的PSSCH

LTE-V2X的第一个版本（3GPP R14）中，PSSCH支持的最高调制阶数为16QAM，根据MCS索引值确定PSSCH承载的TBS的方式与物理上行共享信道（Physical Uplink Shared Channel，PUSCH）相同，而且在R14中PSSCH不支持空间分集。

为了进一步提高LTE-V2X的峰值速率和可靠性，在3GPP R15中对PSSCH进行了两方面增强。首先，PSSCH支持的最高调制阶数增加到64QAM，另外，PSSCH可以采用SD-CDD的发送方式。

正如前面所述，R14中根据MCS索引确定TBS的方式与PUSCH相同，而一个子帧内用于PUSCH发送的SC-FDMA符号数为12（剩余的2个符号为DMRS符号），相比之下，由于PSSCH DMRS个数的增加，以及GP和AGC符号的引入，一个子帧内用于PSSCH发送的SC-FDMA符号数仅为8（剩余的6个符号中包括4个DMRS符号、AGC符号和GP符号），所以在R14中有多个MCS索引值可能会导致最终的码率大于0.932。支持64QAM后，有5个对应64QAM的MCS索引可能导致最终码率大于0.932，如果这一问题不能解决，则将会严重影响PSSCH的频谱效率。为了解决这一问题，3GPP最终决定引入一个比例因子缩小用于确定TBS的PRB个数，并根据缩小后的PRB个数确定TBS。具体来说，如果PSSCH占用的PRB个数为N_{PRB}，则用于确定TBS的PRB个数$N'_{PRB} = \max\{0.8 \times N_{PRB}, 1\}$，其中0.8即为所述的比例因子。通过这一方式可以有效降低既定MCS索引下的码率，但带来的后果是PSSCH能够达到的最大频谱效率也随之降低，为了进一步规避这一问题，在R15中引入了3个高频谱效率的MCS，如表4-1所示。

表4-1 高频谱效率MCS索引

MCS索引	调制阶数	TBS索引
29	6	30
30	6	31
31	6	33

另外，在R14中PSSCH的速率匹配并没有考虑最后一个GP符号，所以在资源映射时映射到最后一个符号上的PSSCH调制符号不会被发送，最终在R14中有数十个MCS和TBS组合的误块率（Block Error Rate，BLER）在40dB信噪比（Signal-to-Noise Ratio，SNR）条件下高于10%。为了解决这一问题，在R15中，PSSCH的速率匹配过程中去掉了最后一个GP符号。

由于R15终端发送的PSSCH可能需要R14终端接收，在这种情况下上述发送端不能采用增强的TBS确定方式和PSSCH速率匹配方式，所以对于R15发送端而言，需要根据目标接收端中是否包含后向接收端或者后向终端是否全部为R15接收端来确定是否采用上述两项PSSCH增强功能，为了保证R15终端能够确定PSSCH的发送方式，同时保证R14终端能够正确接收R15终端发送的SCI以进行资源侦听，R15中重用了SCI格式1中的一个预留比特用于指示是否采用了PSSCH增强功能。

在3GPP R15中，为了提高PSSCH的可靠性，如果终端支持多个发送天线，可以采用SD-CDD的方式发送PSSCH。SD-CDD发送分集方案对接收端是透明的，接收端无须知道发送端是否采用了SD-CDD发送方式，即可以正确接收该PSSCH。

2. NR-V2X中的PSSCH

在NR-V2X中，PSSCH用于承载第二阶SCI（SCI 2-A或SCI 2-B）和数据信息。第二阶SCI采用Polar编码方式，固定采用QPSK调制。PSSCH的数据部分采用低密度奇偶校验（Low Density Parity Check，LDPC）码，支持的最高调制阶数为256QAM。

在NR-V2X中PSSCH最多支持两个流传输，并且采用单位预编码矩阵将两个层上的数据映射到两个天线端口，在一个PSSCH中最多只能发送一个TB。然而，与PSSCH数据部分的发送方式不同，当PSSCH采用双流发送方式时，第二阶SCI在两个流上发送的调制符号完全相同，这样的设计可以保证第二阶SCI在高相关信道下的接收性能。

第二阶SCI最终占用的RE数 Q'_{SCI2} 由公式（4-1）确定。

$$Q'_{\text{SCI2}} = \min\left\{ \left\lceil \frac{(O_{\text{SCI2}} + L_{\text{SCI2}}) \cdot \beta_{\text{offset}}^{\text{SCI2}}}{Q_m^{\text{SCI2}} \cdot R} \right\rceil, \left\lceil \alpha \sum_{l=0}^{N_{\text{symbol}}^{\text{PSSCH}}-1} M_{\text{sc}}^{\text{SCI2}}(l) \right\rceil \right\} + \gamma \qquad (4\text{-}1)$$

其中，

- O_{SCI2} 表示第二阶SCI信息比特个数，由第二阶SCI的格式确定。
- L_{SCI2} 表示第二阶SCI的CRC长度，为24bit。

- $\beta_{\text{offset}}^{\text{SCI2}}$ 为第二阶SCI的码率偏移,在一个资源池内 $\beta_{\text{offset}}^{\text{SCI2}}$ 有4个可选值,最小可选值为1.125,最大可选值为20,上述4个可选值由无线资源控制(Radio Resource Control,RRC)信令配置。在一次传输中,$\beta_{\text{offset}}^{\text{SCI2}}$ 的值由发送端选择,并通过SCI格式1-A中的"第二阶SCI码率偏移"域指示。
- $Q_m^{\text{SCI2}} = 2$,为第二阶SCI的调制阶数。
- R 为SCI格式1-A中"MCS"域指示的MCS索引所对应的码率。
- $M_{\text{sc}}^{\text{SCI2}}(l) = M_{\text{sc}}^{\text{PSSCH}}(l) - M_{\text{sc}}^{\text{PSCCH}}(l)$,表示第 l 个OFDM符号上可用于映射第二阶SCI的RE的个数,$M_{\text{sc}}^{\text{PSSCH}}(l)$ 表示PSSCH的发送带宽内的RE个数,$M_{\text{sc}}^{\text{PSCCH}}(l)$ 为第 l 个OFDM符号上用于PSCCH的RE个数,如图4-2所示。
- $l = 0, 1, \cdots, N_{\text{symbol}}^{\text{PSSCH}} - 1$,而 $N_{\text{symbol}}^{\text{PSSCH}} = N_{\text{symbol}}^{\text{sh}} - N_{\text{symbol}}^{\text{PSFCH}}$,其中,$N_{\text{symbol}}^{\text{sh}}$ 由侧行链路的时隙结构决定(详见3.2节),表示当前时隙内除第一个AGC符号和最后一个GP符号外可以用于侧行的OFDM符号个数;$N_{\text{symbol}}^{\text{PSFCH}}$ 表示SCI格式1-A中"PSFCH符号数"域指示的用于PSFCH的符号数。
- γ 的取值为 $0 \sim 11$,表示最后一个第二阶SCI调制符号所在的PRB剩余的RE个数,该参数用以保证第二阶SCI占用的资源为整数个PRB。
- α 为RRC配置的第二阶SCI的最大频谱效率。

由于在NR-V2X中一个PSSCH的最大重传次数为32,如果资源池内存在PSFCH资源,而且PSFCH资源的配置周期为2或4,则一个PSSCH的不同传输所在的时隙内可用的OFDM符号数可能会发生变化,如图4-2所示。如果按照一个时隙内真实的OFDM符号数计算 $N_{\text{symbol}}^{\text{PSSCH}}$,可能会由于一个时隙内可用于PSSCH传输的符号个数不同导致 Q_{SCI2}' 不同,而 Q_{SCI2}' 的改变会导致PSSCH承载的TB大小的变化。为了保证PSSCH多次传输中TBS保持不变,在计算 $N_{\text{symbol}}^{\text{PSSCH}}$ 时并没有采用真实的PSFCH符号数,另外在计算 $M_{\text{sc}}^{\text{SCI2}}(l)$ 时,可能在重传过程中发生变化的PSSCH DMRS占用的RE个数和PT-RS占用的RE个数也没有考虑在内。

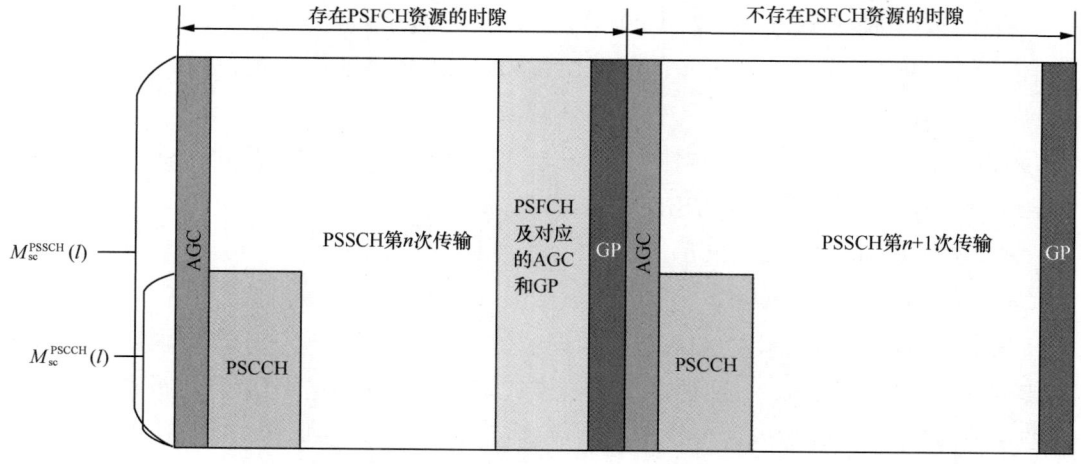

图4-2 由于PSFCH资源的存在,PSSCH的第 n 次传输和第 $n+1$ 传输可用的OFDM符号数不同

由公式（4-1）可以看到，第二阶SCI的码率可以在一定范围内动态调整，具体采用的码率由第一阶SCI指示，所以即使在码率改变后接收端也无须对第二阶SCI进行盲检。第二阶SCI的调制符号从第一个PSSCH DMRS所在的符号采用先频域后时域的方式开始映射，在DMRS所在的OFDM符号上，第二阶SCI映射到未被DMRS占用的RE上，如图4-3所示。

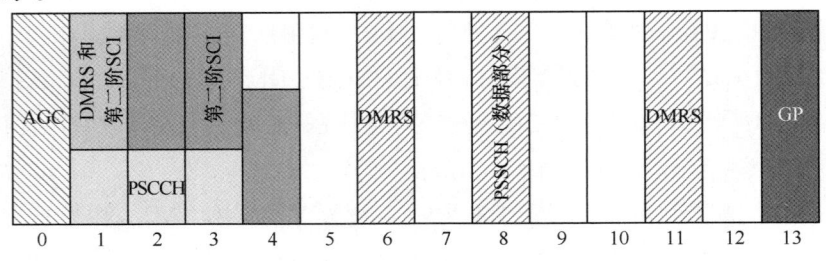

图4-3　第二阶SCI的映射方式

在3GPP R16中定义了两种第二阶SCI格式，即SCI格式2-A和SCI格式2-B。SCI格式2-B适用于基于距离信息进行侧行HARQ反馈的多播通信方式；SCI格式2-A适用于其余的场景，比如不需要侧行HARQ反馈的单播、多播、广播，需要侧行HARQ反馈的单播通信方式，需要反馈ACK或NACK的多播通信方式等。

SCI格式2-A包含以下信息：
- HARQ进程，$\log_2 N_{process}$ bit，其中$N_{process}$表示HARQ进程数；
- NDI，1bit；
- 冗余版本（Redundancy Version，RV），2bit；
- 源ID，8bit；
- 目标ID，16bit；
- HARQ反馈激活/去激活，1bit；
- 单播/多播/广播指示，2bit，00表示广播，01表示需要反馈ACK或NACK的多播通信方式，10表示单播，11表示仅需要反馈NACK的多播通信方式；
- CSI反馈请求，1bit。

SCI格式2-B只用于指示多播业务的发送，所以与SCI格式2-A相比，SCI格式2-B不包含单播/多播/广播指示域和CSI反馈请求域，但额外包含以下两个信息域。
- 区域（Zone）ID，12bit；
- 通信距离要求，4bit。

其中区域ID用于指示发送UE所在地理位置对应的区域，通信距离要求用于指示当前传输的目标通信距离，在这种多播通信模式下，如果在发送端UE通信距离要求范围内的接收端UE没能成功解调PSSCH，则应该反馈NACK，而如果成功解调PSSCH，则不应反馈任何HARQ信息，详见6.1.3节。

在一个资源池内PSSCH的数据部分可以采用多个不同的MCS表格,包括常规64QAM MCS表格、256QAM MCS表格和低频谱效率64QAM MCS表格[20],而在一次传输中,具体采用的MCS表格由第一阶SCI中的"MCS表格指示"域指示。为了控制PAPR,PSSCH必须采用连续的PRB发送,由于子信道为PSSCH的最小频域资源粒度,这就要求PSSCH必须占用连续的子信道。

PSSCH沿用了NR中PDSCH和PUSCH的传输块大小(TBS)确定机制,即根据PSSCH所在时隙内用于PSSCH的RE个数的参考值确定TBS,从而使得实际码率尽可能地接近目标码率。这里采用RE数的参考值而不是实际RE数的目的是保证PSSCH重传过程中用于确定TBS的RE数保持不变,从而使得确定的TBS大小相同。为了达到这一目的,在TBS确定过程中PSSCH占用RE数的参考值 N_{RE} 按照公式(4-2)确定。

$$N_{RE}=N'_{RE} \cdot n_{PRB} - N_{RE}^{SCI,1} - N_{RE}^{SCI,2} \qquad (4-2)$$

其中,n_{PRB} 为PSSCH占用的PRB的个数,$N_{RE}^{SCI,1}$ 为第一阶SCI占用的RE个数(包括PSCCH的DMRS占用的RE),$N_{RE}^{SCI,2}$ 为第二阶SCI占用的RE个数,N'_{RE} 表示一个PRB内可用于PSSCH的参考RE数,由公式(4-3)确定。

$$N'_{RE}=N_{sc}^{RB}\left(N_{symb}^{sh} - N_{symb}^{PSFCH}\right) - N_{oh}^{PRB} - N_{RE}^{DMRS} \qquad (4-3)$$

其中,
- $N_{sc}^{RB}=12$,表示一个PRB内的子载波个数。
- N_{symb}^{sh} 表示一个时隙内可用于侧行的符号数,不包括最后一个GP符号和第一个用于AGC的符号。
- $N_{symb}^{PSFCH}=0$或3,具体值由第一阶SCI中的"PSFCH符号数"域指示,为PSFCH占用的符号数的参考值。
- N_{oh}^{PRB} 的值由RRC层参数配置,用于表示PT-RS和CSI-RS占用RE数的参考值。
- N_{RE}^{DMRS} 表示一个时隙中的平均DMRS RE个数,和资源池内允许的DMRS图样有关,如表4-2所示。

表4-2 资源池内允许的DMRS图样和 N_{RE}^{DMRS} 的对应关系

DMRS图样	N_{RE}^{DMRS}
{2}	12
{3}	18
{4}	24
{2,3}	15
{2,4}	18
{3,4}	21
{2,3,4}	18

4.1.3 PSFCH

NR-V2X中引入了PSFCH用于承载HARQ-ACK反馈信息,在3GPP R16中仅支持序列类型的PSFCH,称为PSFCH格式0,该类型PSFCH在频域上占用一个PRB,在时域上占用一个OFDM符号(不包括用于AGC的OFDM符号),PSFCH序列根据公式(4-4)确定。

$$x(n) = e^{j\alpha n} r_u(n) \tag{4-4}$$

其中,$n = 0,1,\cdots,N_{sc}^{RB}-1$,$N_{sc}^{RB}=12$ 表示一个PRB内的RE个数。$r_u(n) = e^{j\varphi(n)\pi/4}$,$\varphi(n)$ 的定义如表4-3所示,$u = n_{ID} \bmod 30$,表示序列的分组索引,n_{ID} 由RRC层参数 sl-PSFCH-HopID配置。

表4-3 $\varphi(n)$ 的定义

u	$\varphi(0),\varphi(1)\cdots\varphi(11)$											
0	−3	1	−3	−3	−3	3	−3	−1	1	1	1	−3
1	−3	3	1	−3	1	3	−1	−1	1	3	3	3
2	−3	3	3	1	−3	3	−1	1	3	−3	−3	−3
3	−3	−3	−1	3	3	3	−3	3	−3	1	−1	−3
4	−3	−1	−1	1	3	1	1	−1	1	−1	−3	1
5	−3	−3	3	1	−3	−3	−3	−1	3	−1	1	3
6	1	−1	3	−1	−1	−1	−3	−1	1	1	1	−3
7	−1	−3	3	−1	−3	−3	−3	−1	1	−1	1	−3
8	−3	−1	3	1	−3	−1	−3	3	1	3	3	1
9	−3	−1	−1	−3	−3	−1	−3	3	1	3	−1	−3
10	−3	3	−3	3	3	−3	−1	−1	3	3	1	−3
11	−3	−1	−3	−1	−1	−3	3	3	−1	−1	1	−3
12	−3	−1	3	−3	−3	−1	−3	1	−1	−3	3	3
13	−3	1	−1	−1	3	3	−3	−1	−1	−3	−1	−3
14	1	3	−3	1	3	3	3	1	−1	1	−1	3
15	−3	1	3	−1	−1	−3	−3	−1	−1	3	1	−3
16	−1	−1	−1	−1	1	−3	−1	3	3	−1	−3	1
17	−1	1	1	−1	1	3	3	−1	−1	−3	1	−3
18	−3	1	3	3	−1	−1	−3	3	3	−3	3	−3
19	−3	−3	3	−3	−1	3	3	3	−1	−3	1	−3
20	3	1	3	1	3	−3	−1	1	3	1	−1	−3
21	−3	3	1	3	−3	1	1	1	1	3	−3	3
22	−3	3	3	3	−1	−3	−3	−1	−3	1	3	−3

续表

u	$\varphi(0),\varphi(1)\cdots\varphi(11)$											
23	3	−1	−3	3	−3	−1	3	3	3	−3	3	−3
24	−3	−1	1	−3	1	3	3	3	−1	−3	3	3
25	−3	3	1	−1	3	3	−3	1	−1	1	−1	1
26	−1	1	3	−3	1	−1	1	−1	−1	−3	1	−1
27	−3	−3	3	3	3	−1	1	−3	3	1	−3	
28	1	−1	3	1	1	−1	−1	1	3	−3	1	
29	−3	3	−3	3	−3	−3	1	−1	1	3	−3	

序列的相移 α 可以表示为

$$\alpha = \frac{2\pi}{N_{sc}^{RB}}\left\{\left[m_0 + m_{cs} + n_{cs}(n_s,l)\right] \mod N_{sc}^{RB}\right\} \quad (4\text{-}5)$$

其中，$n_{cs}(n_s,l) = \sum_{m=0}^{7} 2^m c\left(8N_{symb}^{slot} n_s + 8l + m\right)$；$c(i)$ 为伪随机序列，定义参见参考文献[21]，该序列由 n_{ID} 初始化，即 $c_{init} = n_{ID}$；n_s 表示PSFCH所在时隙在系统帧内的索引值；l 表示PSFCH所在OFDM符号在时隙内的索引值；m_0 表示序列的初始循环移位，如表4-4所示，其中 N_{CS}^{PSFCH} 表示一个PRB内PSFCH循环移位对（Cyclic Shift Pair，CS Pair）的个数。如果PSFCH承载的是NACK反馈，则 $m_{cs} = 0$，如果为ACK反馈，则 $m_{cs} = 6$。

表4-4 N_{CS}^{PSFCH} 和 m_0 的对应关系

N_{CS}^{PSFCH}	m_0					
	循环移位对#0	循环移位对#1	循环移位对#2	循环移位对#3	循环移位对#4	循环移位对#5
1	0	—	—	—	—	—
2	0	3	—	—	—	—
3	0	2	4	—	—	—
6	0	1	2	3	4	5

在一个资源池内，PSFCH资源以1、2或4个时隙为周期配置，PSFCH资源位于时隙内最后一个可用于侧行发送的OFDM符号上。然而，为了支持收发转换以及AGC调整，如图3-4所示，在PSFCH符号之前存在两个OFDM符号分别用于收发转换和AGC调整，其中AGC符号上发送的信号和PSFCH符号上完全相同。此外，在上述3个OFDM符号上不允许PSCCH和PSSCH发送。

4.1.4 PSBCH

在V2X通信中，终端可以以基站或GNSS为原始参考同步源，在任何一个侧行通信载波上，终端可以根据基站的配置信息或者预配置信息，优先以基站或GNSS为参考同步源（参见第7章）。由于V2X通信承载的业务类型和道路安全有关，因此要求相关场景通信能够在各种蜂窝网络覆盖环境下进行，包括蜂窝网络覆盖范围内、部分蜂窝网络覆盖和蜂窝网络覆盖范围外，如图4-4所示。所以当侧行载波优先以基站为同步源时，部分蜂窝网络覆盖场景下和蜂窝网络覆盖范围外场景下会存在无法从基站获取同步信号的终端的情况。另外，当终端优先以GNSS为参考同步源时，由于侧行通信环境中存在隧道、楼宇和树木等遮挡GNSS信号的物体，所以依然可能出现部分侧行终端无法从GNSS直接获取同步信息的情况，如图4-5所示。

为了保证在不同覆盖环境下V2X通信都能够正常进行，在LTE-V2X和NR-V2X中均支持以终端为参考同步源，这要求作为同步源的终端能够发送侧行同步信号SLSS和物理侧行广播信道PSBCH，从而为其他终端提供同步信息和必要的侧行配置。本节将重点介绍PSBCH，同步信号请参考4.2.2节。

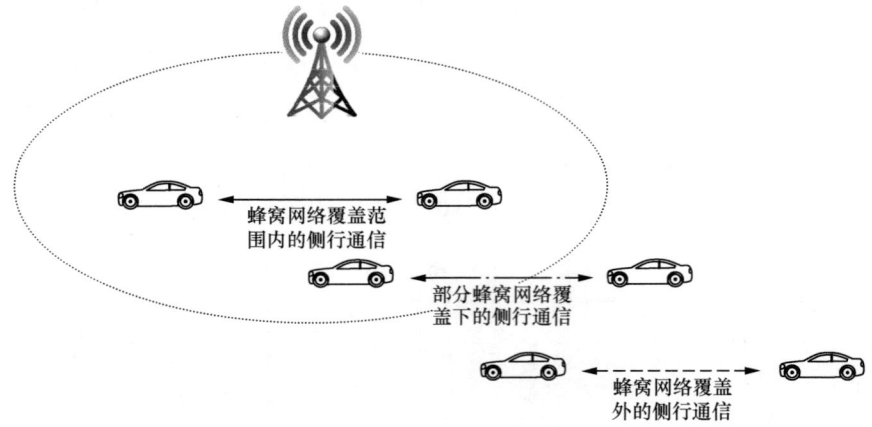

图4-4　不同蜂窝网络覆盖环境下的侧行通信场景

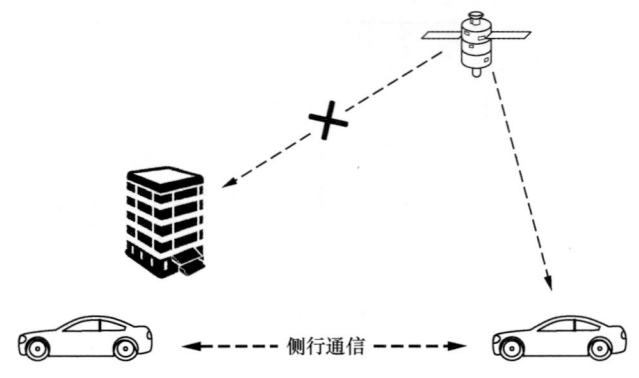

图4-5　由于建筑物的遮挡，GNSS信号存在覆盖盲区

1. LTE-V2X中的PSBCH

LTE-V2X中，PSBCH和SLSS在同一个子帧内通过时分的方式复用，SLSS包括侧行主同步信号（Sidelink Primary Synchronization Signal，S-PSS）和侧行辅同步信号（Sidelink Secondary Synchronization Signal，S-SSS），S-PSS占用子帧内的第2和第3个SC-FDMA符号，S-SSS占用子帧内的第12和第13个SC-FDMA符号，子帧内最后一个SC-FDMA符号用作GP，剩余的SC-FDMA符号用于PSBCH和PSBCH的DMRS，在频域上S-PSS和S-SSS均占用侧行载波中心的62个RE，PSBCH占用侧行载波中心的72个RE，如图4-6所示。

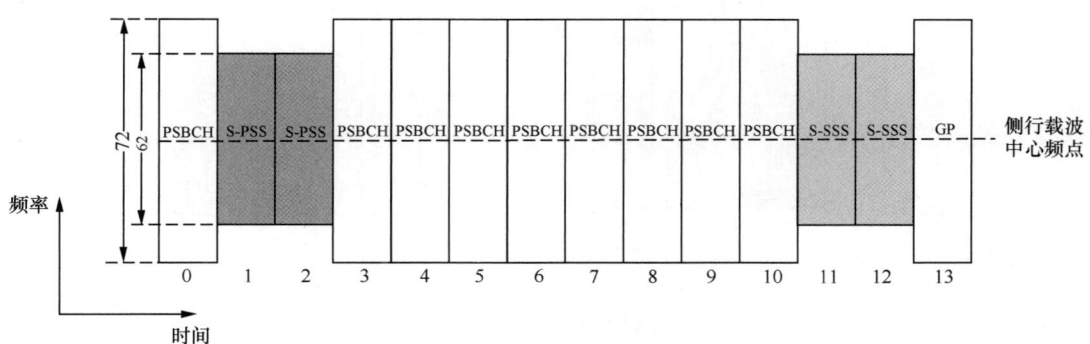

图4-6　LTE-V2X中SLSS和PSBCH的时频域位置

在LTE-V2X中，PSBCH主要用于携带如下信息。

（1）sl-Bandwidth：用于指示当前侧行载波包含的PRB个数。

（2）TDD-Config-sl：用于指示当前侧行载波上的TDD配置，如果当前载波为TDD载波，则该域的值对应LTE TDD载波上定义的7种TDD配置之一，否则该域设置为无效值。

（3）DirectFrameNumber：用于指示该侧行同步信号块（Sidelink-Synchronization Signal Block，S-SSB）所在的DFN帧号，取值为0~1023。

（4）DirectSubframeNumber：用于指示该S-SSB所在的子帧在一个系统帧内的索引值，取值为0~9。

（5）inCoverage：该信息域用于指示发送该PSBCH的终端是否处于网络覆盖范围内。

（6）保留比特：共19bit，该域的值可以由基站配置。

2. NR-V2X中的PSBCH

NR-V2X中，UE需要发送同步信号SLSS和PSBCH，SLSS和PSBCH占用一个时隙，该时隙即为S-SSB时隙。在S-SSB时隙中，包括SLSS和PSBCH，其中SLSS又分为S-PSS和S-SSS。S-PSS占据该时隙中的第2、第3个OFDM符号，S-SSS占据该时隙中的第4、第5个OFDM符号，最后一个符号为GP，其余符号用于传输PSBCH。两个S-PSS和S-SSS在时域上是连续的，这样通过S-PSS获取的信道估计结果可以应用于S-SSS检测，有利于提高S-SSS的检测性能。

在频域上，PSBCH占用11个连续的PRB，共132个子载波，由于S-PSS和S-SSS的长度仅为127（详见4.3节），因此在S-PSS和S-SSS所在的OFDM符号上，子载波#0、#1、#129、#130和#131置为0，如图4-7所示。

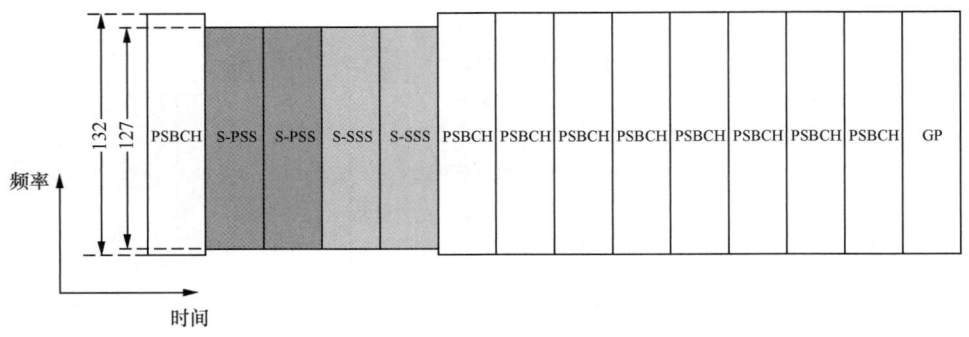

图4-7　NR-V2X中SLSS和PSBCH符号在时隙内的时频域位置

NR-V2X支持多种类型的同步源，同步源包括{GNSS，gNB，eNB，UE}，终端从同步源获取同步信息，在侧行链路上转发同步信号和PSBCH，以辅助其他终端进行同步。终端如果无法从GNSS和gNB/eNB获取同步信息，会在侧行链路上搜索其他终端发送的侧行同步信号（SLSS），获取同步信息以及PSBCH承载的系统信息。终端如果搜索到其他终端发送的同步信号，并且将其作为同步源，在转发同步信息时，其发送的PSBCH的内容根据检测到的同步源的PSBCH内容生成。

在NR-V2X中，PSBCH主要用于承载如下信息。

（1）sl-TDD-Config：侧行TDD配置，用于指示可用于侧行传输的上行时隙信息，根据网络发送的TDD-UL-DL-ConfigCommon信息确定；该信息域包括12bit，其中1bit用于指示图样（Pattern）个数，4bit用于指示Pattern的周期，7bit用于指示每个Pattern内的上行时隙个数。

如果TDD-UL-DL-ConfigCommon配置信息确定的某个时隙中的上行符号的个数和位置满足侧行传输的要求，即一个时隙中的符号$\{Y, Y+1, Y+2, \cdots, Y+X-1\}$是上行符号，则该时隙可以用于侧行传输，其中，$Y$表示用于侧行传输的起始符号的位置，$X$表示用于侧行传输的符号个数。

（2）inCoverage：该信息域用于指示发送该PSBCH的终端是否处于网络覆盖范围内。

(3) directFrameNumber：用于指示该S-SSB所在的DFN帧号。

(4) slotNumber：用于指示该S-SSB所在的时隙索引，该时隙索引是在DFN内的时隙索引。

对于位于小区覆盖范围外的终端，其发送的PSBCH的内容根据预配置信息确定。对于位于小区覆盖范围内的终端，其发送的PSBCH的内容根据网络配置信息确定。在NR系统中，网络通过TDD-UL-DL-ConfigCommon半静态配置小区时隙配比[22]。在配置信息TDD-UL-DL-ConfigCommon中包括参考子载波间隔，该参数用于确定TDD-UL-DL-ConfigCommon信令中指示的图样的时域边界。终端在侧行链路发送PSBCH时，按照侧行链路的子载波间隔发送该PSBCH，sl-TDD-Config信息域指示的时隙信息也是根据侧行子载波间隔确定的。因此，终端需要将TDD-UL-DL-Config Common信令指示的、以参考子载波间隔大小作为参考的上行时隙或上行符号转换为以侧行链路的子载波间隔大小作为参考的上行时隙和上行符号。

如果TDD-UL-DL-ConfigCommon只配置一个图样：

(1) 1bit图样指示信息设置为0；

(2) 4bit周期指示信息如表4-5所示；

表4-5 网络配置一个图样时PSBCH中的周期指示信息

PSBCH中周期指示信息索引	周期(ms)
0	0.5
1	0.625
2	1
3	1.25
4	2
5	2.5
6	4
7	5
8	10
9~15	预留

(3) 7bit上行资源指示信息，对于单个图样，周期最大是10ms，在侧行链路采用最大子载波间隔，即120kHz，最多包括80个上行时隙，可以通过该7bit完全指示。

如果TDD-UL-DL-ConfigCommon配置两个图样：

(1) 1bit图样指示信息设置为1。

(2) 4bit周期指示信息：当网络配置两个图样时，两个图样的总周期$P+P2$（其中P表示第一个图样的周期，$P2$表示第二个图样的周期）能够整除20ms，因此，可能的周期组合如表4-6所示。

表4-6　网络配置两个图样时PSBCH中的周期指示信息

PSBCH中周期指示信息索引	总周期（P+P2）(ms)	两个图样中每个图样周期	
		P(ms)	P2(ms)
0	1	0.5	0.5
1	1.25	0.625	0.625
2	2	1	1
3	2.5	0.5	2
4	2.5	1.25	1.25
5	2.5	2	0.5
6	4	1	3
7	4	2	2
8	4	3	1
9	5	1	4
10	5	2	3
11	5	2.5	2.5
12	5	3	2
13	5	4	1
14	10	5	5
15	20	10	10

（3）7bit上行资源指示信息，对于两个图样，周期最大是20ms，在不同侧行链路子载波大小的情况下，7bit难以完全指示所有可能的两个图样中上行时隙数的组合情况，因此需要对指示信息进行粗粒度化指示。具体来说，在不同子载波间隔、不同的周期组合时采用不同的粒度指示上行时隙和上行符号，如表4-7所示。

表4-7　网络配置两个图样时PSBCH中的时隙指示粒度

PSBCH中周期指示信息索引	总周期（P+P2）(ms)	两个图样中每个图样周期		不同侧行链路子载波间隔时的指示粒度			
		P	P2	15kHz	30kHz	60kHz	120kHz
0	1	0.5	0.5	1	1	1	2
1	1.25	0.625	0.625	1	1	1	2
2	2	1	1	1	1	1	2
3	2.5	0.5	2	1	1	1	2
4	2.5	1.25	1.25	1	1	1	2
5	2.5	2	0.5	1	1	1	2
6	4	1	3	1	1	1	2
7	4	2	2	1	1	1	2
8	4	3	1	1	1	1	2
9	5	1	4	1	1	1	2
10	5	2	3	1	1	1	2
11	5	2.5	2.5	1	1	1	2
12	5	3	2	1	1	1	2
13	5	4	1	1	1	1	2
14	10	5	5	1	1	2	4
15	20	10	10	1	2	4	8

4.2 参考信号

4.2.1 解调参考信号

1. LTE-V2X中侧行信道DMRS

LTE-V2X中，每个子帧内PSCCH和PSSCH的DMRS个数均为4，位于子帧内第#2、#5、#8和#11个SC-FDMA符号上，如图3-3所示。由于PSBCH、S-PSS和S-SSS位于同一子帧内，占据了子帧内4个SC-FDMA符号，因此PSBCH的DMRS个数为3，位于子帧内的第#4、#6和#9个SC-FDMA符号上，如图4-8所示。

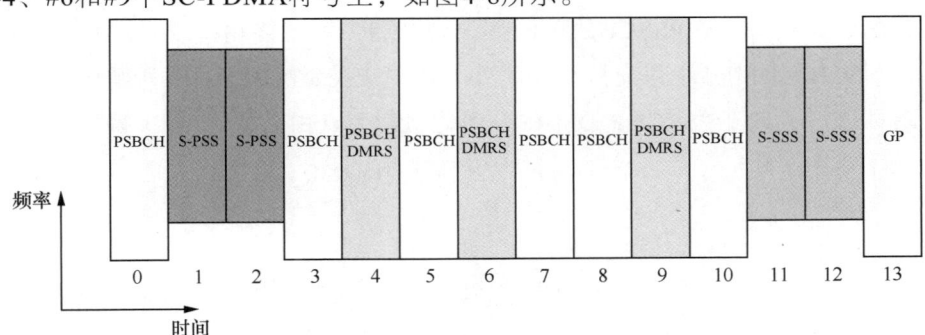

图4-8 PSBCH DMRS时域位置示意图

PSCCH、PSSCH和PSBCH的DMRS序列均可以通过公式（4-6）确定。

$$r(m \cdot M_{sc}^{RS} + n) = w(m) r_{u,v}^{(\alpha)}(n) \quad (4\text{-}6)$$

其中，

$$m = 0, 1, 2, 3$$
$$n = 0, \cdots, M_{sc}^{RS} - 1$$

m和n分别表示一个子帧内DMRS符号的索引和一个DMRS符号内DMRS RE的索引。如果$M_{sc}^{RS} \geq 3N_{sc}^{RS}$，其中$N_{sc}^{RS} = 12$表示一个PRB内的RE个数，则$r_{u,v}^{(\alpha)}(n)$为ZC序列，反之，$r_{u,v}^{(\alpha)}(n)$为QPSK序列[23]，$u \in \{0,1,\cdots,29\}$表示序列$r_{u,v}^{(\alpha)}(n)$的分组索引，在同一个分组内，最多包含两个基序列，序列在组内的索引由v表示。$w(m)$表示DMRS的时域正交掩码（Orthogonal Cover Code，OCC）。$\alpha = 2\pi n_{cs}/12$，表示序列的循环移位。PSCCH、PSSCH和PSBCH的DMRS序列均不支持序列跳变（Sequence-Hopping），所以v的值固定为0。

对于PSCCH，$M_{sc}^{RS} = M_{sc}^{PSCCH}$，其中$M_{sc}^{PSCCH}$表示PSCCH占用的RE数，因为PSCCH占

用两个PRB，所以 $M_{sc}^{PSCCH} = 24$。PSCCH的DMRS序列不支持组间跳变（Group-Hopping），u的取值固定为8，因为u=8的DMRS序列可以在所有30个分组的序列中获得最好的BLER性能[24, 25]。

PSCCH的DMRS序列循环移位 $n_{cs} \in \{0,3,6,9\}$，由发送端随机选择，从而达到一定的DMRS序列随机化的效果。这一设计的原因在于，在侧行通信系统中可能出现不同的UE在相同的时频资源上发送PSCCH的情况，由于PSCCH的DMRS序列具有很好的自相关特性，通过随机选择DMRS序列的循环移位，可以降低不同终端在相同时频资源上采用相同DMRS序列的概率，从而能够保证在PSCCH资源冲突的情况下接收端至少能够检测出一个PSCCH。但多个n_{cs}取值同时也意味着接收端需要对PSCCH进行盲检，为了避免盲检次数的进一步增加，PSCCH DMRS的时域OCC $w(m)$ 最终确定为全1序列，即 $w(m) = [+1,+1,+1,+1]$。

对于PSSCH，$M_{sc}^{RS} = M_{sc}^{PSSCH}$，其中$M_{sc}^{PSSCH}$表示调度的PSSCH在频域占用的RE数。正如上面提到的，侧行链路的DMRS序列一共有30个分组，而且侧行链路存在不同终端在相同的时频资源发送PSSCH的可能性，为了避免上述终端持续采用相同的PSSCH DMRS，PSSCH的DMRS序列支持组间跳变，同时支持8个不同的序列循环移位和两个OCC。具体来说，对于PSSCH的DMRS序列的组索引u由公式（4-7）确定。

$$u = \left[f_{gh}(n_s) + f_{ss} \right] \bmod 30 \qquad (4\text{-}7)$$

其中，

$$f_{gh}(n_s) = \left(\sum_{i=0}^{7} c(8n_s + i) \cdot 2^i \right) \bmod 30$$

$$f_{ss} = \lfloor n_{ID}^{X} / 16 \rfloor \bmod 30$$

$f_{gh}(n_s)$中的伪随机序列$c(i)$由$c_{init} = \lfloor n_{ID}^{X}/30 \rfloor$初始化[23]，$n_s$表示DMRS符号索引。而PSSCH DMRS的循环移位和OCC通过公式（4-8）和公式（4-9）确定。

$$n_{cs} = \lfloor n_{ID}^{X}/2 \rfloor \bmod 8 \qquad (4\text{-}8)$$

$$w(m) = \begin{cases} [+1,+1,+1,+1], & \text{如果} n_{ID}^{X} \bmod 2 = 0 \\ [+1,-1,+1,-1], & \text{如果} n_{ID}^{X} \bmod 2 = 1 \end{cases} \qquad (4\text{-}9)$$

$n_{ID}^{X} = \sum_{i=0}^{L-1} p_i \cdot 2^{L-1-i}$，$p$为调度该PSSCH的PSCCH的CRC校验位，$L$=16为该CRC校验位的长度，该参数表示PSSCH的16比特CRC校验位所对应的十进制数值。

对于PSBCH，$M_{sc}^{RS} = M_{sc}^{PSBCH}$，其中$M_{sc}^{PSBCH}$表示PSBCH在频域占用的RE数。由于组间跳变图样和时间有关，PSBCH的DMRS序列也无法支持组间跳变，序列组索引 $u = \lfloor N_{ID}^{SL}/16 \rfloor \bmod 30$。

PSBCH DMRS的循环移位和OCC通过公式（4-10）和公式（4-11）确定。

$$n_{cs} = \lfloor N_{ID}^{SL}/2 \rfloor \bmod 8 \quad (4\text{-}10)$$

$$w(\cdot) = \begin{cases} [+1,+1,+1], & \text{如果} n_{ID}^{X} \bmod 2 = 0 \\ [+1,-1,+1], & \text{如果} n_{ID}^{X} \bmod 2 = 1 \end{cases} \quad (4\text{-}11)$$

$N_{ID}^{SL} \in \{0,1,\cdots,335\}$ 是PSBCH对应的同步信号指示的侧行同步信号标识（Sidelink Synchronization Signal Identity，SLSS ID），详见4.2.2节。

2. NR-V2X中侧行信道参考信号

在NR-V2X中，PSCCH的DMRS图样和NR下行物理控制信道（Physical Downlink Control Channel，PDCCH）相同，即DMRS存在于每一个PSCCH的OFDM符号上，在频域上位于一个PRB的$\{\#1, \#5, \#9\}$个RE，如图4-9所示。PSCCH的DMRS序列通过公式（4-12）生成。

$$r_l(m) = \frac{1}{\sqrt{2}}[1-2c(m)] + j\frac{1}{\sqrt{2}}[1-2c(m+1)] \quad (4\text{-}12)$$

其中伪随机序列$c(m)$由$c_{init} = \left[2^{17}(N_{symb}^{slot} n_{s,f}^{\mu} + l + 1)(2N_{ID} + 1) + 2N_{ID}\right] \bmod 2^{31}$进行初始化[21]，这里$l$为DMRS所在OFDM符号在时隙内的索引，$n_{s,f}^{\mu}$为DMRS所在时隙在系统帧内的索引，$N_{symb}^{slot}$表示一个时隙内OFDM符号的个数，$N_{ID} \in \{0,1,\cdots,65\,535\}$，在一个资源池内$N_{ID}$的具体值由网络配置或预配置。

图4-9　PSCCH DMRS时频域位置

在LTE-V2X中，PSCCH DMRS序列的循环移位由发送端在4个可选值中随机选择，以降低不同终端在相同时频资源上采用相同的PSCCH DMRS的概率，出于相同的考虑，在NR-V2X中引入了3个PSCCH DMRS频域OCC供发送UE随机选择，从而达到区分不同发送端的效果。最终，DMRS符号可以通过公式（4-13）映射到RE上。

$$a_{k,l}^{(p,\mu)} = \beta_{DMRS}^{PSCCH} w_{f,i}(k') r_l(3n+k') \quad (4-13)$$

其中，$r_l(3n+k')$ 表示DMRS RE相对于第一个PSCCH RE的频域索引，$k'=0,1,2$；$n=0,1\cdots$；β_{DMRS}^{PSCCH} 表示PSCCH DMRS发送功率调整因子；$w_{f,i}(k')$ 的取值如表4-8所示，i 的值由发送UE在 $\{0,1,2\}$ 中随机选择。

表4-8 $w_{f,i}(k')$ 的取值

k'	$w_{f,i}(k')$		
	i=0	i=1	i=2
0	1	1	1
1	1	$e^{j2/3\pi}$	$e^{-j2/3\pi}$
2	1	$e^{-j2/3\pi}$	$e^{j2/3\pi}$

LTE-V2X中只有一种PSSCH DMRS图样，即每个子帧内4个DMRS符号，这种高密度的DMRS图样可以保证高速率运动情况下信道估计的精度，然而，当终端在低速率运动时，4个DMRS符号会导致系统整体资源利用效率下降。出于上述原因，NR-V2X借鉴了NR Uu接口中的设计，采用了多个时域PSSCH DMRS图样。在一个资源池内，可采用的DMRS图样的个数和资源池内PSSCH的符号数有关，对于特定的PSSCH符号数（包括第一个AGC符号）和PSCCH符号数，可用的DMRS图样以及图样内每个DMRS符号的位置如表4-9所示。图4-10给出了PSSCH为13个符号数时4个DMRS符号的时域位置。

表4-9 不同PSSCH和PSCCH符号数下DMRS符号数及位置

PSSCH符号数（包括第一个AGC符号）	DMRS符号位置（相对于第一个AGC符号位置）					
	PSCCH符号数为2			PSCCH符号数为3		
	DMRS符号数			DMRS符号数		
	2	3	4	2	3	4
6	1, 5			1, 5		
7	1, 5			1, 5		
8	1, 5			1, 5		
9	3, 8	1, 4, 7		4, 8	1, 4, 7	
10	3, 8	1, 4, 7		4, 8	1, 4, 7	
11	3, 10	1, 5, 9	1, 4, 7, 10	4, 10	1, 5, 9	1, 4, 7, 10
12	3, 10	1, 5, 9	1, 4, 7, 10	4, 10	1, 5, 9	1, 4, 7, 10
13	3, 10	1, 6, 11	1, 4, 7, 10	4, 10	1, 6, 11	1, 4, 7, 10

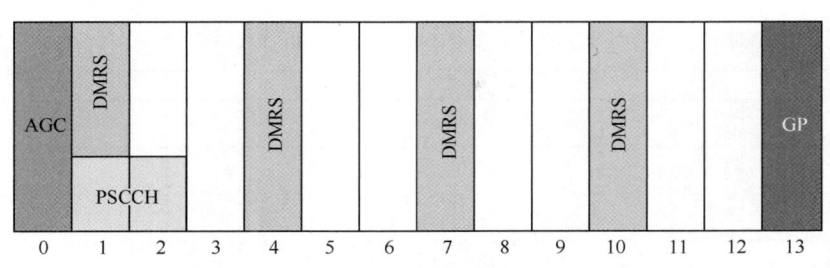

图4-10　13个符号PSSCH时4个DMRS符号的时域位置

如果资源池内配置了多个时域DMRS图样，则具体采用的时域DMRS图样由发送UE选择，并在第一阶SCI中予以指示。这样的设计允许高速运动的UE选择高密度的DMRS图样，从而保证了信道估计的精度。而对于低速运动的UE，则可以采用低密度的DMRS图样，从而提高了频谱效率。

PSSCH DMRS序列的生成方式和PSCCH DMRS序列的生成方式几乎完全相同，唯一的区别在于伪随机序列 $c(m)$ 的初始化公式 c_{init} 中，$N_{ID} = \sum_{i=0}^{L-1} p_i \cdot 2^{L-1-i}$，$p_i$ 为调度该PSSCH的PSCCH的第 i 位CRC，$L=24$，为PSCCH CRC的比特位数。

NR PDSCH和PUSCH中支持两种频域DMRS图样，即DMRS频域类型1和DMRS频域类型2，而且对于每一种频域类型，均存在单符号DMRS和双符号DMRS两种不同的类型。单符号DMRS频域类型1支持4个DMRS端口，单符号DMRS频域类型2可以支持6个DMRS端口，在双符号DMRS情况下，支持的端口数均翻倍。然而，在NR-V2X中，由于PSSCH最多只需要支持两个DMRS端口，因此仅支持单符号的DMRS频域类型1，如图4-11所示。

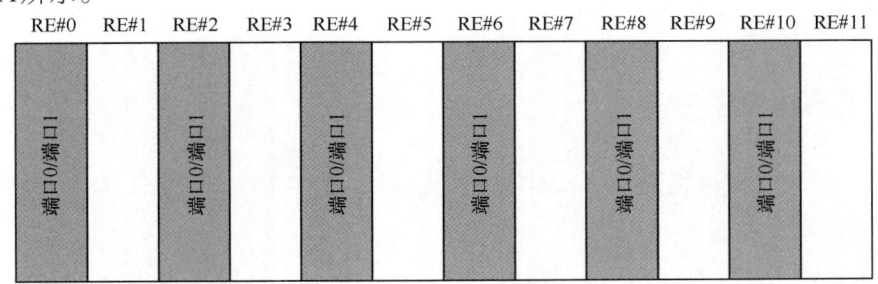

图4-11　单符号DMRS频域类型1示意图

在NR-V2X中，PSBCH的DMRS图样和PSCCH的DMRS图样类似，DMRS存在于每一个PSBCH的OFDM符号上，但频域位置和PSCCH的DMRS略有不同，位于一个PRB的 $\{\#0, \#4, \#8\}$ 个RE，如图4-12所示。

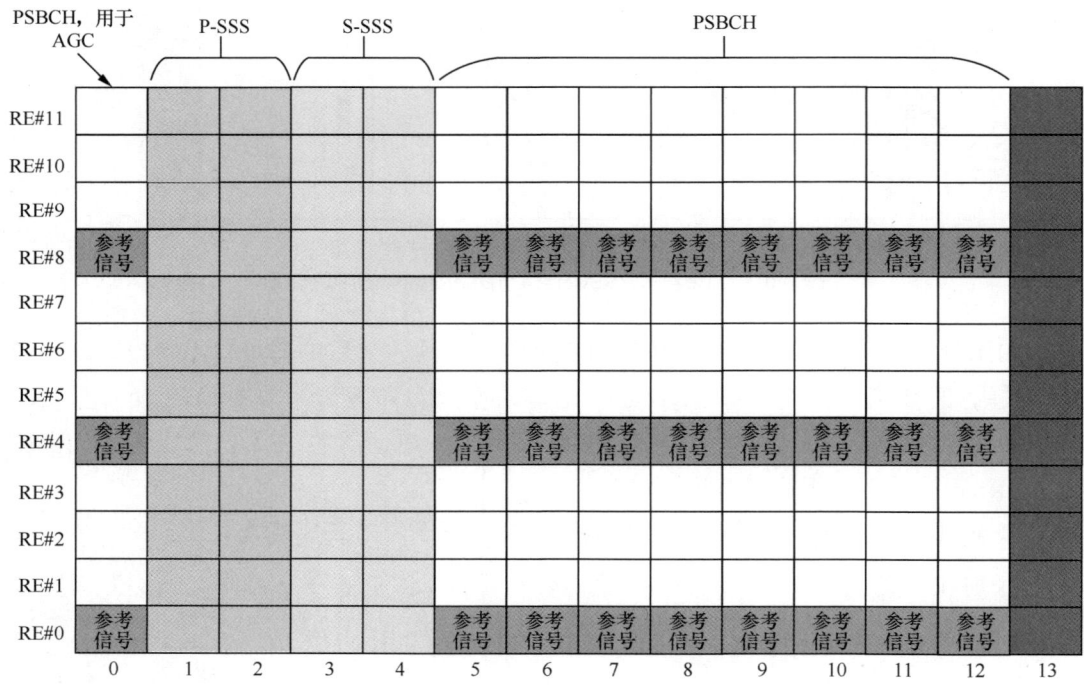

图4-12 PSBCH DMRS时频域位置示意图（以一个PRB为例）

PSBCH DMRS序列沿用NR Uu接口PSBCH的DMRS序列生成方式，即

$$r(m)=\frac{1}{\sqrt{2}}\left[1-2c(m)\right]+\mathrm{j}\frac{1}{\sqrt{2}}\left[1-2c(m+1)\right] \quad (4\text{-}14)$$

其中伪随机序列$c(m)$由$c_{\text{init}}=N_{\text{ID}}^{\text{SL}}$进行初始化[21]。

4.2.2 CSI-RS

为了更好地支持单播通信，NR-V2X中支持SL CSI-RS，SL CSI-RS只有在满足以下3个条件时才会发送：

（1）UE发送对应的PSSCH，也就是说，UE不能只发送SL CSI-RS；

（2）高层信令激活了侧行CSI上报；

（3）在高层信令激活侧行CSI上报的情况下，UE发送的二阶SCI中的相应比特触发了侧行CSI上报。

SL CSI-RS序列$r(m)$可以通过公式（4-15）获得。

$$r(m)=\frac{1}{\sqrt{2}}\left[1-2c(2m)\right]+\mathrm{j}\frac{1}{\sqrt{2}}\left[1-2c(2m+1)\right] \quad (4\text{-}15)$$

其中伪随机序列$c(i)$由$c_{\text{init}}=\left[2^{10}\left(N_{\text{symb}}^{\text{slot}}n_{\text{s,f}}^{\mu}+l+1\right)\left(2n_{\text{ID}}+1\right)+n_{\text{ID}}\right]\bmod 2^{31}$初始化，这里$l$为

DMRS所在OFDM符号在时隙内的索引，$n_{s,f}^{\mu}$为DMRS所在时隙在系统帧内的索引，N_{symb}^{slot}表示一个时隙内OFDM符号的个数，$n_{ID} = \sum_{i=0}^{L-1} p_i \cdot 2^{L-1-i} \bmod 2^{10}$，$p_i$为指示该SL CSI-RS的PSCCH的第$i$位CRC，$L$=24，为PSCCH CRC的比特位数。

SL CSI-RS支持的最大端口数为2，当SL CSI-RS为两个端口时，不同端口的SL CSI-RS在同一个OFDM符号的相邻两个RE上通过码分的方式复用，在一个PRB内每个端口的SL CSI-RS的个数为1，即密度为1。所以，在一个PRB内SL CSI-RS最多只会出现在一个OFDM符号上，这个OFDM符号的具体位置由发送端确定，为了避免对PSCCH和第二阶SCI的资源映射造成影响，SL CSI-RS不能与PSCCH和第二阶SCI位于同一个OFDM符号。由于PSSCH DMRS所在OFDM符号的信道估计精度较高，而且两个端口的SL CSI-RS将在频域上占用两个连续的RE，因此SL CSI-RS也不能和PSSCH的DMRS发送在同一个OFDM符号上。SL CSI-RS所在的OFDM符号的位置由PC5 RRC中的sl-CSI-RS-FirstSymbol参数指示。

SL CSI-RS在一个PRB内占用的第一个RE的位置由PC5 RRC中的sl-CSI-RS-FreqAllocation参数指示，如果SL CSI-RS为一个端口，该参数是长度为12的比特位图，对应一个PRB内的12个RE；如果SL CSI-RS为两个端口，该参数是长度为6的比特位图，在这种情况下SL CSI-RS占用$2f(1)$和$2f(1)+1$两个RE，其中$f(1)$表示值为1的比特在上述比特位图中的索引。SL CSI-RS的频域位置也是由发送端确定的，但是确定的SL CSI-RS的频域位置不能和PT-RS发生冲突。图4-13给出了一种SL CSI-RS时频位置示意图，在该示意图中，SL CSI-RS端口数为2，sl-CSI-RS-FirstSymbol为8，sl-CSI-RS-FreqAllocation为$[b_5,b_4,b_3,b_2,b_1,b_0] = [0,0,0,1,0,0]$。

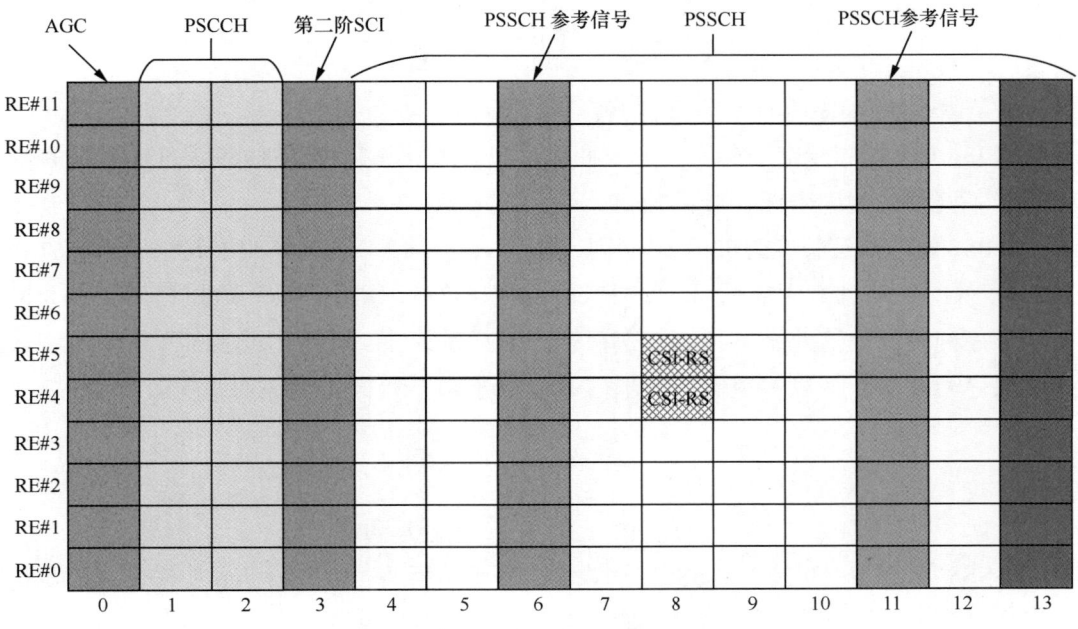

图4-13　SL CSI-RS时频位置示意图

4.2.3 PT-RS

NR-V2X在FR2支持SL PT-RS用于相位跟踪，SL PT-RS序列的生成方式和SL PT-RS的图样与NR上行CP-OFDM PT-RS相同。与上行PT-RS类似，SL PT-RS的时域密度和频域密度也可以由单独的RRC层信令配置，时域密度和频域密度分别是PSSCH采用的MCS和PSSCH频域带宽的函数。其中时域密度的取值为{1, 2, 4}个OFDM符号，频域密度的取值为{2, 4}个PRB，也都和上行PT-RS相同。

SL PT-RS天线端口数总是与PSSCH的天线端口数相同，而且SL PT-RS的天线端口和PSSCH DMRS的天线端口映射关系是固定的。在SL PT-RS物理资源映射过程中，RB偏移由对应一阶SCI CRC的16比特最低有效位（Least Significant Bit，LSB）确定。而且，SL PT-RS不能映射到PSCCH和PSCCH DMRS占用的RE、SL CSI-RS占用的RE以及PSSCH DMRS占用的RE上。

4.3 侧行同步信号

如4.1.4节所述，在LTE-V2X中侧行同步信号（SLSS）包括侧行主同步信号（S-PSS）和侧行辅同步信号（S-SSS），S-PSS和S-SSS的时频域位置如图4-6所示。LTE-V2X中侧行同步信号标识 $N_{\mathrm{ID}}^{\mathrm{SL}}$ 的取值为{0, 1, …, 335}，侧行同步标识可以表示为

$$N_{\mathrm{ID}}^{\mathrm{SL}} = N_{\mathrm{ID},1}^{\mathrm{SL}} + 168 \times N_{\mathrm{ID},2}^{\mathrm{SL}} \qquad (4\text{-}16)$$

其中，$N_{\mathrm{ID}}^{\mathrm{SL}} \in \{0,1,\cdots,167\}$，$N_{\mathrm{ID},2}^{\mathrm{SL}} \in \{0,1\}$。

这336个侧行同步信号标识等分成两组，即{0,1,…,167}和{168,169,…,335}，分别用于表示不同跳数的同步源，详见7.5节。

S-PSS采用的是长度为62的ZC序列，如公式（4-17）所示，如果 $0 \leqslant N_{\mathrm{ID}}^{\mathrm{SL}} \leqslant 167$，则ZC序列的根序列索引 $u = 26$，如果 $168 \leqslant N_{\mathrm{ID}}^{\mathrm{SL}} \leqslant 335$，则 $u = 37$。这里选用了26和37两个根序列是因为这两个序列可以获得较好的互相关性，而且这两个序列和Uu接口采用的根序列不同，可以避免侧行同步信道对Uu接口下行同步过程的影响。

$$d_u(n) = \begin{cases} e^{-j\frac{\pi u n(n+1)}{63}}, & n = 0,1,\cdots,30 \\ e^{-j\frac{\pi u (n+1)(n+2)}{63}}, & n = 31,32,\cdots,61 \end{cases} \qquad (4\text{-}17)$$

S-SSS完全沿用Uu接口的SSS序列设计，用于指示侧行同步标识。如果侧行同步信号标识为 $N_{\mathrm{ID}}^{\mathrm{SL}}$，则S-SSS序列采用子帧5上 $N_{\mathrm{ID}}^{(1)} = N_{\mathrm{ID}}^{\mathrm{SL}} \bmod 168$，$N_{\mathrm{ID}}^{(2)} = \lfloor N_{\mathrm{ID}}^{\mathrm{SL}}/168 \rfloor$ 的SSS序

列。这里采用子帧5上的SSS序列是为了避免对D2D终端的影响（D2D中，S-SSS采用子帧0上的SSS）。

由于NR中小区物理标识的取值空间（0~1007）相对于LTE（0~503）扩展了1倍，NR-V2X中侧行同步标识的取值范围也相应地增加了1倍，即扩展为$\{0,1,\cdots,671\}$。NR-V2X中侧行同步标识可以表示为

$$N_{\text{ID}}^{\text{SL}} = N_{\text{ID},1}^{\text{SL}} + 336 \times N_{\text{ID},2}^{\text{SL}} \qquad (4\text{-}18)$$

其中，$N_{\text{ID},1}^{\text{SL}} \in \{0,1,\cdots,335\}$，$N_{\text{ID},2}^{\text{SL}} \in \{0,1\}$。

和LTE-V2X相同，这672个侧行同步标识也等分为两组，分别用于指示不同跳数的同步终端，详见7.5节。NR-V2X中的SLSS也包括侧行主同步信号（S-PSS）和侧行辅同步信号（S-SSS），S-PSS由M序列（M-sequence）生成，序列长度为127点，由$N_{\text{ID},2}^{\text{SL}}$确定；S-SSS由Gold序列生成，序列长度与S-PSS相同，由$N_{\text{ID},1}^{\text{SL}}$和$N_{\text{ID},2}^{\text{SL}}$确定，S-PSS和S-SSS的具体序列生成公式参见参考文献[21]。S-PSS映射到同步时隙中的第1和第2个时域符号上，两个符号上映射相同的序列；S-SSS映射到第3和第4个时域符号上，两个符号上映射相同的序列，如图4-7所示。

第5章

侧行链路资源分配

在车联网系统中，侧行链路的资源分配主要有两种方式：基于网络调度的资源分配和终端自主选取的资源分配。这两种资源分配方式在LTE-V2X中分别称为模式3（Mode 3）和模式4（Mode 4）[26, 27]，在NR-V2X中分别称为模式1（Mode 1）和模式2（Mode 2）[28]。之所以在LTE-V2X中称为模式3和模式4是因为基于侧行链路的传输最早在R12 LTE-D2D讨论并标准化，在LTE-D2D中，将基于网络分配传输资源的资源分配方式称为模式1，将基于终端自主选取传输资源的方式称为模式2[27]，而LTE-V2X是在LTE-D2D基础上演进的，因此称为模式3和模式4。而NR-V2X是基于NR的侧行传输技术，因此重新将上述两种资源分配方式命名为模式1和模式2。本章首先介绍侧行传输系统中的资源池，然后分别介绍LTE-V2X和NR-V2X系统中的基于网络调度和终端自主选取的资源分配方式，最后介绍跨无线接入技术（Cross Radio Access Technology，Cross-RAT）的调度方式。

5.1 资源池

5.1.1 为什么引入资源池

在蜂窝通信系统中，所有的数据传输都是在终端与基站之间进行，并且所有的传输资源都是由网络调度或分配的。对于下行接收，终端接收网络发送的PDCCH，在该PDCCH指示的传输资源上接收PDSCH；对于上行数据发送，终端接收网络发送的上行授权PDCCH，该PDCCH指示上行传输资源，终端在该上行传输资源上发送PUSCH、PUCCH或SRS等。

资源池（Resource Pool，RP），顾名思义，即资源的集合。侧行链路的资源池即用于侧行传输的时频资源的集合。在侧行链路中为什么需要引入资源池呢？这主要与车联网的工作场景、传输方式及可能使用的载波频率有关。在车联网系统中，主要考虑如下场景。

（1）网络覆盖范围内，两个终端位于相同的小区，如图5-1(a)所示。

（2）部分网络覆盖，即一个终端位于网络覆盖范围内，另一个终端位于网络覆盖范围外，如图5-1(b)所示。

（3）网络覆盖范围内，两个终端位于不同的小区，如图5-1(c)所示。

（4）网络覆盖范围外，两个终端都位于网络覆盖范围外，如图5-1(d)所示。

由于车联网系统传输的是与安全相关的数据，在任何场景中都要保证车联网的终端之间能够进行数据交互，以保证车辆和行人的安全。

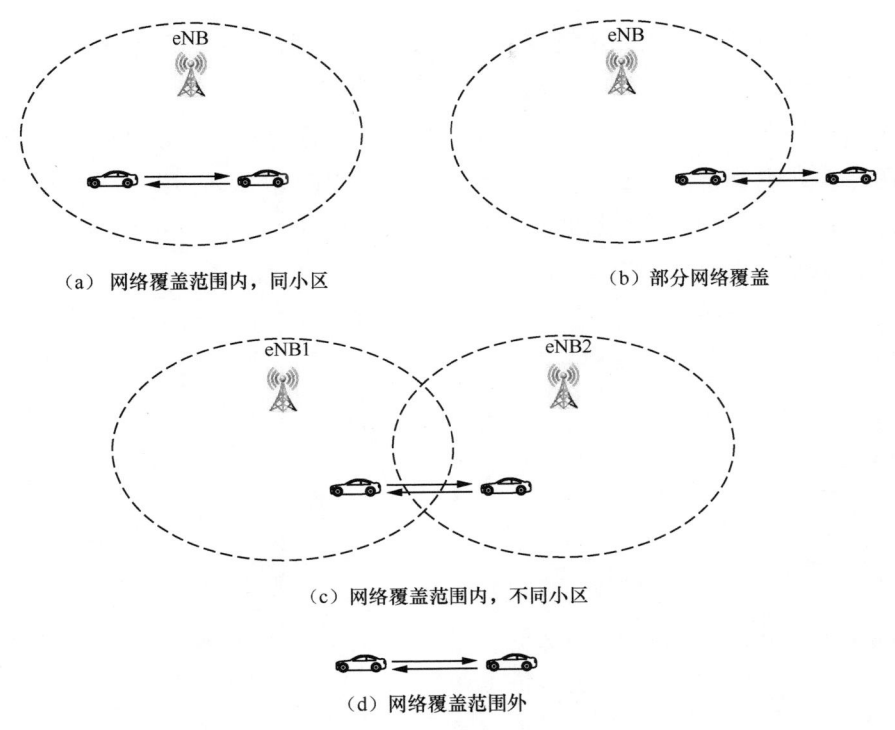

(a) 网络覆盖范围内，同小区　　　　(b) 部分网络覆盖

(c) 网络覆盖范围内，不同小区

(d) 网络覆盖范围外

图5-1　车联网工作场景

侧行链路可以工作在专有载频（Dedicated Carrier）上，也可以工作在授权载频上，即和蜂窝通信共享载波（Shared Carrier）。对于共享载波的情况，侧行传输和蜂窝系统的数据传输之间的资源复用方式可以分为如下两种情况：TDM资源复用和FDM资源复用。如果采用TDM资源复用方式，即侧行传输和蜂窝数据传输使用不同的时域资源，可以避免侧行传输和蜂窝系统之间的干扰，但是会对基站的调度产生非常大的限制，尤其对于LTE系统，PDCCH与其调度的PUSCH之间，以及PDSCH与其对应的PUCCH之间有固定的时序关系，如果侧行传输和蜂窝数据传输采用TDM资源复用方式，则对系统的下行调度和上行调度都会产生非常大的影响，因此，更倾向于采用FDM资源复用方式，即侧行数据传输和蜂窝数据传输使用不同的频域资源。

当侧行传输和蜂窝数据传输共享载波时，侧行链路能够使用的资源包括以下两种情况。

情况1：侧行传输工作在下行载波（针对FDD系统）或下行时隙（针对TDD系统）。

情况2：侧行传输工作在上行载波（针对FDD系统）或上行时隙（针对TDD系统）。

对于情况1，侧行传输会对终端接收下行数据造成强干扰。如图5-2所示，当发送侧行数据的终端1距离接收下行数据的终端2非常近时，虽然终端1的侧行发送和终端2的下行接收采用不同的频域资源，但是由于带内泄漏（In-Band Emission，IBE）以及远近效应（Near-Far Effect）的影响，终端2接收到终端1的带内泄漏的能量有可能比接收到网络发送的下行数据的能量还要高，造成终端2接收下行数据失败。

因此，当侧行链路工作在共享载波时，侧行链路只能使用上行载波（针对FDD系统）或上行时隙（针对TDD系统）。此时，如果对侧行链路的数据传输也采用基于下行链路路径损耗进行功率控制（参见6.4节），在基站侧接收到的终端1发送的侧行数据与终端2发送的上行数据的能量相当，因此终端1发送的侧行数据不会对终端2发送的上行数据造成干扰，如图5-3所示。

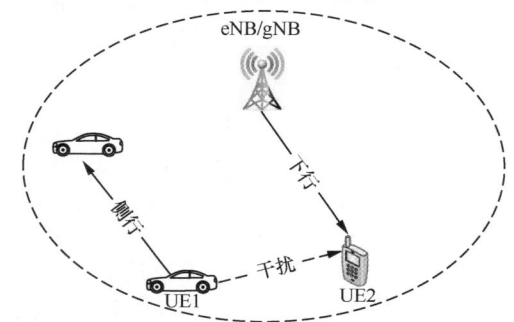

图5-2　侧行传输对下行接收的干扰　　　　图5-3　侧行传输对上行接收的干扰

在蜂窝系统中，终端的传输资源是由基站分配或调度的，在侧行链路传输中，终端获取传输资源的方式又称终端的传输模式，主要有以下两种。

（1）网络分配侧行传输资源。

（2）终端自主选取传输资源。

如前所述，车联网的工作场景分为蜂窝网络覆盖范围内和蜂窝网络覆盖范围外两种，对于后者，由于没有蜂窝网络覆盖，也就没有基站，因此终端只能使用自主选取传输资源的模式；对于前者，虽然有网络覆盖，但是终端可能处于RRC连接（RRC-Connected）状态或者RRC空闲（RRC-Idle）状态，对于RRC-Connected状态的终端，网络可以为其分配侧行传输资源，但是对于RRC-Idle状态的终端，网络无法为其分配专有的侧行传输资源。因此，在蜂窝网络覆盖范围内，既支持网络分配侧行传输资源的方式，又支持终端自主选取传输资源的方式。终端采用哪种方式基于网络的配置。

如果终端工作在自主选取传输资源的传输模式，并且是共享载波的场景，则终端需要在上行载波或上行时隙上自主选取侧行传输资源。网络无法获知终端自主选取的侧行传输资源，如果此时网络调度该传输资源给某个终端进行上行传输，就会造成传输冲突。因此，为了避免侧行链路数据传输和蜂窝网络传输之间的干扰，网络在上行载波或上行时隙中划分一个区域，即资源池，用于侧行传输。工作在自主选取传输资源模式的终端只能在该资源池中选取侧行传输资源，而网络不会将该资源池内的资源调度给终端进行上行数据传输，因此可以避免侧行链路传输和蜂窝网络传输之间的干扰，如图5-4所示。

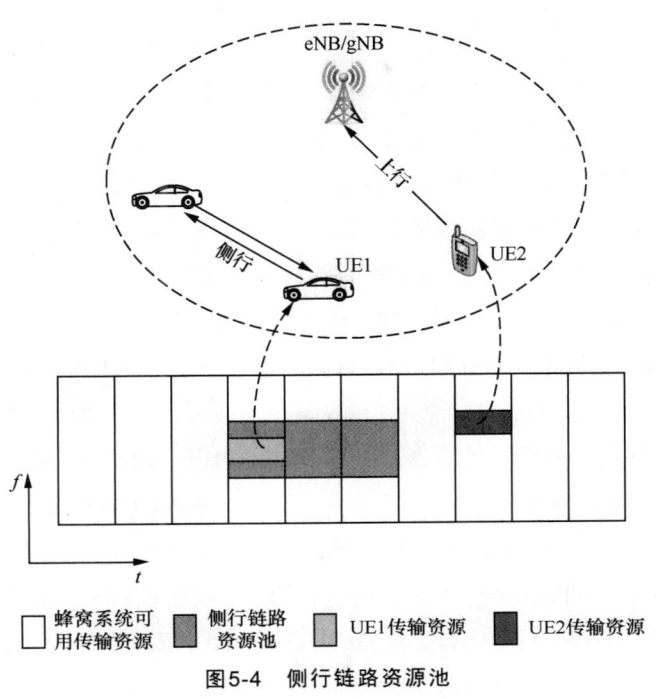

图5-4 侧行链路资源池

5.1.2 资源池的确定方法

在LTE-V2X和NR-V2X中定义了不同的PSCCH和PSSCH复用的方式（参见3.2节），因此，LTE-V2X和NR-V2X中的资源池配置参数也不同，本节将介绍如何根据资源池配置参数确定PSCCH和PSSCH资源池。

1. LTE-V2X资源池确定方法

在LTE-V2X中，PSCCH和PSSCH在时域上使用一个子帧，PSCCH频域大小固定为2个PRB，PSSCH的频域资源以子信道为最小资源调度单元，一个子信道包括连续的多个PRB。LTE-V2X中的PSCCH与其关联的PSSCH在同一子帧中传输，采用FDM的方式进行复用，具体的，PSCCH与其关联的PSSCH的复用又分为频域相邻（Adjacent）和频域非相邻（Non-Adjacent）两种[27, 29]。

对于频域相邻的情况，即PSCCH与其关联的PSSCH之间频域位置相邻。PSSCH资源池的频域资源以子信道为粒度，在每个子信道中的起始2个PRB都可用于PSCCH传输，即PSCCH的资源池。如图5-5（a）所示，PSSCH的资源池对应的频域资源为3个子信道，PSCCH的资源池对应每个子信道中的起始2个PRB，每个终端发送的PSCCH与其关联的PSSCH的频域资源是相邻的，如图5-5中UE1和UE2。PSCCH占据PSSCH所在子信道的起始2个PRB，PSSCH的频域资源从该子信道的第3个PRB开始。当PSSCH的频域资源大于1个子信道时,除第一个子信道之外的其他子信道中的候选PSCCH传输资源也用于传输PSSCH,如图5-5中UE2的PSSCH占据2个子信道,即子信道1和子信道2,子信道2中可用于PSCCH传输的资源也用于传输PSSCH。图5-5(a)中UE2的PSSCH并没有占满子信道2的所有的PRB,这是因为在LTE-V2X中采用了DFT-s-OFDM,PSSCH占据的PRB的个数需要能够被2、3、5整除,从而可以实现快速DFT处理,具体可参见5.2.1节。在NR-V2X中采用了CP-OFDM,因此没有这样的限制。

对于频域非相邻的情况,即PSCCH与其关联的PSSCH之间频域位置不相邻,分别配置PSCCH和PSSCH资源池,PSSCH资源池中的每个子信道与PSCCH资源池中的PSCCH传输资源之间是一一对应的,每个PSCCH信道在频域占据2个PRB。如图5-5(b)所示,PSSCH资源池对应的频域资源为3个子信道,则PSCCH资源池在频域也包括3个PSCCH传输资源,分别对应PSSCH资源池中的每个子信道。由于PSSCH的每个子信道分别对应一个PSCCH传输资源,因此,根据PSSCH的起始子信道即可确定与其对应的PSCCH的传输资源,图5-5(b)中UE1和UE2的PSCCH传输资源可以根据PSSCH的传输资源确定,或者反之,即PSSCH的传输资源可以根据PSCCH的传输资源确定。因此,当接收端的终端在PSCCH资源池中检测到PSCCH时,即可确定与之对应的PSSCH的频域起始位置。同理,对于频域非相邻的情况,PSSCH占据的PRB的个数也需要满足能够被2、3、5整除的条件。

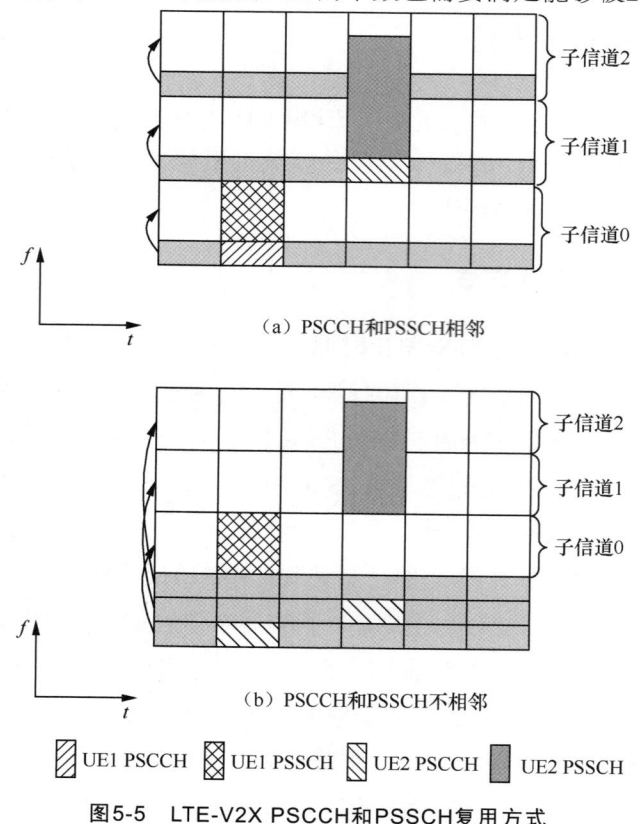

图5-5 LTE-V2X PSCCH和PSSCH复用方式

（1）频域资源的确定

LTE-V2X的资源池在频域上是资源连续的。在资源池配置信息中，包括PSCCH以及PSSCH资源池配置参数，同时配置PSSCH资源池及与其关联的PSCCH的资源池，具体的，包括如下频域资源配置参数[29]。

① PSCCH和PSSCH相邻指示（adjacencyPSCCH-PSSCH）：指示PSSCH与其关联的PSCCH是否是频域相邻。

② 子信道尺寸（sizeSubchannel）：指示资源池中一个子信道包括的连续PRB的个数。

③ 子信道数（numSubchannel）：指示资源池中包括的子信道数。

④ 子信道起始RB（startRB-Subchannel）：指示第一个子信道的起始PRB索引。

⑤ PSCCH起始RB（startRB-PSCCH）：指示PSCCH资源池的起始PRB索引（如果PSCCH和PSSCH是频域相邻的，则不配置该参数）。

以上参数配置了资源池中第一个子信道的起始位置、每个子信道的尺寸以及子信道的个数，因此可以确定PSSCH资源池的频域资源。

具体的，在该资源池中第m个子信道包括的PRB根据公式（5-1）确定[27]。

$$n_{\text{PRB}} = n_{\text{subCHRBstart}} + m \times n_{\text{subCHsize}} + j \quad (5\text{-}1)$$

其中，n_{PRB}表示PRB的索引，$j=0,1,\cdots,n_{\text{subCHsize}}-1$，$m=0,1,\cdots,N_{\text{subCH}}-1$，$n_{\text{subCHRBstart}}$、$n_{\text{subCHsize}}$和$N_{\text{subCH}}$分别对应资源池配置参数startRB-Subchannel、sizeSubchannel和numSubchannel。

当PSCCH与其关联的PSSCH频域相邻时，PSCCH资源池的频域资源通过公式（5-2）确定。具体的，在PSCCH资源池中第m个传输资源包括的PRB为

$$n_{\text{PRB}} = n_{\text{subCHRBstart}} + m \times n_{\text{subCHsize}} + j \quad (5\text{-}2)$$

其中，$j=0$和1，m、$n_{\text{subCHRBstart}}$和$n_{\text{subCHsize}}$与公式（5-1）中一致，即每个子信道的前2个PRB为PSCCH的传输资源。

当PSCCH与其关联的PSSCH频域非相邻时，PSCCH资源池的频域资源通过公式（5-3）确定，具体的，在PSCCH资源池中第m个传输资源包括的PRB为

$$n_{\text{PRB}} = n_{\text{PSCCHstart}} + 2 \times m + j \quad (5\text{-}3)$$

其中，$j=0$和1，m与公式（5-1）中一致，$n_{\text{PSCCHstart}}$对应资源池配置参数startRB-PSCCH。

（2）时域资源的确定

在LTE-V2X中，PSCCH和PSSCH的时域资源都以子帧为粒度，即PSCCH和PSSCH在时域上占用1个子帧，因此，资源池配置信息中包括用于指示资源池所对应的子帧的指示信息。为了更加灵活地指示资源池可用的子帧信息，LTE-V2X中使用比特位图（Bitmap）指示资源池的子帧，比特位图中的每个比特对应一个子帧。

另外，车联网系统是同步传输系统，终端可以基于eNB、GNSS或终端发送的同步信号进行同步（参见7.1节）。终端发送的同步信号占据1个单独的子帧[23]，在同步子帧中，终端不能发送PSCCH和PSSCH，这主要是为了避免半双工的影响。在同步子帧中，所有车联网的终端发送或接收同步信号，进行终端之间的同步。如果某个终端在同步子帧中发送PSCCH和PSSCH，则会导致其他发送同步信号的终端由于半双工限制而无法接收该数据。因此，在LTE-V2X中，PSCCH和PSSCH资源池与同步子帧配置为TDM的复用方式，即PSCCH和PSSCH资源池不能占用同步信号所在的子帧。

在确定资源池的可用子帧时，将比特位图在SFN周期内（一个SFN周期包括10 240个子帧）周期性重复，从而可以确定一个SFN周期内属于该资源池的子帧信息。在一个SFN周期内去掉同步子帧后，如果剩余的子帧不能被比特位图长度L整除，此时就会导致在不同的SFN周期内属于该资源池的子帧位置不同。当终端在不同的SFN周期内接收到资源池配置信息时，其确定出来的资源池的时域位置也不同，从而导致终端之间对于资源池的理解不一致。为了避免这个问题，需要保证根据资源池配置信息确定的时域资源位置在不同的SFN周期内是相同的。因此，在LTE-V2X中引入了预留子帧（Reserved Subframe），该预留子帧不用于侧行传输，其作用就是使一个SFN周期内的子帧数去掉同步子帧以及预留子帧后能够被比特位图的长度L整除，从而使得不同SFN周期内属于该资源池的时域资源相同。

具体的，通过下面的过程，根据比特位图确定资源池在一个SFN周期内的时域资源[27]。

一个SFN周期内的子帧个数为10 240，对应的子帧编号为$(l_0, l_1, l_2, \cdots l_{10\,239})$。

步骤1：在SFN周期内去掉不属于资源池的子帧，包括同步子帧和TDD系统的下行子帧、特殊子帧等，剩下的子帧可以表示为剩余子帧集合，将剩余的子帧重新编号为$(l_0, l_1, l_2, \cdots, l_{10\,239-N_{\text{slss}}-N_{\text{dssf}}})$。

其中：

- N_{slss} 表示一个SFN周期内同步子帧的个数；
- N_{dssf} 表示一个SFN周期内下行子帧和特殊子帧的个数。对于FDD系统，$N_{\text{dssf}}=0$；对于TDD系统，N_{dssf}取决于TDD系统的上下行配置。

步骤2：确定预留子帧的个数及对应的时域位置。

剩余子帧集合中的子帧个数如果不能被比特位图长度整除，则需要确定预留子帧的个数以及相应的时域位置。具体的，如果一个子帧l_r（$0 \leq r \leq (10\,240-N_{\text{slss}}-N_{\text{dssf}})$）满足下面的条件，该子帧是预留子帧，

$$r = \left\lfloor \frac{m \cdot (10\,240-N_{\text{slss}}-N_{\text{dssf}})}{N_{\text{reserved}}} \right\rfloor \quad （5-4）$$

其中，

$$N_{\text{reserved}} = (10\,240-N_{\text{slss}}-N_{\text{dssf}}) \bmod L_{\text{bitmap}} \quad （5-5）$$

N_{reserved} 表示预留子帧的个数，L_{bitmap} 表示比特位图的长度，$m = 0, \cdots, N_{\text{reserved}} - 1$。

步骤3：在剩余子帧集合中将预留子帧去掉，剩下的子帧集合表示为逻辑子帧集合，该子帧集合中的子帧都是可用于资源池的子帧，将逻辑子帧集合中的子帧重新编号为 $(t_0^{\text{SL}}, t_1^{\text{SL}}, \cdots, t_{T_{\max}}^{\text{SL}})$，其中，$T_{\max} = 10\,239 - N_{\text{slss}} - N_{\text{dssf}} - N_{\text{reserved}}$。

步骤4：根据比特位图确定逻辑子帧集合中属于资源池的子帧。

资源池配置信息中的比特位图为 $(b_0, b_1, \cdots, b_{L_{\text{bitmap}}-1})$，对于逻辑子帧集合中的子帧 $t_k^{\text{SL}} (0 \leq k < (10\,240 - N_{\text{slss}} - N_{\text{dssf}} - N_{\text{reserved}}))$，当满足 $b_{k'} = 1$ 时，该子帧是属于资源池的子帧，其中 $k' = k \bmod L_{\text{bitmap}}$。

需要说明的是，用于指示资源池时域资源的比特位图的长度是可配置的，对于FDD系统，比特位图的长度 $L_{\text{bitmap}} = 16$、20或100。对于TDD系统，只有上行子帧可以用于侧行链路传输，在不同TDD上下行配置中，一个无线帧中包含的上行子帧个数不同。相对于FDD系统中上行载波上所有的子帧都可用于侧行链路传输，TDD系统中由于只有上行子帧可用，因此，相对于FDD系统比特位图长度 $L_{\text{bitmap}} = 100$ 的情况，对TDD系统的比特位图根据可用的上行子帧的比例进行了相应的调整。例如，对于TDD上下行配置0，10个子帧中有6个上行子帧，即可用于侧行传输的子帧数是6，因此配置比特位图长度 $L_{\text{bitmap}} = 60$，以此类推。对不同的上下行配置，比特位图长度也不同，TDD上下行配比与比特位图的长度之间的对应关系如表5-1所示，其中D表示下行子帧，U表示上行子帧，S表示特殊子帧。

表5-1　TDD上下行配置与比特位图长度对应关系

TDD上下行配置	子帧号										比特位图长度
	0	1	2	3	4	5	6	7	8	9	
0	D	S	U	U	U	D	S	U	U	U	60
1	D	S	U	U	D	D	S	U	U	D	40
2	D	S	U	D	D	D	S	U	D	D	20
3	D	S	U	U	U	D	D	D	D	D	30
4	D	S	U	U	D	D	D	D	D	D	20
5	D	S	U	D	D	D	D	D	D	D	10
6	D	S	U	U	U	D	S	U	U	D	50

2. NR-V2X资源池确定方法

NR-V2X系统相对于LTE-V2X系统的时延更低，因此，NR-V2X系统的PSCCH和PSSCH复用方式相对于LTE-V2X系统进行了重新设计。LTE-V2X系统中PSCCH和PSSCH是FDM复用方式，终端只能接收完PSCCH再去检测PSSCH，会增大时延，在NR-V2X系统中，PSCCH和PSSCH采用如图5-6所示的复用方式（参见3.2节）。

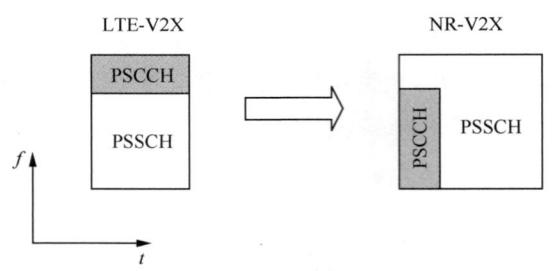

图5-6　LTE-V2X和NR-V2X系统中PSCCH、PSSCH复用方式

在NR-V2X中，除了AGC符号外，PSCCH占据2个或3个OFDM符号，并且其时域位置从该时隙可用于侧行传输的时域符号中的第2个时域符号开始（第1个时域符号为AGC符号），频域上占据的PRB个数是可配置的，这样定义PSCCH的资源有如下好处。

- 降低时延：PSCCH使用时隙中位置靠前的时域符号，这样接收端可以更加快速地接收并解码PSCCH，获取PSSCH的调度信息和传输参数，从而可以更快地对PSSCH进行检测。

- PSCCH码率可变：通过改变PSCCH占据的符号个数或PRB个数，可以灵活地改变PSCCH的码率，例如，当配置PSCCH占据2个符号、10个PRB时，码率最高；当配置PSCCH占据3个符号、25个PRB时，码率最低，两者相差3.5倍，由此可以满足不同PSCCH的检测性能需求。

（1）频域资源的确定

与LTE-V2X类似，NR-V2X资源池的频域资源也是连续的，并且频域资源的分配粒度也是子信道，一个子信道包括的PRB个数为{10,12,15,20,50,75,100}，其中，最小的子信道的尺寸为10PRB，远大于LTE-V2X中的最小子信道尺寸4PRB，这主要是因为NR-V2X中PSCCH的频域资源位于与其关联的PSSCH的第一个子信道内，PSCCH的频域资源小于或等于PSSCH的一个子信道的尺寸，而PSCCH的时域资源占据2个或3个OFDM符号，如果子信道的大小配置比较小，就会导致PSCCH可用资源很少、码率提高，降低了PSCCH的检测性能。在NR-V2X中，PSSCH子信道的尺寸与PSCCH的频域资源大小是独立配置的，但是要保证PSCCH的频域资源小于或等于PSSCH的子信道尺寸。NR-V2X资源池配置信息中的如下配置参数用于确定PSCCH和PSSCH资源池的频域资源[22]。

① 子信道尺寸（sl-SubchannelSize）：指示资源池中一个子信道包括的连续PRB的个数，取值范围为{10, 12, 15, 20, 50, 75, 100}PRB。

② 子信道数（sl-NumSubchannel）：指示资源池中包括的子信道数。

③ 子信道起始RB索引（sl-StartRB-Subchannel）：指示资源池中第一个子信道的起始PRB索引。

④ PSCCH频域资源指示（sl-FreqResourcePSCCH）：指示PSCCH的频域资源大小，

取值范围为{10, 12, 15, 20, 25}PRB。

在NR-V2X中，PSCCH与其关联的PSSCH的第一个子信道的频域起始位置是对齐的，因此，每个PSSCH子信道的起始位置都是可能的PSCCH的频域起始位置，根据上面的参数可以确定PSCCH与PSSCH的资源池的频域范围，如图5-7所示。

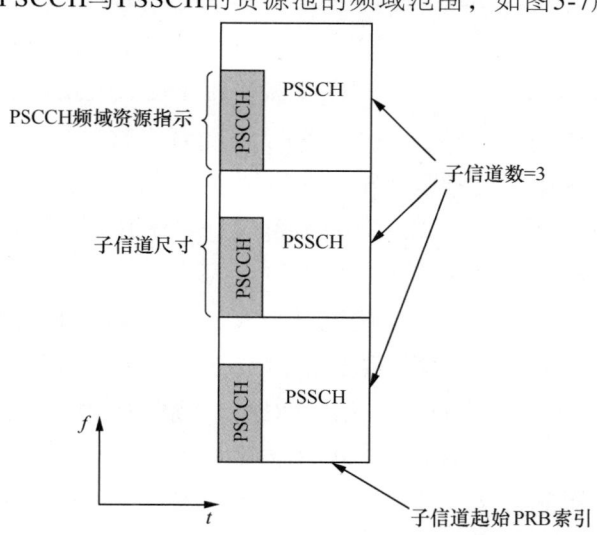

图5-7　NR-V2X中PSCCH和PSSCH资源池

（2）时域资源的确定

在NR-V2X中，PSCCH/PSSCH的传输是基于时隙级别的，即一个时隙只能传输一个PSCCH/PSSCH，不支持一个时隙内通过TDM的方式传输多个PSCCH/PSSCH，不同用户之间的PSCCH/PSSCH可以在一个时隙内通过FDM的方式复用。在NR-V2X中，PSSCH的时域资源以时隙为粒度，但是与LTE-V2X中PSSCH占满一个子帧中所有的时域符号不同，NR-V2X中的PSSCH可以占据一个时隙中的部分符号。这主要是因为在LTE系统中，上行或下行传输也都是以子帧为粒度的，因此侧行传输也是以子帧为粒度的（TDD系统中的特殊子帧不用于侧行传输）。而在NR系统中采用灵活的时隙结构，即一个时隙内既包括上行符号又包括下行符号，从而可以实现更加灵活的调度，并且可以降低时延。NR系统时隙结构如图5-8所示，时隙中可以包括下行（Downlink，DL）符号、上行（Uplink，UL）符号和灵活（Flexible）符号，下行符号位于时隙的起始位置，上行符号位于时隙的结束位置，下行符号和上行符号之间是灵活符号，每个时隙中的各种符号的个数都是可配置的。

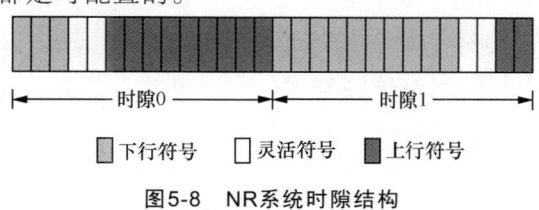

图5-8　NR系统时隙结构

如前所述,侧行传输系统可以与蜂窝系统共享载波,此时侧行传输只能使用蜂窝系统的上行传输资源。对于NR-V2X,如果仍然需要侧行传输占据一个时隙中的所有时域符号,需要网络配置全上行符号的时隙用于侧行传输,这样会对NR系统的上下行数据传输造成很大的影响,降低系统的性能。因此,在NR-V2X中,支持时隙中部分时域符号用于侧行传输,即一个时隙中部分上行符号用于侧行链路传输。另外,考虑到在侧行传输中包括AGC符号及GP符号,如果可用于侧行链路传输的上行符号的个数较少,则去掉AGC符号和GP符号,剩余可用于传输有效数据的符号更少,资源利用率很低,因此,NR-V2X中侧行链路传输占据的时域符号最少是7个(包括GP符号)。当侧行传输系统使用专有载波时,此时不存在和其他系统共享传输资源的问题,可以配置时隙中所有的符号都用于侧行传输。

NR-V2X中通过参数起始符号位置(sl-StartSymbol)和符号个数(sl-LengthSymbols)配置一个时隙中用于侧行传输的时域符号的起点和长度,用于侧行传输的时域符号中的最后一个符号用作保护间隔(GP),PSSCH和PSCCH只能使用其余的时域符号,但是如果一个时隙中配置了PSFCH传输资源,则PSSCH和PSCCH不能占用用于PSFCH传输的时域符号,以及该符号之前的AGC和GP符号(参见图3-4)。

如图5-9所示,网络配置起始符号位置=3,符号个数=11,即一个时隙中从符号索引3开始的11个时域符号可用于侧行传输,其中,符号3通常用作AGC符号,符号13用作GP符号,其余符号可用于PSCCH和PSSCH传输,PSCCH占据2个时域符号。

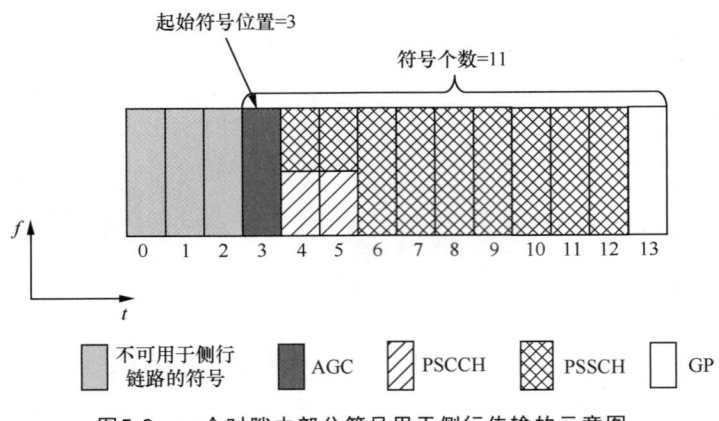

图5-9 一个时隙中部分符号用于侧行传输的示意图

在NR-V2X系统中,资源池的时域资源也是通过比特位图指示的,考虑到NR系统中灵活的时隙结构,对比特位图的长度也进行了扩展,支持的比特位图长度范围是[10:160]。在NR-V2X中利用比特位图确定一个SFN周期内属于资源池的时隙位置的方式与在LTE-V2X中的方式基本相同,但是有如下两点不同之处。

① 一个SFN周期内包括的时隙总数是$10\,240\times 2^{\mu}$，其中，参数μ与子载波间隔大小有关[21]。

② 在上述确定LTE-V2X资源池时域资源过程中的步骤1中，如果一个时隙包括的时域符号$(Y,Y+1,Y+2,\cdots,Y+X-1)$中至少有一个时域符号不是被网络的TDD-UL-DL-ConfigCommon信令配置为上行符号，则该时隙不能用于侧行传输。其中，Y和X分别表示sl-StartSymbol和sl-Length Symbols。

（3）PSFCH资源池的确定

NR-V2X相对于LTE-V2X的一个重要特征是引入了侧行反馈机制，即接收端可以向发送端发送侧行反馈信息HARQ，从而提高传输可靠性，侧行HARQ反馈信息通过PSFCH信道承载。PSFCH传输资源由与其对应的PSSCH的传输资源确定（参见6.1.5节），在一个资源池中发送的PSSCH，其关联的PSFCH也在该资源池中，在配置PSSCH资源池的同时也会配置与其关联的PSFCH的资源池。

具体的，NR-V2X资源池配置信息中的如下配置参数用于PSFCH资源池的确定[22]。

① PSFCH周期（sl-PSFCH-Period）：指示PSFCH的周期信息，用时隙个数表示。

② PSFCH的RB集合（sl-PSFCH-RB-Set）：指示PSFCH资源池频域占据的PRB集合，用比特位图表示，每个比特位对应1个PRB。

③ 循环移位对个数（sl-NumMuxCS-Pair）：指示一个PRB内能够复用的循环移位序列对的个数。

④ PSFCH与PSSCH最小时间间隔（sl-MinTimeGapPSFCH）：指示PSFCH与其关联的PSSCH之间的最小时间间隔。

NR-V2X系统中的PSFCH传输资源是周期性的，通过sl-PSFCH-Period参数配置PSFCH传输资源的周期，其取值范围是$\{0,1,2,4\}$，当该参数配置为0时，该资源池中的PSSCH传输不支持侧行反馈，当该参数取值为1、2、4时，表示PSFCH传输资源的时域周期为1、2、4个时隙。另外，考虑到接收端接收到发送端发送的PSCCH/PSSCH，对其进行解码需要一定的处理时间，因此通过参数sl-MinTimeGapPSFCH指示PSFCH与其关联的PSSCH所在的时隙之间的时隙间隔，该参数取值范围是$\{2,3\}$。考虑到在不同子载波间隔，其对应的时隙时长不同，因此该参数的取值也不同。图5-10所示的PSFCH的周期是2个时隙，并且PSFCH与其关联的PSSCH的时隙间隔是2个时隙，即在时隙n发送的PSSCH，其对应的PSFCH在时隙$n+2$及其之后的第一个包括PSFCH传输资源的时隙发送。如图中时隙2、时隙3中发送的PSSCH对应的PSFCH位于时隙5；时隙4、时隙5中发送的PSSCH对应的PSFCH位于时隙7。

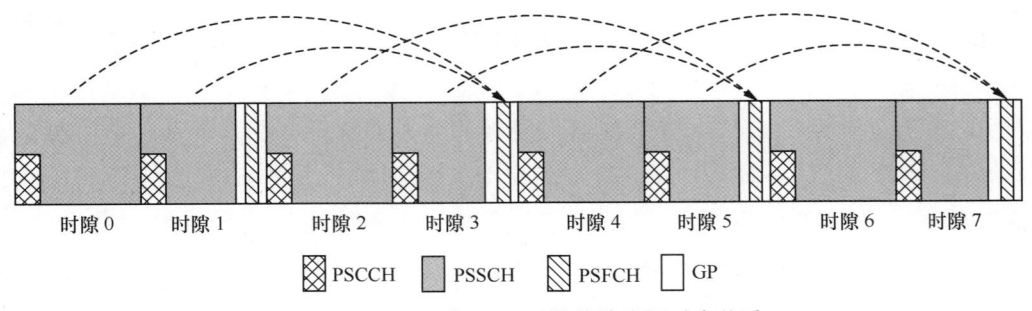

图5-10 PSFCH与PSSCH的传输资源对应关系

一个PSFCH在频域上占据1个RB，多个PSFCH可以在相同的RB中码分复用（CDM）。由于PSFCH通过序列的方式承载HARQ信息[21]，因此不同的PSFCH可以对应不同的循环移位（Cyclic Shift，CS），从而实现码分复用。NR-V2X中一个CS对（CS Pair）对应2个循环移位，分别对应NACK和ACK，由于PSFCH频域占据1个RB，因此可以最多支持12个循环移位值，即6个CS对，资源池配置参数sl-NumMuxCS-Pair用于指示在一个RB中支持的CS对的个数，具体的CS对的个数与CS值之间的对应关系如表5-2所示。

表5-2 CS对个数与CS值之间的对应关系

循环移位对的个数	循环移位对的取值					
1	{0,6}					
2	{0,6}	{3,9}				
3	{0,6}	{2,8}	{4,10}			
6	{0,6}	{1,7}	{2,8}	{3,9}	{4,10}	{5,11}

参数sl-PSFCH-RB-Set通过比特位图的形式配置PSFCH的频域资源位置和大小，由于PSSCH传输资源及PSFCH传输资源之间存在对应关系，因此，根据PSSCH资源池配置的子信道个数可确定同一个时隙中能够传输的PSSCH的最大个数，而PSFCH频域占据1个RB，因此根据PSSCH子信道的个数即可确定所需的PSFCH传输资源的个数。但是，PSFCH的传输资源是周期性的，多个时隙中传输的PSSCH，其对应的PSFCH在相同的时隙中传输。另外，NR-V2X中的多播传输也支持侧行反馈，对于多播通信中的第一种反馈方式（参见6.1.2节），一个通信组内的所有终端都需要反馈侧行HARQ信息，并且使用不同的PSFCH传输资源，因此，对于多播通信，一个PSSCH传输需要对应多个PSFCH传输资源。考虑到上述因素，在资源池配置中引入参数sl-PSFCH-RB-Set以灵活地配置PSFCH的传输资源集合。如何根据PSSCH的传输资源在PSFCH候选传输资源集合中确定与其对应的PSFCH传输资源，在6.1.5节中详细描述。

5.1.3 发送和接收资源池

侧行链路中数据的发送和接收都是在资源池中进行的，终端通过预配置信息或网络配置信息确定发送和接收资源池,在发送资源池中进行侧行数据的发送,在接收资源池中接收其他终端发送的侧行数据。为了保证终端能够接收其他所有终端发送的侧行数据,为终端配置的接收资源池应该包括为其他终端配置的发送资源池。

1. 发送资源池

发送资源池包括如下几种类型:
(1)调度(Scheduling)资源池;
(2)正常(Normal)资源池;
(3)异常(Exceptional)资源池;
(4)行人到其他设备(Pedestrian to Everything,P2X)资源池。

其中,调度资源池是终端工作在网络分配侧行传输资源时使用的发送资源池,此时,终端接收网络发送的调度信息(DCI或RRC),在调度资源池中确定网络分配的侧行传输资源。正常资源池是终端工作在自主选取侧行传输资源时使用的发送资源池。此时,终端进行资源侦听,并且根据侦听的结果在正常资源池中选取侧行传输资源进行数据发送。异常资源池也是终端工作在自主选取侧行传输资源时使用的发送资源池,但是,该资源池是在一些异常的情况下终端才使用的。例如,在LTE-V2X中,终端需要根据过去1s的侦听结果选取可用的侧行传输资源,如果终端侦听的时长不够1s,则不能获得准确的资源使用情况,如果在正常资源池中选取传输资源,会增大终端间资源冲突的概率,导致系统的性能下降,此时终端可以在异常资源池中选取传输资源;另一种情况,当终端发生小区切换时,从源小区切换到目标小区,此时需要在目标小区配置的发送资源池中选取侧行传输资源,小区间配置的发送资源池通常都是独立的,因此,终端在切换到目标小区使用目标小区的资源池进行数据发送时,在该资源池中也是没有侦听结果的,此时需要使用异常资源池进行侧行数据的发送。在异常资源池中,终端可以不基于侦听结果选取传输资源,如在该资源池中随机选取传输资源进行侧行传输。因此,在异常资源池中,终端之间的传输资源冲突无法避免。

在车联网系统中,除了考虑车辆之间的通信,还需要考虑行人与车辆之间的通信(Pedestrian to Vehicle,P2V),而行人与车辆之间的通信通常都是通过手持终端,如手机等设备进行的。对于手持设备,需要考虑能耗问题,如果手持终端也采用完全侦听的方式去获取传输资源,就会造成能耗过大,降低手持设备的使用时间,因此,在车联网系统,手持终端支持部分侦听(Partial Sensing),终端根据部分侦听的结果进行资源选取[27]。另外,也支持终端随机选取传输资源。如果手持终端和车辆终端在一个发送资源池中,手持终端基于部分侦听结果选取传输资源或随机选取传输资源会对车辆终端造成干扰。因此,在车联网中为手持终端配置了单独的发送资源池,即P2X资源池。

2. 接收资源池

通过预配置信息或网络配置信息可以为终端配置接收资源池，终端在接收资源池中接收其他终端发送的侧行数据。对于LTE-V2X，侧行传输采用广播的方式发送，终端发送的数据需要被周围所有的终端接收。同样，对于接收端而言，需要接收周围所有终端发送的侧行数据，因此，接收资源池需要包括周围所有终端可能使用的发送资源池。前面介绍了不同发送资源池的类别，但是在接收资源池中并不区分不同的类别，即只配置一种接收资源池，无论侧行数据的发送端是何种类型的终端（如车辆终端或手持终端）以及基于哪种方式选取的侧行传输资源（如网络调度方式或自主选取方式），接收端都需要在接收资源池内接收该侧行数据。

对于蜂窝网络覆盖范围内的场景，基站通过广播信息或RRC信息为本小区内的终端配置发送资源池。但是，基站在配置接收资源池时，除了要包括本小区内为终端配置的发送资源池外，还需要包括邻小区配置的发送资源池，这样才能保证本小区的终端可以接收相邻小区的终端发送的侧行数据。

如图5-11所示，基站1和基站2是相邻小区的基站，位于第一个小区内的UE1同时可以接收到本小区UE2发送的侧行数据，以及邻小区UE3发送的侧行数据，基站2为UE3配置第二发送资源池，位于频域的下半段。基站1为UE2配置第一发送资源池，位于频域的上半段，为UE1配置接收资源池，为了让UE1可以接收UE2和UE3发送的侧行数据，该接收资源池需要包括第一发送资源池和第二发送资源池。

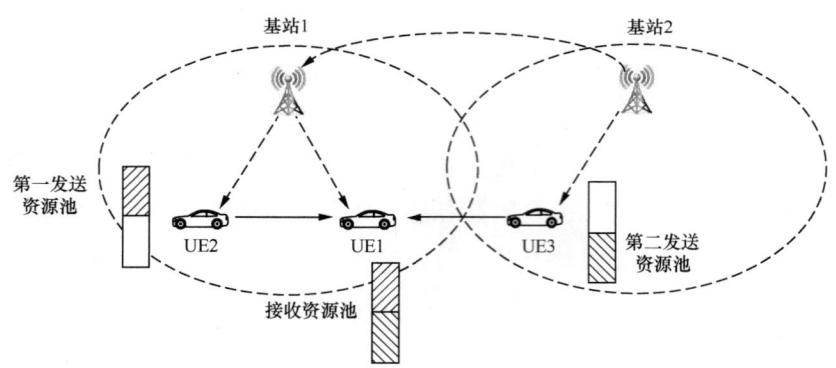

图5-11　邻小区时接收资源池配置

5.1.4　发送资源池的选择

在LTE-V2X中，网络可以配置1个模式3（Mode 3）资源池（调度资源池）和最多8个模式4（Mode 4）资源池（正常资源池），当终端工作在模式4时，如何在多个资源池中选取一个发送资源池呢？

1. 基于同步源类型选取发送资源池

资源池配置信息中包括该资源池允许的同步源类型，即只有选取该同步源类型的终端才能使用该资源池发送数据。LTE-V2X中支持3种同步源类型{GNSS、eNB、UE}。终端在进行侧行传输前，首先选取同步源，终端选取同步源的过程参见7.5.2节，根据该同步源类型，选取允许该同步源类型的发送资源池发送数据。当允许该同步源类型的发送资源池有多个时，没有具体的标准化选取准则，而是基于终端实现选取其中一个。

2. 基于终端所处的区域选取发送资源池

LTE-V2X中引入了基于区域（Zone）选取发送资源池，基于区域进行资源池选取的初衷是为了降低终端间的干扰，其基本原理如图5-12所示。根据地理位置划分不同的区域，相邻的区域之间使用不同的发送资源池，如区域1、区域2、区域3分别使用资源池1、资源池2、资源池3，由于3个资源池的资源是正交的，位于区域2内的终端选取的传输资源与其相邻的区域（区域1和区域3）选取的资源肯定是不同的，因此，相邻区域之间的用户不会存在资源冲突。而区域1和区域4都使用资源池1，但是由于两个区域的终端距离很远，因此它们之间可以实现资源复用，两个区域之间的干扰程度较低。对于区域2内的终端，在资源池1的传输资源上进行数据接收时，区域1和区域4内的终端都有可能使用资源池1的资源发送数据，而区域2的终端离区域1的位置更近，接收到的信号能量更强，因此，区域2的终端能够接收到区域1内终端发送的侧行数据，通常不能检测到区域4内的终端发送的侧行数据。而区域4离区域2相距较远，区域4内的终端发送的侧行数据可能已经超过了区域2终端的接收范围，也不是区域2内终端必须要接收的数据。由此，通过将区域与资源池相关联，可以实现相邻区域之间的干扰协调，降低资源冲突的概率，提升侧行传输的性能。

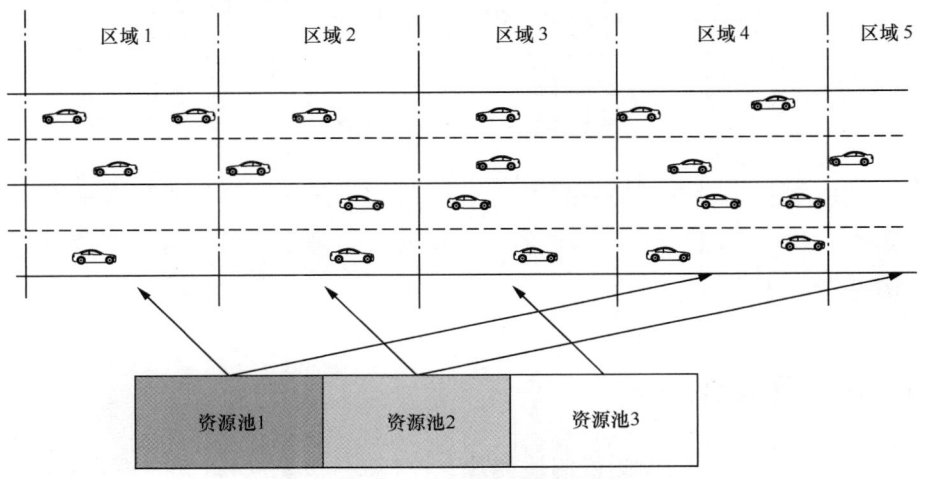

图5-12 基于区域的资源池选择原理

LTE-V2X的发送资源池配置信息中包括区域ID信息[29],当终端根据自己的地理位置确定的区域ID与某个发送资源池配置信息中的区域ID相同时,该终端可以使用该发送资源池,否则不能使用。

具体的,终端根据下面的公式确定区域ID[29]。

$$\begin{aligned} x_1 &= \text{Floor}\ (x\ /\ L)\ \text{Mod}\ N_x; \\ y_1 &= \text{Floor}\ (y\ /\ W)\ \text{Mod}\ N_y; \\ Zone\_id &= y_1 \times Nx + x_1. \end{aligned} \qquad (5\text{-}6)$$

其中,

L表示区域的长度;

W表示区域的宽度;

N_x表示在经度方向上区域的个数;

N_y表示在纬度方向上区域的个数;

x表示终端的当前位置相对于地理坐标(0,0)在经度方向的距离;

y表示终端的当前位置相对于地理坐标(0,0)在纬度方向的距离。

如图5-13所示,划分了8个区域,这8个区域在整个地理位置范围内周期性重复,覆盖所有的地理位置,从而可以确定每个地理位置所属的区域。

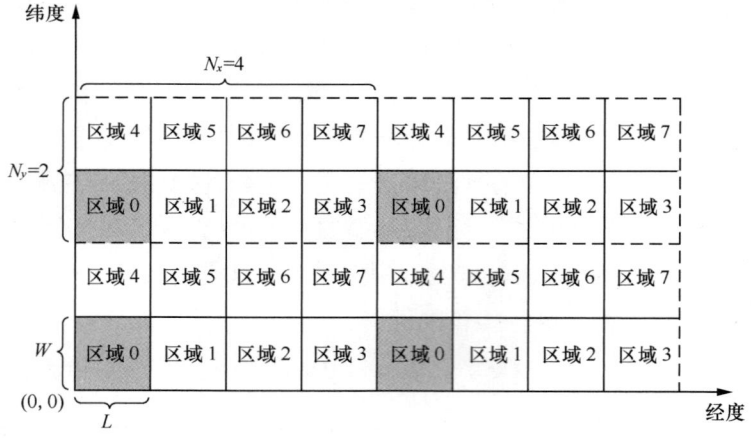

图5-13 区域划分示意图

需要说明的是,在NR-V2X系统中,虽然引入了区域,但是并没有根据区域选取发送资源池,NR-V2X中引入区域是为了多播通信中确定需要发送反馈信息的终端,具体细节参见6.1.3节。

5.1.5 共享资源池

在LTE-V2X中,支持2种侧行传输模式,即模式3和模式4,其中模式3的侧行传输资源是基于网络调度的,模式4的侧行传输资源是终端自主选取的。在R14版本的LTE-V2X中,网络为两种传输模式配置独立的发送资源池。例如,网络为模式3的终端配置调度资源池,为模式4的终端配置正常资源池。在模式3终端使用的资源池中,终端不需要进行资源侦听,而是根据网络的调度信息确定使用的传输资源,并且终端发送的SCI中的资源预留（Resource Reservation）信息域置为0,即该终端不需要预留传输资源。该信息域主要是为了辅助进行侦听的终端判断其他终端的资源预留信息。对于模式3的终端,由于其数据发送与模式4的终端使用不同的发送资源池,模式4的终端不需要在模式3终端的发送资源池内进行侦听,因此,模式3的终端也就没必要通过资源预留信息域指示预留的传输资源。

  一个资源池内资源的多少与使用该资源池进行侧行数据传输的终端数量强相关。终端数量越多,分配的资源池的资源应该越多,这样可以保证终端之间的传输不会产生较强的干扰,反之,终端数量越少,分配的资源池的资源应该越少,避免造成资源浪费。网络在配置模式4终端使用的资源池时,无法获知使用该资源池的终端数量,因为在本小区内,终端无论是处于RRC连接状态还是处于RRC空闲状态,只要是工作在模式4,都可以使用该资源池进行数据传输,而网络是无法获知处于RRC空闲状态的终端数量的,因此,也就无法根据终端的数量配置合适大小的模式4终端使用的资源池。如果处于RRC空闲状态的终端数量很多,而网络配置的模式4终端使用的资源池较小,就会造成系统拥塞,增大资源冲突的概率,降低系统性能,此时,即使模式3终端使用的资源池还有空闲资源,也无法被模式4终端所使用。

  另外,对于模式3终端使用的资源池,虽然网络可以获知使用该资源池的终端的数量,并且配置合适大小的资源池,但是,由于每个小区的资源池配置都是独立的,本小区基站配置的模式3资源池内的资源,可能被邻小区的基站配置为模式3终端或模式4终端使用的资源池,而网络为模式3终端分配传输资源时,模式3的终端不会进行侦听,只是在网络分配的侧行传输资源上进行数据传输,如果相邻小区已经有其他终端占用了该资源,就会造成终端之间的资源冲突,降低系统性能。

  针对上述问题,在R15 LTE-V2X中提出了资源池共享,即模式3终端和模式4终端共享相同的发送资源池。共享资源池主要有以下两方面的好处。

（1）提高资源利用率

通过配置模式3终端和模式4终端共享资源池,系统内所有的终端都可以使用该资源池进行侧行数据传输,不会出现由于不同资源池可用终端数量相差大而造成资源浪费的现象。

（2）降低邻小区间的干扰

为了支持模式3终端和模式4终端共享资源池,模式3的终端需要进行资源侦听并且上报可用资源集合。因此，位于小区边缘位置的模式3终端，可以通过侦听获取可用资源集合并且上报给网络的方式辅助网络为其分配侧行传输资源，在侦听过程中可以排除本小区以及相邻小区终端预留的传输资源，从而可以降低模式3的终端与相邻小区终端之间的传输干扰。

基于共享资源池带来的上述好处，在R15中引入了共享资源池，为了支持共享资源池，需要进行如下几方面的增强。

1. 模式3终端需要进行侦听

在模式3终端和模式4终端使用独立资源池时，模式3的终端不需要进行资源侦听，其传输资源都是网络分配的，网络在调度过程中会避免为终端调度相同的传输资源，保证本小区的模式3终端之间不会产生资源冲突，模式3终端只在网络分配的侧行传输资源上进行数据传输即可。但是在共享资源池的情况下，由于资源池中的传输资源可以被模式3终端和模式4终端共同使用，而网络可能无法获知资源池内资源的使用情况，因此也就无法保证为模式3终端分配的侧行传输资源不会与模式4终端选取的资源产生冲突。例如，侧行传输使用专有频段5.9GHz载波，而LTE蜂窝系统使用1.8GHz载波，因此，网络无法在5.9GHz上接收数据，也就无法获知该载波上的资源使用情况。此时，需要模式3的终端在该资源池中进行侦听，根据侦听结果确定可用资源集合，并且将其上报给网络以辅助网络为其进行资源调度。

在侦听过程中，终端需要根据待传输数据的参数去进行侦听，如待传输数据的优先级、周期、需要占据的资源大小等。对于模式4的终端，这些参数都是高层传给物理层，物理层根据这些参数去进行资源侦听，但是对于模式3的终端，其传输参数是由网络确定的，因此，为了支持模式3终端侦听，网络为终端配置如下进行侦听的参数[29]。

（1）子信道数（sensingSubchannelNumber）：侦听的子信道个数，即终端进行资源侦听的频域资源粒度。

（2）周期（sensingPeriodicity）：进行资源侦听的终端预留资源的周期。

（3）资源重选计数（sensingReselectionCounter）：用于指示参数SL_RESOURCE_RESELECTION_COUNTER，该参数用于确定进行资源侦听的终端需要周期性预留资源的周期个数。

（4）优先级（sensingPriority）：终端在侦听过程中使用的优先级。

模式3的终端获取上述参数后，基于这些参数在共享资源池中采用和模式4终端相同的侦听方式进行资源侦听以确定可用的资源集合。

2. 模式3终端上报可用资源集合

为了辅助网络的调度，模式3终端将通过侦听确定的可用资源集合上报给网络。如何向网络上报可用资源集合是R15 LTE-V2X标准化中的重点问题之一。在模式4终端进行侦听的过程中，终端根据高层指示在子帧n进行资源侦听，并且确定侦听窗[$n-1000$, $n-1$]以及资源选择窗[$n+T1, n+T2$]，根据侦听窗内的侦听结果确定资源选择窗内的可用资源，并且将可用资源集合上报给高层，上报的资源集合中的资源都是根据侦听时刻n确定的。但是在模式3终端侦听过程中，网络无法获知模式3终端何时进行侦听。为了准确地指示上报的可用资源集合中传输资源的时频位置，在模式3终端上报可用资源集合时，同时上报该可用资源集合的参考子帧位置（sl-SubframeRef）。另外，从参考子帧开始的时频资源进行编号，终端确定出可用资源集合，将该可用资源集合中资源对应的资源编号上报给网络。

如图5-14所示，图中每个方框代表L_{subCH}个子信道大小的一个传输资源，参数L_{subCH}根据网络配置参数sensingSubchannelNumber确定。对从参考子帧位置开始的传输资源进行编号，索引为1~2000，对应的时域范围是100个子帧，对应的频域范围是20个频域起始子信道位置的资源，其中索引1表示子帧sl-SubframeRef上子信道[0, $L_{subCH}-1$]，索引2表示子帧sl-SubframeRef+1上子信道[0, $L_{subCH}-1$]，索引100表示子帧sl-SubframeRef+99上子信道[0, $L_{subCH}-1$]，索引101表示子帧sl-SubframeRef上子信道[1, L_{subCH}]，以此类推，即可确定各个索引所对应的传输资源。

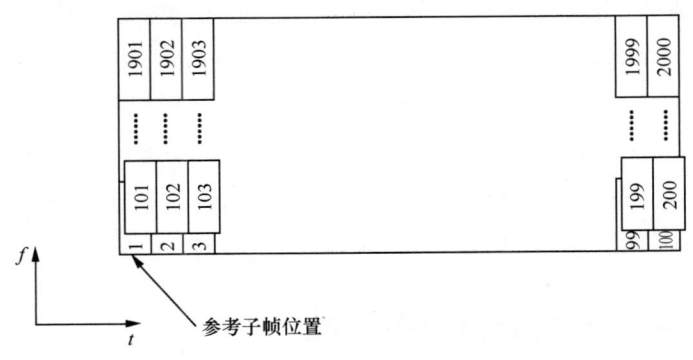

图5-14 资源索引和传输资源对应关系

模式3终端进行资源侦听的时刻n与上报的参考子帧sl-SubframeRef之间可以是独立的，但是当终端通过侦听将在资源选择窗内确定的可选资源集合上报给网络时，需要根据sl-SubframeRef确定可用资源集合内的传输资源所对应的资源索引。如图5-15所示，终端上报的参考子帧sl-SubframeRef位于进行资源侦听的时刻n之前，终端在资源选择窗内确定3个可用资源，如图5-15中灰色方框所示，这3个可用资源根据参考子帧的位置确定的资源索引分别为31、70、1950，终端将这3个资源对应的索引及参考子帧sl-SubframeRef上报给网络，网络据此可以确定相应的可用资源所对应的时频位置。

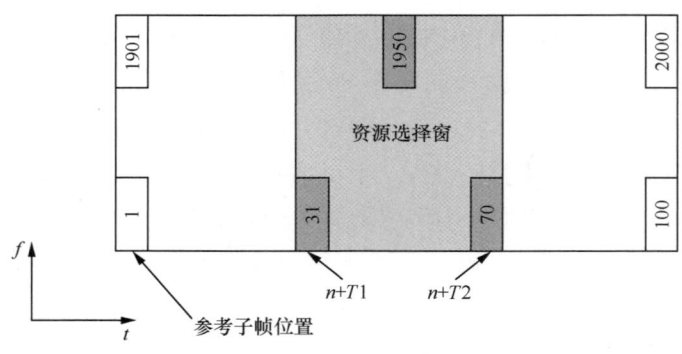

图5-15 资源索引和资源选择窗示意图

3. 模式3终端在SCI中通过资源预留信息域指示预留资源信息

在模式3终端使用独立资源池时,该终端发送的SCI中的资源预留信息域置为0,因为其传输资源都是网络配置的,并且该资源池内没有模式4的终端,因此无须指示预留资源信息。但是在模式3终端和模式4终端共享资源池的情况下,模式4的终端需要通过侦听排除其他终端预留的资源,进而确定可选资源,如果模式3终端不指示预留资源信息,模式4的终端无法进行资源排除,有可能选取的传输资源是模式3终端预留的传输资源,造成资源冲突,因此,在共享资源池的情况下,模式3的终端需要指示预留资源信息,以辅助其他终端进行资源侦听。

需要说明的是,在R15 LTE-V2X中虽然引入了共享资源池,但是在R16 NR-V2X中并没有引入共享资源池,这主要是由于时间的限制,在R16中重点研究一些更重要的特性,如侧行反馈机制,支持单播、多播通信等。

5.2 基于网络调度的资源分配

侧行链路支持基于网络调度进行侧行传输,在基于网络调度的资源分配方式中又分为动态调度资源分配和半静态调度资源分配。对于动态调度资源分配,网络通过下行控制信息(Downlink Control Information,DCI)为终端分配侧行传输资源,一个DCI只能为一个侧行数据分配传输资源;对于半静态资源分配,网络通过无线资源控制(Radio Resource Control,RRC)信令和DCI信令为终端半静态地分配一组侧行传输资源,终端可以用这一组侧行传输资源传输多个侧行数据,在网络释放这组传输资源之前,终端可以一直使用这组传输资源,而无须每次传输都向网络申请传输资源。基于网络调度的侧行传输方式在LTE-V2X中称为模式3(Mode 3),在NR-V2X

中称为模式1（Mode 1）。

在侧行传输中，一个数据分组可以进行多次传输。多次传输一方面可以避免半双工的影响，另一方面可以提高传输的可靠性。在LTE-V2X中支持最多2次传输，在NR-V2X中支持最多32次传输。

5.2.1 LTE-V2X系统动态资源分配

在LTE-V2X的动态资源分配方式中（如图5-16所示），当终端有侧行数据需要发送时，终端向基站发送资源请求，包括SR和BSR（参见8.1.1节），基站通过DCI为其分配侧行链路传输资源，一个DCI可以分配一个或两个侧行传输资源，该DCI调度的传输资源用于传输一个侧行数据块，包括首次传输和重传，终端在基站分配的侧行传输资源上发送侧行数据。

为了支持动态调度资源分配，在LTE-V2X中引入了新的DCI格式，即DCI格式5A，该DCI也用于半静态调度的激活或释放（详见5.2.3节）。在用于动态调度资源分配时，该DCI用SL-V-RNTI加扰，包括下面的信息域[30]。

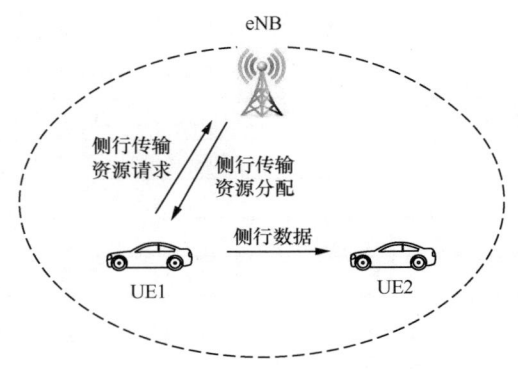

图5-16　LTE-V2X系统动态资源调度

（1）载波指示（Carrier Indicator）：该信息域用于指示载波索引。

（2）首次传输的频域起始子信道指示（Lowest Index of the Subchannel Allocation to the Initial Transmission）：指示首次传输的侧行传输资源的最低子信道索引。

（3）频域资源指示（Frequency Resource Location of Initial Transmission and Retransmission）：指示首次传输和重传的频域资源，在LTE-V2X中，一个侧行数据支持最多2次传输。如果使用2次传输，该信息域用于指示PSSCH频域资源占据的子信道个数以及另外一次传输中的起始子信道的索引；如果使用1次传输，该信息域用于指示PSSCH频域资源占据的子信道个数。

（4）时间间隔（Time Gap between Initial Transmission and Retransmission）：首次传输和重传的时间间隔，如果使用1次传输，该信息域置0。

（5）侧行链路索引（SL Index）：该信息域只在TDD系统的上下行配置索引为0～6时存在。

根据该DCI，终端可以确定基站分配的侧行传输资源的时频位置。

1. 时域资源的确定

在LTE-V2X中，PSCCH和其调度的PSSCH在同一子帧中传输，因此，确定了其中一个信道的时域资源也就同时确定了另一个信道的时域资源。

如果当终端在子帧n接收到DCI格式5A，则该DCI所调度的第一个PSCCH和PSSCH传输资源所在的子帧是位于时刻$T_{DL} - \frac{N_{TA}}{2} \times T_S + (4+m) \times 10^{-3}$之后，并且属于模式3资源池中的第一个可用子帧。其中，T_{DL}是DCI格式5A所在的下行子帧的起始时刻，N_{TA}表示定时提前量（Timing Advance，TA）对应的采样点数，T_S表示每个采样点对应的时长，对于RRC空闲状态的终端，或者当侧行传输使用专用载波时，$N_{TA}=0$，即不考虑定时提前量。m是根据DCI中侧行链路索引信息域确定的参数，如果在DCI中不包括该信息域，则$m=0$。具体的m取值根据表5-3确定。

表5-3　DCI格式5A侧行索引信息域取值

侧行链路索引信息域取值	m
'00'	0
'01'	1
'10'	2
'11'	3

图5-17给出了根据网络调度信息确定PSCCH/PSSCH子帧位置的示意图，图中假设$N_{TA}=0$。当终端在子帧0接收到DCI格式5A时，如果该DCI中不包括侧行链路索引信息域或该信息域的值为0，则该终端确定的第一个PSCCH和PSSCH传输资源所在的子帧为大于或等于子帧4的子帧，但是由于子帧4、5都不属于模式3的资源池，也就是不可用的子帧，因此，终端将子帧6判定为第一个PSCCH和PSSCH传输资源所在的子帧；如果DCI中的侧行链路索引信息域的值为3，则终端确定的第一个PSCCH传输资源所在的子帧为大于或等于子帧7的子帧。同理，终端将该子帧后的第一个属于模式3资源池的子帧，即将子帧9判定为第一个PSCCH和PSSCH传输资源所在的子帧。

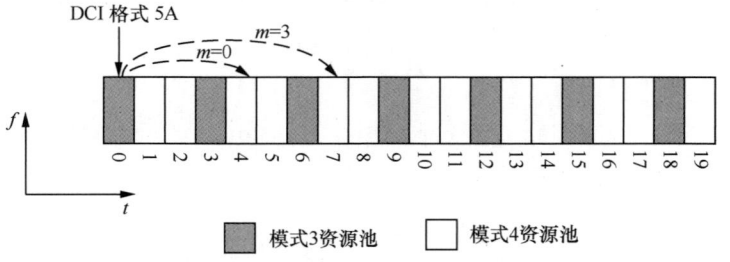

图5-17　根据DCI确定第一个PSCCH和PSSCH传输资源的子帧

网络调度侧行传输资源的DCI格式5A中引入侧行链路索引信息域，并且该信息域只在TDD系统中存在，在FDD系统中不存在，主要是基于下面的原因。网络通过下行链路发送DCI调度侧行链路上的传输资源，对于FDD系统，一个无线帧中包括10个下行子帧，在每个下行子帧中都可以发送下行DCI调度侧行链路传输资源，如果侧行链路和发送DCI格式5A的下行子帧之间的时间间隔是固定的4个子帧，则每个侧行子帧都可以被下行子帧调度。但是对于TDD系统，根据不同的上下行配置，一个无线帧中包括的下行子帧的个数也不同，如果下行DCI和侧行链路时域资源之间仍然是固定的4个子帧，则对应上行子帧的侧行子帧资源不会被调度。如图5-18（a）所示，由于子帧2、3、4都是上行子帧，在这些子帧中无法发送DCI，因此，侧行子帧6、7、8无法被网络调度。通过在DCI中引入侧行链路索引，将网络调度的资源由子帧$n+4$变为子帧$n+4+m$，从而使得每个侧行链路子帧都可以被调度，如图5-18（b）所示。

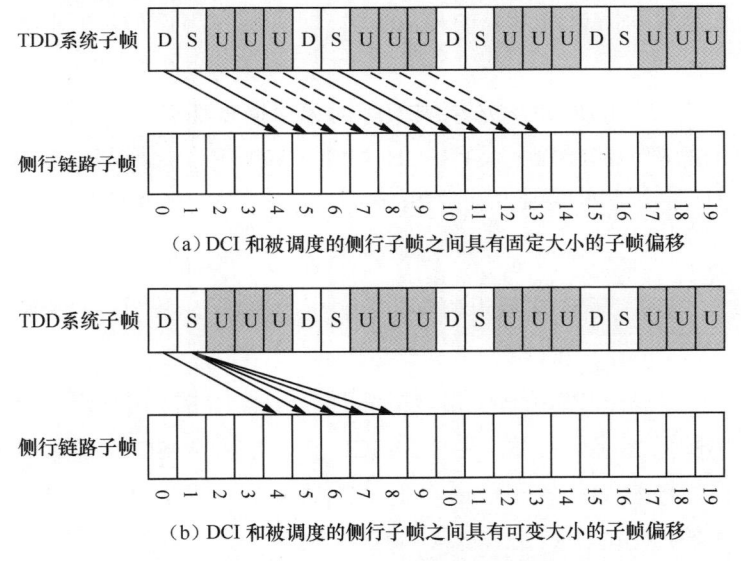

图5-18 基于DCI中侧行链路索引的侧行链路调度示意图

根据上述方法可以确定网络分配的第一次PSCCH和PSSCH传输所在的子帧位置，进一步地，结合DCI中的时间间隔（Time Gap between Initial Transmission and Retransmission）信息域，可以确定第二次PSCCH和PSSCH传输所在的子帧位置。

2. 频域资源的确定

基站分配的侧行传输资源的频域资源通过首次传输的频域起始子信道指示（Lowest Index of the Subchannel Allocation to the Initial Transmission）和频域资源指示（Frequency Resource Location of Initial Transmission and Retransmission）两个信息域确定，其中，首次传输的频域起始子信道指示信息域用于确定首次传输的最低子信道的索引，即确定首次传输的频域的起始位置。频域资源指示信息域用于确定频域资源的长度及第二次传输的频域起始位置,该信息域的值表示为资源指示值(Resource Indication Value,RIV),通过下面的方式确定RIV的值[27]。

如果 $(L_{subCH}-1) \leqslant \lfloor N_{subCH}/2 \rfloor$,则

$$RIV = N_{subCH}(L_{subCH}-1) + n_{subCH}^{start} \quad (5\text{-}7)$$

否则

$$RIV = N_{subCH}(N_{subCH}-L_{subCH}) + (N_{subCH}-1-n_{subCH}^{start}) \quad (5\text{-}8)$$

其中,n_{subCH}^{start}表示网络分配的PSSCH频域资源起始子信道索引,N_{subCH}表示资源池总的子信道个数,L_{subCH}表示网络分配的PSSCH占据的频域子信道的个数。对应不同的n_{subCH}^{start}和L_{subCH},利用上述公式可以确定不同的RIV的值。当终端接收到网络的侧行调度DCI时,获取频域资源指示信息域对应的RIV的值,即可确定与该RIV值对应的参数n_{subCH}^{start}和L_{subCH}。

当PSCCH和其关联的PSSCH是频域相邻时,根据上述方式确定的频域资源的起始位置即为PSCCH的频域起始位置,PSSCH与PSCCH频域位置相邻,起始位置为最低子信道中第3个PRB,并且PSSCH占据的PRB的个数由公式(5-9)确定。

$$N_{PSSCH}^{RB} = 2^{\alpha_2} \cdot 3^{\alpha_3} \cdot 5^{\alpha_5} \leqslant L_{subCH} \times n_{subCHsize} - 2 \quad (5\text{-}9)$$

其中,α_2、α_3、α_5是大于或等于0的整数,$n_{subCHsize}$表示一个子信道包括的PRB的个数。

当PSCCH和其关联的PSSCH频域非相邻时,根据上述方式确定的频域资源的起始位置即为PSSCH的频域起始位置,由于PSSCH和其关联的PSCCH的频域资源是一一对应的,因此,根据PSSCH起始子信道索引n_{subCH}^{start}即可确定与其关联的PSCCH频域位置,并且PSSCH占据的PRB的个数由公式(5-10)确定。

$$N_{PSSCH}^{RB} = 2^{\alpha_2} \cdot 3^{\alpha_3} \cdot 5^{\alpha_5} \leqslant L_{subCH} \times n_{subCHsize} \quad (5\text{-}10)$$

其中,α_2、α_3、α_5是大于或等于0的整数,$n_{subCHsize}$表示一个子信道包括的PRB的个数。

从以上两个确定PSSCH占据PRB个数的公式可以看出,PSSCH占据的PRB个数应该满足是2、3、5的倍数,这主要是因为LTE-V2X采用DFT-s-OFDM波形,占据的PRB个数是2、3、5的倍数时,在进行DFT处理时可以采用快速傅里叶变换,提高处理速度。

5.2.2 NR-V2X系统动态资源分配

在NR-V2X系统的动态资源分配方式中,网络也是根据终端发送的SR和BSR信令为终端分配侧行传输资源。NR-V2X系统对于可靠性有更高的要求,因此,一个侧行

数据可以支持更高的传输次数。但是为了降低DCI中指示传输资源的信令开销，在一次DCI中最多指示3个侧行传输资源，这3个侧行传输资源用于传输相同的数据块。

相对于LTE-V2X，NR-V2X系统引入了侧行反馈信道（PSFCH）以提高侧行链路传输的可靠性。在NR-V2X动态调度资源分配中，基站为发送端分配PSCCH和PSSCH传输资源，发送端在该传输资源上发送PSCCH及其关联的PSSCH，接收端根据检测结果向发送端发送PSFCH，用于指示该PSSCH是否被正确接收。在模式1的资源分配方式中，侧行传输资源是由网络分配的，因此，发送端需要将侧行HARQ反馈信息上报给网络，从而使得网络可以根据上报的侧行HARQ反馈信息判断是否需要为该发送端分配重传资源。因此，网络在为终端分配PSCCH和PSSCH传输资源时，同时为其分配相应的PUCCH传输资源，终端在该PUCCH上向网络上报侧行HARQ反馈信息，如图5-19所示。

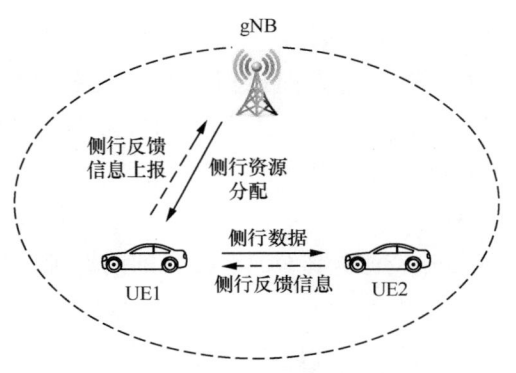

图5-19　网络分配侧行传输资源

当终端向网络上报的侧行反馈信息是NACK时，网络可以通过DCI为该终端调度重传资源，此时该DCI分配的侧行传输资源都用于重传，网络可以通过多个DCI为侧行数据分配多次重传的资源。

为了支持动态调度资源分配，在NR-V2X中引入了新的DCI格式，即DCI格式3-0，该DCI用于调度NR PSCCH、NR PSSCH的传输资源和参数。在用于动态调度资源分配时，DCI用SL-RNTI加扰，此外，该DCI格式也可用于侧行配置授权的激活或释放（详见5.2.4节），在这种情况下DCI用SL-CS-RNTI加扰。

DCI格式3-0中主要包括如下信息[31]。

1. 资源池索引（Resource Pool Index）

在LTE-V2X中，网络最多配置一个模式3资源池，即网络调度资源池，网络在为终端分配侧行传输资源时，不需要指示资源池信息，终端根据网络分配的传输资源，在该模式3资源池中确定具体的传输资源并进行侧行传输。在NR-V2X中支持网络配置多个模式1资源池,在通过DCI调度侧行传输资源时,需要在DCI中指示资源池索引信息,终端根据该资源池索引信息确定DCI调度的侧行传输资源属于哪个资源池。如果在DCI中不指示资源池索引信息,终端可能无法正确解析该DCI中的信息域。不同的资源池可以配置不同的参数,如子信道个数、子信道尺寸等,而资源分配指示信息域的比特位数与这些参数有关。如果在DCI中不指示资源池索引,则终端无法确定该DCI中各个信息域对应的比特长度是多少,也就无法正确解析该DCI中的信息域。

2. 侧行传输资源指示信息

在LTE-V2X中,一个侧行数据最多传输2次,因此,网络通过DCI调度最多2个侧行传输资源。在NR-V2X中,为了提高数据传输的可靠性,一个侧行数据可以最多传输32次。在模式1中,由于终端可以通过向网络反馈HARQ方式向网络申请重传资源,因此网络通过DCI可以单次为终端分配N个侧行传输资源,用于传输PSCCH和PSSCH,其中,$1 \leq N \leq N_{max}$,$N_{max}=2$或3,N_{max}是预配置或网络配置的参数。网络设备在DCI中指示该N个侧行传输资源的时域和频域信息,具体的,在DCI中通过下面的信息域指示该N个侧行传输资源的时频资源信息。

(1)时间间隔(Time Gap)

用于确定第一个侧行传输资源与该DCI所在时隙的时隙间隔,根据该信息及终端接收的DCI所在的时域位置可以确定第一个侧行传输资源的时域位置。

网络通过高层信令sl-DCI-ToSL-Trans配置时间间隔表格,表格中的元素表示侧行时隙的个数,DCI中的该参数是一个索引值,根据该索引值及时间间隔表格,即可确定具体的时间间隔大小。

(2)时域资源分配(Time Resource Assignment)

该信息域指示时域资源的方式与SCI格式1-A相同,该参数的值用时域资源指示值(Time Resource Indication Value,TRIV)表示,用于确定除第一个侧行传输资源外的其他$N-1$个侧行传输资源相对于第一个侧行传输资源的时隙间隔。根据上面确定的第一个传输资源的时域位置,结合该信息即可确定剩余$N-1$个传输资源的时域位置。

TRIV的值与网络分配的侧行传输资源的个数N之间的关系如下[20]。

如果$N=1$:$TRIV=0$。

如果$N=2$:$TRIV=t_1$。

如果$N=3$:当$(t_2-t_1-1) \leq 15$时,$TRIV = 30(t_2-t_1-1)+t_1+31$;否则,$TRIV = 30(31-t_2+t_1)+62-t_1$。

其中,t_1、t_2分别表示第二个、第三个传输资源相对于第一个传输资源的时间间隔,当$N=2$时,$1 \leq t_1 \leq 31$;当$N=3$时,$1 \leq t_1 \leq 30$,$t_1 < t_2 \leq 31$。

(3)首次传输的频域起始子信道指示(Lowest Index of the Subchannel Allocation to the Initial Transmission）

用于指示第一个侧行传输资源占据的子信道的最低索引。由于PSCCH和PSSCH的频域起始位置是对齐的，因此，根据该信息可以确定PSCCH和PSSCH的频域起始位置。

（4）频域资源分配（Frequency Resource Assignment）

该信息域指示频域资源的方式与SCI格式1-A相同，该参数的值用频域资源指示值（Frequency Resource Indication Value，FRIV）表示，用于确定侧行传输资源的频域资源大小（子信道个数），以及除第一个侧行传输资源外的其他N-1个侧行传输资源的频域起始位置。

FRIV的值与网络分配的侧行传输资源的个数N之间的关系如下[20]。

如果N=1：$FRIV = L_{subCH}$。

如果N=2：$FRIV = n_{subCH,1}^{start} + \sum_{i=1}^{L_{subCH}-1}\left(N_{subchannel}^{SL} + 1 - i\right)$。

如果N=3：
$$FRIV = n_{subCH,1}^{start} + n_{subCH,2}^{start} \cdot \left(N_{subchannel}^{SL} + 1 - L_{subCH}\right) + \sum_{i=1}^{L_{subCH}-1}\left(N_{subchannel}^{SL} + 1 - i\right)^2$$

其中，$N_{subchannel}^{SL}$表示资源池中的子信道的个数，$n_{subCH,1}^{start}$、$n_{subCH,2}^{start}$分别表示第二个和第三个侧行传输资源的起始子信道索引，L_{subCH}表示网络分配的PSSCH占据的子信道个数。

3. PUCCH资源指示信息

在NR-V2X中，支持终端向网络上报侧行反馈信息（只上报HARQ信息，不上报CSI信息），网络可以根据终端上报的侧行HARQ信息确定是否为该终端分配重传的侧行传输资源。因此，在网络通过DCI为终端分配侧行传输资源时，同时会配置终端向网络上报侧行HARQ反馈信息的PUCCH的传输资源，在DCI格式3-0中通过如下2个信息域配置PUCCH的传输资源。

（1）PUCCH资源指示（PUCCH Resource Indicator）

通常网络通过RRC配置信令来配置PUCCH的资源集合，通过该信息域在资源集合中确定PUCCH的传输资源。

（2）PSFCH与PUCCH之间的时隙间隔（PSFCH-to-HARQ Feedback Timing Indicator）

该指示信息用于确定PSFCH和PUCCH之间的时隙间隔，如果网络分配的侧行传输资源对应至少一个PSFCH传输资源，则该时隙间隔表示最后一个PSFCH的传输资源和PUCCH传输资源之间的时隙间隔。

网络通过高层信令sl-PSFCH-ToPUCCH配置PSFCH和PUCCH之间时间间隔的表格，表格中的元素表示上行时隙个数，DCI中的该参数是一个索引值，根据该索引值及时间间隔表格，即可确定具体的时间间隔大小。

4. HARQ进程号（HARQ Process Number）

HARQ进程号用于指示网络为终端分配的侧行传输资源所对应的HARQ进程号。

在LTE-V2X中，一个侧行数据最多传输2次，网络通过一个DCI可以为终端分配传输单个侧行数据所需的传输资源，不支持通过DCI调度重传资源，即每次网络配置的传输资源都用于传输新的侧行数据。而在NR-V2X中，一个侧行数据最多可以支持32次重传，因此支持网络通过DCI分配重传资源的机制，此时需要引入HARQ进程号和NDI信息域，以指示该DCI调度的侧行传输资源所对应的HARQ进程。

网络通过DCI分配侧行传输资源，以及PUCCH传输资源，并指示HARQ进程号（记为第一HARQ进程号），终端使用该侧行传输资源进行侧行数据传输，在SCI中指示侧行HARQ进程号（记为第二HARQ进程号），第二HARQ进程号与第一HARQ进程号可以不同，如何确定侧行HARQ进程号取决于终端，但是终端需要确定第一HARQ进程号与第二HARQ进程号之间的对应关系。当网络在PUCCH传输资源上检测到NACK时，即可判定终端使用该侧行传输资源传输的侧行数据没有被正确接收，网络需要为该侧行数据调度重传资源。当网络通过DCI调度重传资源时，在重传调度的DCI中指示该第一HARQ进程号，并且NDI不翻转，终端可以确定该DCI用于调度重传资源，并且基于第一HARQ进程号和第二HARQ进程号的对应关系确定该DCI调度的侧行传输资源用于第二HARQ进程号所对应的侧行数据的重传。

5. 新数据指示（New Data Indicator，NDI）

当DCI格式3-0调度的侧行传输资源用于新数据传输时，NDI翻转；否则不翻转。

6. 配置索引（Configuration Index）

当终端被配置SL-CS-RNTI时，DCI格式3-0可以用于激活或释放Type-2侧行配置授权（参见5.2.4节），网络可以配置多个并行的Type-2侧行配置授权，该配置索引用于指示该DCI激活或释放的是哪个侧行配置授权。当UE没有被配置SL-CS-RNTI时，该信息域为0bit。

7. 累积侧行授权索引（Counter Sidelink Assignment Index）

累积侧行授权索引用于指示网络累积发送的用于调度侧行传输资源的DCI的个数，终端根据该信息确定在生成HARQ-ACK码本时的信息比特的个数。具体参见6.2.4节和6.2.5节。

根据DCI格式3-0中各信息域，终端可以确定基站分配的侧行传输资源的时频位置。

1. 时域资源的确定

NR-V2X中PSCCH和其调度的PSSCH在同一时隙中传输，因此，确定了其中一个信道的时域资源也就同时确定了另一个信道的时域资源。另外，NR-V2X中引入了侧行反馈机制，在网络调度的情况下，发送端需要通过PUCCH向网络上报侧行HARQ反馈信息，因此，在NR-V2X中还需要确定PUCCH的时域资源。

与LTE-V2X中确定侧行传输资源时域位置的方式类似，NR-V2X中网络分配的侧行传输资源的时域位置也是根据DCI所在的时隙以及DCI中携带的时域资源指示信息确定的。具体的，网络通过DCI分配的第一个侧行传输资源的时域位置位于时刻 $T_{\text{DL}} - \frac{T_{\text{TA}}}{2} + K_{\text{SL}} \times T_{\text{slot}}$ 之后，并且属于该DCI中资源池索引信息域所对应的模式1资源池中的第一个可用时隙，其中，T_{DL}是DCI所在的下行时隙的起始时刻，T_{TA}表示定时提前量（Timing Advance，TA）对应的时长，T_{slot}表示侧行时隙对应的时长，K_{SL}表示根据DCI中时间间隔（Time Gap）信息域确定的时隙间隔。

通过上面的方式可以确定第一个侧行传输资源对应的时隙位置，进一步地，结合DCI中的时域资源分配（Time Resource Assignment）信息域可以确定网络调度的其他侧行传输资源的时隙位置。根据资源池配置信息，可以确定每个PSSCH传输对应的PSFCH的时隙（如图5-10所示），当网络分配了多个PSSCH传输资源时，可以对应多个PSFCH时隙，根据多个PSFCH时隙中最后一个PSFCH时隙及DCI中PSFCH与PUCCH之间的时间间隔（PSFCH-to-HARQ Feedback Timing Indicator）信息域即可确定PUCCH传输资源所在的时隙。

下面通过图5-20示意性地给出各个传输资源之间的时间关系，该例子中，DCI分配2个侧行传输资源，并且分配了PUCCH的传输资源。

（1）A表示承载侧行资源分配信息DCI所在的时隙与第一个侧行传输资源之间的时间间隔，通过DCI中的时间间隔（Time Gap）信息域确定。

（2）B表示分配的第二个侧行传输资源相对于第一个侧行传输资源之间的时隙间隔，根据DCI中的时域资源分配（Time Resource Assignment）信息域确定。

（3）C表示PSFCH传输资源与PUCCH传输资源之间的时隙间隔，根据DCI中的PSFCH与PUCCH之间的时间间隔（PSFCH-to-HARQ Feedback Timing Indicator）信息域确定，由于网络分配的2个PSSCH资源分别对应不同的PSFCH时隙，按照最后一个PSFCH的时隙位置确定PUCCH传输资源。

（4）K表示PSSCH的时隙与其对应的PSFCH时隙之间的时间间隔，该参数根据资源池配置信息确定。

在NR-V2X的动态调度中，网络通过DCI调度侧行传输资源时，只会分配一个PUCCH资源用于终端向网络上报侧行HARQ反馈信息。但是在标准讨论的过程中，有公司提出支持一个DCI分配多个PUCCH传输资源[32~34]，例如，对于每个PSSCH所关联的PSFCH，都有一个相对应的PUCCH。如图5-21所示，网络通过DCI分配两个侧行传输资源（PSSCH1和PSSCH2），这两个侧行传输资源分别对应PSFCH的反馈时隙，网络为每个PSFCH时隙配置对应的PUCCH传输资源。

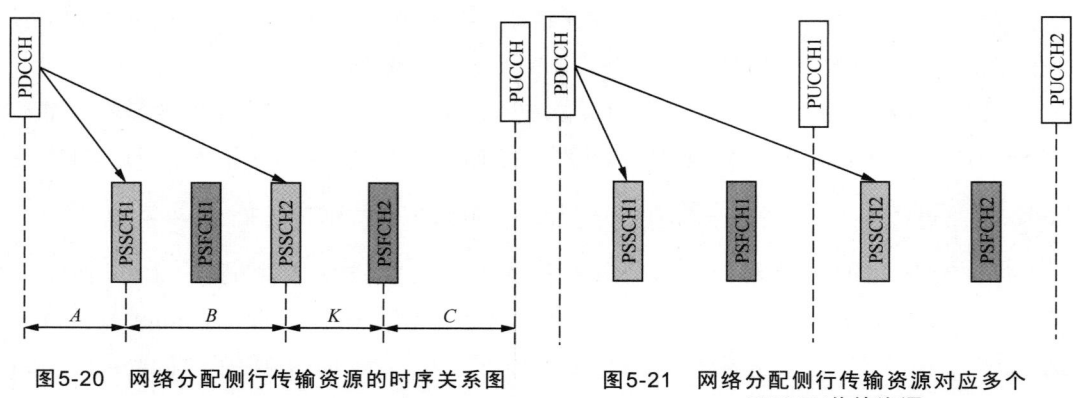

图5-20 网络分配侧行传输资源的时序关系图　　图5-21 网络分配侧行传输资源对应多个PUCCH传输资源

这样配置的优点是，当终端使用第一个侧行传输资源发送侧行数据时，如果在PSFCH信道上检测到ACK，则表示接收端正确接收了该侧行数据，此时终端无须在后面的侧行传输资源上进行重传，如果终端可以通过PUCCH将ACK信息发送给网络设备，网络可以将已经分配给该终端的侧行传输资源进行重分配，以提高资源利用率。但是，缺点是需要更多的PUCCH传输资源，虽然提高了侧行传输资源的利用率，但是也增加了上行资源开销。另外，如果支持多个PUCCH资源，需要通过DCI指示多个PUCCH传输资源，增加了DCI的信息比特，会降低DCI的检测性能及增加系统的复杂度。最终，NR-V2X并没有支持该特性，而是支持一个动态调度的DCI只能分配一个PUCCH传输资源，并且位于与最后一个PSSCH相关联的PSFCH之后。

2. 频域资源的确定

在NR-V2X中，PSCCH和其调度的PSSCH的频域起始位置相同，PSCCH的频域大小根据资源池的配置信息确定，PSSCH的频域大小根据DCI中的指示信息确定。

DCI中首次传输的频域起始子信道指示（Lowest Index of the Subchannel Allocation to the Initial Transmission）信息域用于指示网络分配的第一个侧行传输资源的起始子信道索引，根据该信息域即可确定第一个侧行传输资源的频域起始位置。进一步地，根据DCI中的频域资源分配（Frequency Resource Assignment）信息域对应的FRIV值即可确定网络分配的PSSCH传输资源对应的子信道个数以及其他侧行传输资源的频域起始位置，由此可以确定所有的侧行传输资源的频域位置。

5.2.3 LTE-V2X系统半静态调度资源分配

在LTE-V2X系统中，主要考虑的业务类型是周期性业务，即每隔一个周期P，终端都会产生新的侧行数据,如果终端每次都向网络申请侧行传输资源,那么会导致大量的信令开销,并且终端与网络之间的信令交互过程会增大传输时延,因此,在LTE-V2X中支持网络为终端分配半静态调度(Semi-Persistent Scheduling,SPS)传输资源。

网络通过RRC信令+DCI信令的方式为终端配置SPS传输资源,其中RRC信令用于配置传输资源的周期,通过DCI格式5A为SPS进程分配侧行传输资源,并指示激活或释放SPS进程。当DCI格式5A用于激活或释放SPS进程时,用SL-SPS-V-RNTI对DCI格式5A进行加扰,并且包括如下两个信息域[30]。

1. 激活/释放指示(Activation/release Indication)

用于指示激活或释放SPS进程。网络通过RRC信令配置SPS进程,终端只在接收到用于激活该SPS进程的DCI格式5A时才可以使用该SPS进程,当接收到释放该SPS进程的DCI格式5A时,终端停止使用该进程。

2. 侧行链路SPS配置索引(SL SPS Configuration Index)

网络通过RRC信令配置SPS进程时,会指示该SPS进程对应的周期参数,并且配置相应的SPS配置索引。在LTE-V2X中,最多支持8个SPS进程,分别对应SPS配置索引0~7。在DCI格式5A中,该信息域包括SPS配置索引,即表示该DCI用于激活或释放该SPS配置索引所对应的SPS进程。

当DCI格式5A用于激活SPS进程时,DCI中除了包括上述两个信息域之外,还包括用于动态调度的信息域(如5.2.1节所述),用于指示该SPS进程对应的时频资源,终端根据该DCI中的时频资源指示信息确定用于传输一个数据块的一个或两个侧行传输资源,根据该SPS进程对应的周期信息,确定周期性的传输资源用于周期性传输侧行数据。

如图5-22所示,网络通过RRC信令配置了SPS进程,周期P=100ms,通过DCI格式5A激活该SPS进程,并且该DCI指示了两个传输资源m、n,终端接收该DCI,确定传输资源m、n。由于该SPS进程的周期是100ms,因此,终端同时确定传输资源m+100、n+100;m+200、n+200;m+300、n+300等也是可用的传输资源,直至收到释放该SPS进程的DCI格式5A为止。

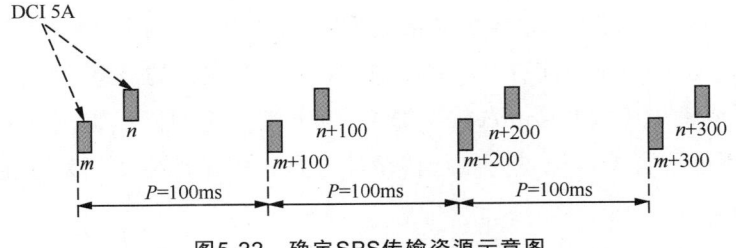

图5-22 确定SPS传输资源示意图

5.2.4 NR-V2X系统配置授权资源分配

NR-V2X中支持周期性业务和非周期性业务，因此，在NR-V2X系统中也支持网络为终端分配半静态传输资源。在R15 NR Uu系统中，为了支持超高可靠低时延通信（ultra-Reliable and Low-Latency Communication, uRLLC），引入了上行免授权调度机制，即上行配置授权（Uplink Configured Grant, UL CG）资源分配方式，在R16 NR-V2X中，借鉴上行配置授权机制，引入了侧行链路配置授权（Sidelink CG, SL CG）。如果终端被配置了侧行链路配置授权传输资源，当有侧行数据到达时，终端可以使用该侧行配置授权传输资源来传输该侧行数据，而不需要向网络申请传输资源。因此，侧行配置授权传输资源可以降低侧行传输的时延。侧行配置授权传输资源是周期性的传输资源。因此可以适用于周期性的侧行数据的传输，当然也可以用于传输非周期性的侧行数据。

侧行配置授权分为类型1侧行配置授权（Type-1 SL CG）和类型2侧行配置授权（Type-2 SL CG）。

（1）Type-1 SL CG。类似于Type-1 UL CG，即网络通过RRC信令为终端配置侧行配置授权传输资源和传输参数。

（2）Type-2 SL CG。类似于Type-2 UL CG，即网络通过RRC+DCI的方式为终端配置侧行配置授权传输资源。网络通过RRC信令为终端配置部分传输参数，通过DCI信令激活该侧行配置授权，并且该DCI用于配置侧行传输资源以及剩余传输参数。如果网络希望终端上报侧行反馈信息，该DCI还用于配置PUCCH传输资源。网络可以通过DCI释放Type-2 SL CG传输资源。

对于Type-1 SL CG，当终端接收到网络配置侧行配置授权传输资源的RRC信令后，即可使用该侧行配置授权对应的侧行传输资源进行侧行传输；对于Type-2 SL CG，终端接收到配置侧行配置授权传输资源的RRC信令后还不能使用该SL CG进行侧行传输，需要等到激活该Type-2 SL CG的DCI后才可以使用该Type-2 SL CG的侧行传输资源进行侧行传输。

1. 侧行配置授权的配置与激活/释放

对于Type-1 SL CG，网络通过RRC信令配置SL CG的传输资源和传输参数，对于Type-2 SL CG，网络通过RRC信令配置部分传输参数。具体的，在RRC信令中包括两部分内容，一部分是Type-1 SL CG和Type-2 SL CG都需要配置的信息，包括以下信息[22]。

（1）资源池索引（sl-ResourcePoolID）：用于指示该侧行配置授权所适用的模式1资源池，即该侧行配置授权配置的侧行传输资源是该资源池索引所对应的模式1资源池中的传输资源。

（2）侧行配置授权索引（sl-ConfigIndexCG）：用于标识侧行配置授权，NR-V2X中支持最多配置8个侧行配置授权（包括Type-1 SL CG和Type-2 SL CG），通过该索引信息指示该RRC信令所配置的侧行配置授权。

（3）侧行配置授权的周期（sl-PeriodCG）：侧行配置授权传输资源是周期性的传输资源，该信息域用于配置SL CG传输资源的周期。在NR-V2X中，考虑到业务的多样性，相对于LTE-V2X系统引入了更加灵活的周期配置，NR-V2X支持的周期为[1:99, 100, 200, 300, 400, 500, 600, 700, 800, 900, 1000] ms。

（4）HARQ进程数（sl-NrOfHARQ-Processes）：该侧行配置授权对应的HARQ进程数；在NR-V2X中，一个侧行配置授权可以支持多个HARQ进程，该参数用于指示该侧行配置授权支持的HARQ进程数。

（5）HARQ进程号偏移（sl-HARQ-ProcID-offset）：用于指示该侧行配置授权所对应的第一个HARQ进程号。

（6）使用侧行配置授权传输资源进行侧行传输的最大次数（sl-CG-MaxTransNum）：该参数用于指示一个TB可以使用该侧行配置授权传输资源进行侧行数据传输的最大次数，该参数是与优先级相关的参数，对应不同的优先级可以配置不同的值。

以上参数是对于Type-1 SL CG和Type-2 SL CG都适用的参数，即网络在通过RRC信令配置Type-1 SL CG或Type-2 SL CG时，RRC中都会包括上述配置参数。除此之外，在RRC信令中还包括另一部分只用于配置Type-1 SL CG的传输资源的参数。

（1）时域资源偏移量（sl-TimeOffsetCG-Type1）：用于指示侧行配置授权传输资源相对于参考SFN的时隙偏移，根据该参数可以确定第一个Type-1 SL CG传输资源的时域位置。

（2）时域资源分配（sl-TimeResourceCG-Type1）：用于指示一个侧行配置授权周期内的传输资源的时域资源，采用与SCI中时域资源分配方式相同的方式，即通过TRIV表示分配的时域资源（参见5.2.2节）。在一个侧行配置授权周期内最多配置3个侧行传输资源，当一个侧行配置授权周期内只配置1个侧行传输资源时，该参数为0；当配置2个或3个侧行传输资源时，该参数用于确定第2个和第3个侧行传输资源相对于本周期内第1个侧行传输资源的时域间隔。结合上面的参数时域资源偏移量（sl-TimeOffsetCG-Type1）所确定的第1个侧行配置授权传输资源的时域位置，即可确定本周期内所有的侧行传输资源的时域位置。进一步地，结合侧行配置授权的周期（sl-PeriodCG），即可确定该Type-1 SL CG所有侧行传输资源的时域位置。

（3）起始子信道索引（sl-StartSubchannelCG-Type1）：该参数用于指示第1个侧行配置授权传输资源的频域起始位置。

（4）频域资源分配（sl-FreqResourceCG-Type1）：采用与SCI中频域资源分配相同的方式，即将一个或两个子信道起始索引与频域资源长度（用子信道个数表示）进行联合编码，得到FRIV值（参见5.2.2节）。当一个侧行配置授权周期内只配置1个侧行传输资源时，该参数表示分配的侧行传输资源的子信道的个数；当配置2个或3个侧行传输资源时，该参数用于确定第2个和第3个侧行传输资源的频域起始位置及侧行传输资源的子信道的个数。

（5）PUCCH传输资源索引（sl-N1PUCCH-AN）：用于确定向网络上报侧行HARQ反馈信息的PUCCH传输资源，网络通过sl-PUCCH-Config信令配置一组PUCCH传输资源，通过该索引确定相对应的PUCCH传输资源。

（6）PSFCH与PUCCH时间间隔（sl-PSFCH-ToPUCCH-CG-Type1）：该参数用于指示一个SL CG周期内最后一个PSSCH传输资源对应的PSFCH与用于上报侧行HARQ反馈信息的PUCCH之间的时隙间隔。

对于Type-1 SL CG，网络通过上述RRC参数配置一个侧行配置授权周期内的传输资源，结合SL CG的周期，即可确定周期性的侧行配置授权的传输资源，在每个周期内，最多配置3个侧行传输资源。

对于Type-2 SL CG，网络通过RRC信令配置部分参数，如上述配置授权索引、周期、HARQ进程数、HARQ进程偏移、一个TB能够使用侧行配置授权传输资源进行传输的最大次数等，然后通过DCI格式3-0激活该侧行配置授权，并且通过DCI格式3-0配置该侧行配置授权的传输资源。DCI格式3-0中指示侧行传输资源的信息域与DCI格式3-0动态分配侧行传输资源的方式相同，参见5.2.2节。对于Type-2 SL CG，一个周期内最多配置3个侧行传输资源。

如图5-23所示，网络配置Type-2 SL CG，通过RRC信令配置周期P=100ms，通过DCI格式3-0激活该侧行配置授权，并在DCI中指示了3个侧行传输资源（PSSCH1、PSSCH2和PSSCH3），并且指示了PUCCH的传输资源。每个PSSCH传输资源有与其对应的PSFCH传输资源，PUCCH传输资源位于与PSSCH3对应的PSFCH传输资源之后。

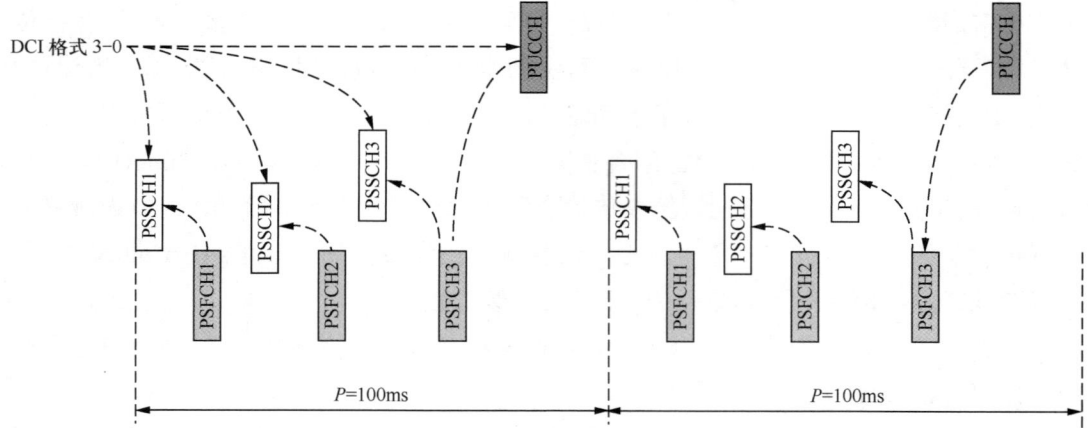

图5-23 侧行配置授权的传输资源

在LTE-V2X中，通过DCI格式5A中的信息域显式指示对SPS资源进行激活或释放。但是NR-V2X中采用与NR Uu接口激活或释放SPS传输资源类似的方式，通过隐式的方式指示对Type-2 SL CG进行激活或释放。具体的，当DCI格式3-0用于激活或释放Type-2 SL

CG时，该DCI用SL-CS-RNTI加扰，并且DCI中的NDI信息域置为0，通过对DCI格式3-0中某些信息域设置特殊值的方式指示激活或释放Type-2 SL CG，如表5-4和表5-5所示。

表5-4　DCI格式3-0用于激活Type-2 SL CG

DCI格式3-0中的信息域	取值
HARQ进程号	设置全"0"

表5-5　DCI格式3-0用于释放Type-2 SL CG

DCI格式3-0中的信息域	取值
HARQ进程号	设置全"1"
频域资源分配	设置全"1"

2. 针对侧行配置授权的重传调度

如上所述，对于Type-1和Type-2 SL CG，一个侧行配置授权周期内最多配置3个侧行传输资源，而一个侧行数据最多可以传输32次，如果一个侧行数据使用一个侧行配置授权周期内的传输资源进行传输，接收端并没有检测成功，此时可以通过动态调度的方式为该终端分配重传资源用于重传该侧行数据。如图5-24所示，网络配置Type-2 SL CG，在PDCCH1中承载的DCI格式3-0激活该侧行配置授权，并且在每个周期内配置一个侧行传输资源及PUCCH资源，发送端使用侧行配置授权PSSCH1进行侧行数据的首次传输，如果接收端检测失败，则通过PSFCH1向发送端反馈NACK，发送端在PUCCH1上向网络上报侧行反馈信息NACK，gNB通过PDCCH2中携带的DCI格式3-0向发送端分配重传资源及PUCCH资源，发送端在重传资源PSSCH2上进行数据重传，如果接收端正确接收该数据，则通过PSFCH2向发送端反馈ACK，发送端将该ACK信息通过PUCCH2向网络上报。

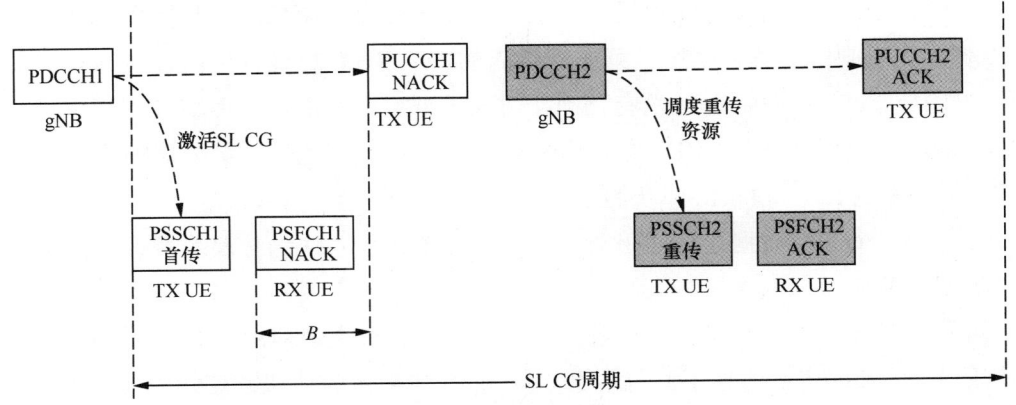

图5-24　基于PDCCH重传调度的流程

当网络接收到发送端上报的侧行NACK时，需要通过DCI为该终端调度重传资源，在该DCI中携带的HARQ进程号用于指示该DCI调度的重传资源是用于哪个侧行数据的重传。通常，网络可以根据接收到携带侧行反馈信息的PUCCH资源确定侧行HARQ进程号。例如，在图5-24中，gNB在PUCCH1资源上接收到发送端上报的NACK，根据侧行配置授权参数PSFCH与PUCCH时间间隔（sl-PSFCH-ToPUCCH-CG-Type1），即图中B，即可确定PSFCH1的传输资源，并且确定与该PSFCH1对应的PSSCH1的传输资源，PSSCH传输资源的时域位置与HARQ进程号之间的对应关系是协议规定的，根据PSSCH1的传输资源可以确定其对应的HARQ进程号（例如该HARQ进程号为k）。因此，当网络在调度重传资源的DCI格式3-0中HARQ进程号设置为k时，即表示该DCI是针对HARQ进程号k的侧行数据的重传调度。需要说明的是，网络为侧行配置授权传输资源配置的HARQ进程号与终端使用该侧行传输资源进行侧行传输时的SCI中指示的侧行HARQ进程号可以是不同的，这点和动态资源分配中的情况类似。

3. 使用侧行配置授权传输资源的限定

对于Type-1 SL CG或Type-2 SL CG，侧行配置授权的传输资源与承载的侧行数据之间有如下限定。

（1）一个侧行配置授权周期内配置的侧行传输资源只能用于传输相同的传输块（Transmission Block，TB），包括首次传输和重传，不能用于传输不同的TB。

例如，一个侧行配置授权周期包括3个侧行传输资源R1、R2和R3，这3个侧行资源只能用于传输相同的侧行数据TB#1。如当TB#1在R1之前到达时，R1用于TB#1的首次传输，R2和R3用于TB#1的重传，或者，当TB#1在到达R1和R2之间时，R2用于TB#1的首次传输，R3用于TB#1的重传。不允许使用这3个侧行资源传输不同的侧行数据，如R1用于传输TB#1，R2用于传输TB#2。

（2）不能使用不同侧行配置授权周期内的传输资源传输相同的侧行数据。

例如，上例中，TB#1使用了第一周期内的R1、R2和R3进行传输，包括首次传输和两次重传，如果接收端仍然没有正确接收该数据，则发送端需要继续进行重传，此时重传只能使用网络通过DCI动态分配的重传资源，而不能使用第二周期内的侧行配置授权传输资源R1、R2和R3重传TB#1。

（3）同一个侧行数据只能使用同一个侧行配置授权对应的传输资源，不能使用多个侧行配置授权对应的传输资源。

例如，网络配置了两组侧行配置授权传输资源，分别对应SL CG#0 和SL CG#1，当使用SL CG#0的资源传输了侧行数据TB#1时，TB#1的重传只能使用SL CG#0的传输资源，或者通过网络发送DCI动态调度重传资源，而不能使用SL CG#1的传输资源。

（4）网络在配置侧行授权传输资源时同时配置了其对应的N个HARQ进程号（HARQ Process Number，HPN），这N个HARQ进程号对应N个侧行配置授权周期并且周期性重复。另外，网络可以通过DCI分配重传资源，当网络通过DCI为某个侧行配置授权的周期对应的HARQ进程号分配重传资源时，该重传资源在时域上位于下一个具有相同HARQ进程号的侧行配置授权周期包括的传输资源之前。

例如，网络配置的侧行配置授权每个周期内包括3个侧行传输资源（R1、R2、R3），并且为该侧行配置授权分配了2个HARQ进程号，即HPN#0和HPN#1。由于一个周期内的侧行配置授权传输资源只能传输相同的TB，因此，利用这3个传输资源进行的侧行传输对应相同的HARQ进程号，即一个侧行配置授权周期内的侧行传输资源对应同一HARQ进程号，则网络为该侧行配置授权传输资源配置的两个HARQ进程号分别对应不同的侧行配置授权的周期，如图5-25所示，第一和第三侧行配置授权周期对应HPN#0，第二和第四侧行配置授权周期对应HPN#1，以此类推。终端使用第一侧行配置授权周期内的R1、R2和R3传输TB#1，当该侧行数据需要进行重传时，网络通过PDCCH为其分配重传资源R4、R5和R6，并且在该DCI中携带HPN#0，用于指示该DCI分配的侧行传输资源是用于HPN#0的进程对应的侧行数据，即TB#1的重传。如图5-25所示，R4、R5、R6的时域位置可以位于第一侧行配置授权周期内，也可以位于第二侧行配置授权周期内，但是需要位于第三侧行配置授权周期之前。这是因为R6用于HPN#0的侧行数据TB#1的重传，在第三侧行配置授权周期内R1用于TB#2的传输，其对应的HPN也是HPN#0，当使用R6传输的TB#1或使用R1传输的TB#2没有被正确接收，向网络反馈NACK时，网络通过DCI调度重传资源，并且该DCI中携带HPN#0，终端无法确定该DCI分配的重传资源是针对TB#1还是TB#2的重传。因此，为了避免HARQ进程号的混淆，在NR-V2X中禁止R6位于第三侧行配置授权周期内R1的时域位置之后。

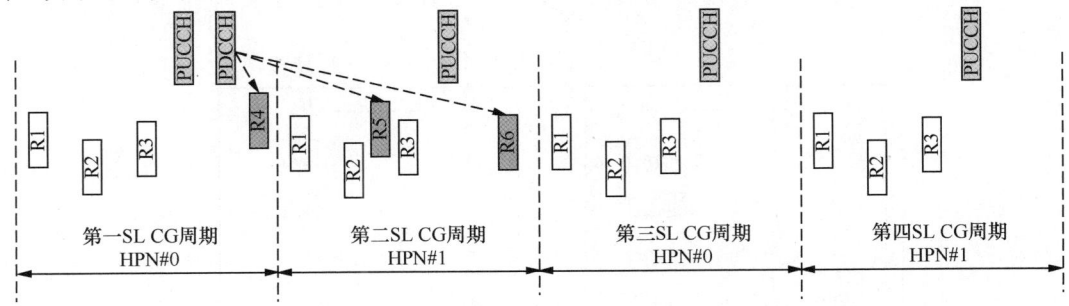

图5-25 重传资源与侧行配置授权传输资源的时域关系

5.3 终端自主资源选择

在5.2节中介绍了基于网络控制的资源分配方法，UE进行侧行链路传输的时频资源是由网络分配的。在本节中,将介绍终端自主选取传输资源的模式。在该模式下,终端依靠随机选取或资源侦听,在网络配置或预配置的资源池中选取资源传输侧行数据。不依赖于网络使得该模式既可以工作在无网络部署的环境下,也可以降低调度时延并减轻基站负载。本节将依次阐述LTE-V2X模式4、NR-V2X模式2、NR-V2X重评估与资源抢占机制及LTE-V2X中低功耗的资源选择算法。

5.3.1 LTE-V2X模式4资源选择算法

在LTE-D2D中,UE的传输资源是随机选取的。随着V2X中数据量与用户数的激增以及可靠性要求的增加,3GPP开始考虑设计一种全新的、适用于V2X的资源选择方法。在标准化过程中,先后出现过多种解决方案。例如,重用D2D的随机选择算法,但须增加时域资源图样的数量,或者基于地理位置确定传输资源,或者UE依靠能量探测在资源池中选取资源。最终,在RAN1#84bis到RAN1#86次会议上,各厂商通过讨论,基本确定了LTE-V2X中终端自主选取传输资源的模式,称为模式4。

模式4基于资源预留、资源侦听、资源排除与资源选取,即UE发送SCI预留时频资源,其他UE利用资源侦听排除该UE预留的资源,通过选择未被排除的时频资源来避免UE间的资源碰撞。

模式4资源选择算法的前提是资源预留,即UE发送SCI预留将使用的时频资源。在模式4中,支持用于同一个传输块(Transport Block,TB)的重传资源预留,也支持用于不同TB的资源预留[27, 30],并且在LTE-V2X中一个TB最多传输两次,如图5-26所示。

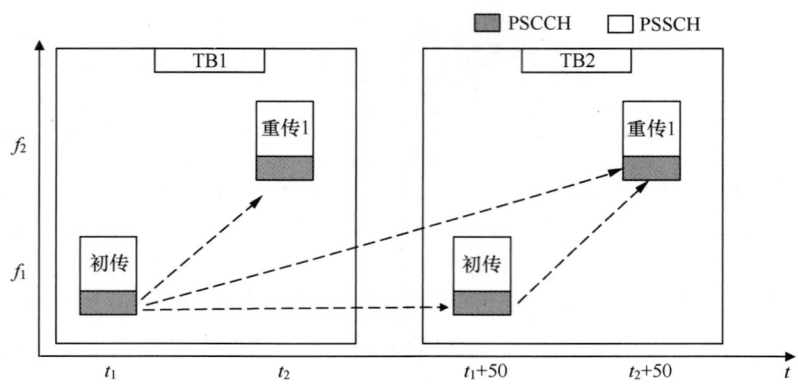

图5-26 模式4资源指示与预留

UE发送的SCI中包含Frequency resource location of the initial transmission and retransmission(初传和重传的频域资源位置指示)、Time gap between initial transmission and retransmission(初传与重传间的时间间隔)和Retransmission index(重传索引)3个

指示域，这3个域用于指示当前传输的TB所用的时频资源。上述第一个指示域中的取值记为资源指示值（Resource Indication Value，RIV），上述第二个域中的取值记为SF_{gap}。为了便于接下来的描述，将利用这两种取值指代上述前两个指示域。例如图5-26中的TB1，在初传PSCCH中传输的SCI中，RIV指示了初传和重传1所用子信道数目和重传1频域的起始位置。因为初传的频域起始位置即为初传PSCCH的频域起始位置，所以RIV指示了TB1两次传输的频域资源。此外，当其他UE解码TB1初传的SCI后，可以获知Retransmission index等于0（代表初传），并通过SF_{gap}域获知初传和重传1之间的时域间隔，从而确定重传1的时域位置，即当前子帧后的SF_{gap}个子帧为重传1的时域位置。因此这两个域指示了TB1两次传输的时域资源。综上，TB1初传的SCI利用上述3个域指示了TB1两次传输的时频资源，即预留了重传1的资源。（图5-26中虚线箭头表示资源预留。）

同时，UE发送的SCI中还包含Resource reservation（资源预留）域，该域用于预留下一个周期内的时频资源，下一个周期内的时频资源将用于另一个TB的传输。例如，在图5-26的TB1中，初传的SCI指示了初传和重传1的时频资源$\{(t_1,f_1),(t_2,f_2)\}$，其中t_1和t_2为初传和重传1传输资源的时域位置，f_1和f_2为初传和重传1传输资源的频域位置。假定该SCI中的Resource reservation域设置为50，即表示该SCI同时预留了时频资源$\{(t_1+50,f_1),(t_2+50,f_2)\}$，这两个时频资源将分别用于TB2初传和重传1的传输。

在LTE-V2X中，Resource reservation域可能的取值为0ms、20ms、50ms、100ms、200ms……1000ms，共13种，此外还有3个保留值。在每个资源池中，最多配置16种取值。一般情况下，UE每传输一个TB都会利用发送的SCI中的4 bit Resource reservation域预留下一个周期内的资源并用于下一个TB的传输，直至资源重选，即周期性地半持续传输。例如，在图5-26中，TB2初传的SCI也会指示TB2初传和重传1的时频资源$\{(t_1+50,f_1),(t_2+50,f_2)\}$，假设该SCI中的Resource reservation域中的值为50，该SCI还会预留时频资源$\{(t_1+100,f_1),(t_2+100,f_2)\}$，并用于下一个TB的传输。

此外，在LTE-V2X中，一个TB的最大重传次数为2，所以UE在发送重传时也会通过SCI指示初传的时频资源，即向后指示的机制。图5-27描述了图5-26的示例在重传发送时的资源指示与预留情况。在图5-27的TB1中，重传1发送的SCI通过RIV、SF_{gap}和Retransmission index域指示初传和重传1的时频资源$\{(t_1,f_1),(t_2,f_2)\}$，且通过Resource reservation域预留TB2初传和重传1的时频资源$\{(t_1+50,f_1),(t_2+50,f_2)\}$。这种向后指示机制的好处在于，如果其他UE解码TB1中某一次传输的SCI失败，将不会影响其他UE获知TB2中的预留资源。另外，如果接收端解码TB1初传的SCI失败，接收端仍然可以通过TB1重传1中的SCI获知初传的时频资源位置，这有利于接收端对TB1进行HARQ合并。

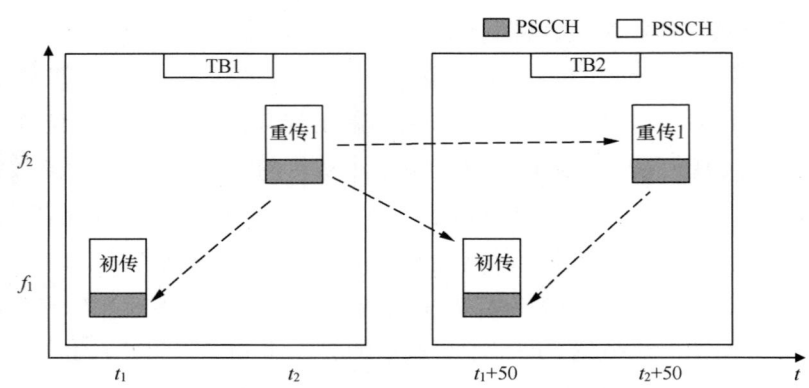

图5-27 模式4中资源的向后指示

接下来结合图5-28来详细说明模式4中，资源侦听、资源排除和资源选取的步骤。

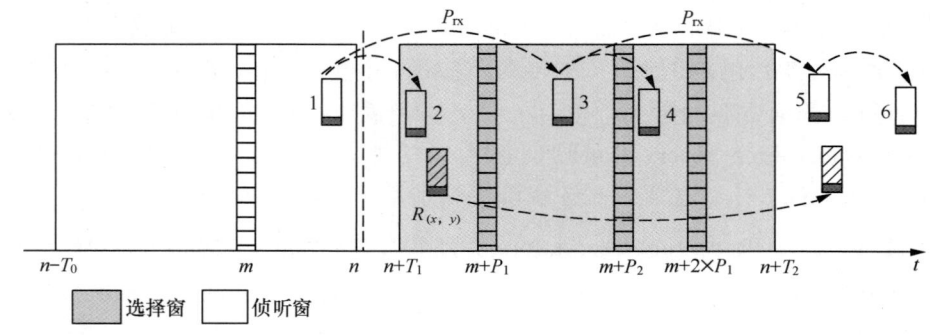

图5-28 模式4资源侦听、排除和选取

如图5-28所示，UE在子帧n触发资源选择或重选。资源选择窗从$n+T_1$开始到$n+T_2$结束，其中，$T_1 \leq 4\text{ms}$，如果高层配置了$T_{2\min}$，则$T_{2\min} \leq T_2 \leq 100\text{ms}$；否则$20 \leq T_2 \leq 100 \text{ms}$。上述$T_{2\min}$与UE待发送数据的优先级有关。同时，$T_2$也须满足业务的时延预算（Packet Delay Budget，PDB）。例如，当PDB小于100ms时，T_2须小于或等于PDB。在满足上述条件的情况下，T_1和T_2的取值取决于UE。UE在从$n-T_0$到n之前进行资源侦听，在LTE-V2X中，$T_0=1000\text{ms}$。

步骤1：UE确定候选资源集合[27]

UE初始化资源集合A为资源选择窗内全部可用资源，资源集合B为空集合。资源集合A中的可用资源数量记为M_{total}，资源集合A中任意一个可用资源记为$R_{(x,y)}$，其中，x表示资源的起始子信道位置，y表示资源的时域位置。假设高层配置的PSSCH传输所需的子信道数目为L_{subCH}，则$R_{(x,y)}$表示在子帧y中子信道x到子信道$x+L_{\text{subCH}}-1$对应的资源。

UE根据资源侦听窗内的侦听结果，对资源集合A中的资源进行排除。在资源排除的过程中，UE不仅要判断资源$R_{(x,y)}$是否被其他UE预留，还需要根据自身资源预留周期，即该UE即将发送的SCI中Resource reservation域相应的取值，判断接下来预留的$C_{resel}-1$个周期中与$R_{(x,y)}$对应的资源是否被其他UE预留。假设$C_{resel}=2$，则UE需要判断图5-28中资源$R_{(x,y)}$及预留的与$R_{(x,y)}$对应的1个周期性资源是否被其他UE预留。如果是，则从资源集合A中排除资源$R_{(x,y)}$。这样做的好处是，即使当前资源选择窗内的资源没有被其他UE预留，但是若干个周期后的资源被其他UE预留，选择资源的UE仍然可以通过排除资源选择窗内的资源来避免未来可能发生的资源碰撞。

上述C_{resel}由UE生成的随机计数值确定，进行资源选择的UE会生成随机计数值，从而确定对选择的资源预留多少个周期。如果UE的资源预留周期大于或等于100ms，则随机计数值为[5,15]的整数。如果UE的资源预留周期为50ms或20ms，则随机计数值分别为[10, 30]或[25, 75]的整数。在UE确定随机计数值后，上述C_{resel}为10倍的随机计数值。

步骤1-1：UE根据未侦听子帧进行资源排除。

由于半双工的影响，如果UE在侦听窗内子帧m发送数据但没有进行资源侦听，即UE不知道在该子帧上哪些UE发送了SCI，也不知道这些SCI中的内容。因此，为了避免和该子帧上其他UE可能预留的资源发生冲突，UE将根据资源池配置中Resource reservation域的取值集合中所有的取值进行资源排除。具体地，UE将依次根据取值集合中的每一个取值P_x和未侦听子帧m确定可能被其他UE预留的Q个子帧，并判断这Q个子帧是否与资源$R_{(x,y)}$及其对应的$C_{resel}-1$个资源在时频域上重叠。如果重叠，则从资源集合A中排除资源$R_{(x,y)}$。

上述依据P_x和未侦听子帧m确定Q值的方式如下。当P_x小于100ms，且子帧m加上P_x对应的子帧大于子帧n时，$Q=\left\lceil\dfrac{100}{P_x}\right\rceil$；否则$Q=1$。从上述内容得知，LTE-V2X中资源选择窗上界$T_2$的最大值为100ms。所以$Q$代表的含义是，以$P_x$为周期，预留的资源在资源选择窗内重复的周期数目。例如，根据$P_x=50$ms，计算$Q=2$，代表预留的资源在资源选择窗内重复2个周期。例如在图5-28中，进行资源选择的UE在子帧m未进行资源侦听，其所用资源池配置中Resource reservation域的取值集合包括$\{P_1,P_2\}$。UE首先依据取值P_1确定$Q=2$，则UE将判断图5-28中子帧$m+P_1$及子帧$m+2\times P_1$是否与资源$R_{(x,y)}$及其对应资源重叠。之后，UE依据取值P_2确定$Q=1$，则UE将判断图5-28中子帧$m+P_2$是否与资源$R_{(x,y)}$及其对应资源重叠，如果重叠，则从资源集合A中排除资源$R_{(x,y)}$。

综上所述，虽然UE在子帧m没有进行侦听，但该UE根据资源池配置中Resource reservation域的取值集合，排除了在子帧m上可能收到的SCI预留的子帧上的全部资源。从而避免了半双工问题可能导致的资源碰撞。

步骤1-2：UE根据侦听到的SCI进行资源排除。

如果UE在侦听窗内侦听到其他UE发送的SCI，UE将测量该SCI调度的PSSCH的侧行链路参考信号接收功率（Sidelink-Reference Signal Received Power，SL-RSRP）。若测量得到的SL-RSRP大于RSRP阈值，则UE将进一步判断该SCI中RIV、SF_{gap}、retransmission index和Resource reservation域指示的资源是否与资源$R_{(x,y)}$及其对应资源在时频域上重叠。如果重叠，则从资源集合A中排除资源$R_{(x,y)}$。具体地，当UE侦听到某一个SCI时，以该SCI中Resource reservation域中的取值为间隔并以侦听到该SCI的子帧为参考点确定对应的Q个子帧，假定在该Q个子帧上将收到相同内容的SCI，UE判断侦听到的SCI与这些假定将收到的SCI中的RIV、SF_{gap}以及retransmission index这3个域指示的资源是否与资源$R_{(x,y)}$及其对应的$C_{resel}-1$个资源在时频域上重叠。上述Q的取值由侦听到的SCI中Resource reservation域相应的取值和侦听到的SCI的子帧确定，具体方式与步骤1-1中的一致。例如在图5-28中，UE在资源1上侦听到SCI，测量资源1上PSSCH的SL-RSRP。若测量得到的SL-RSRP大于RSRP阈值，UE根据该SCI指示的资源进行资源排除。具体地，UE根据该SCI中Resource reservation域的取值P_{rx}和侦听到该SCI的子帧确定Q为2，从而以P_{rx}为间隔并以侦听到该SCI的子帧为参考点确定对应的2个子帧，即图5-28中资源3和资源5所在的子帧。UE假定在这两个子帧上也将收到相同内容的SCI，UE判断这些假定将收到的SCI中的RIV、SF_{gap}以及retransmission index这3个域指示的资源3~6，以及UE实际侦听到的SCI中对应的3个域指示的资源1~2。UE将判断资源1~6是否与资源$R_{(x,y)}$及其对应资源重叠。如果重叠，则将资源$R_{(x,y)}$从资源集合A中排除。

此外，上述RSRP阈值由UE侦听到的SCI中携带的优先级$Priority_1$和UE待发送数据的优先级$Priority_2$确定。通过网络配置或预配置，UE获取一张RSRP阈值表，包括所有可能的优先级组合对应的RSRP阈值。当UE侦听到SCI时，根据$Priority_1$和$Priority_2$通过查表的方式确定RSRP阈值。

在完成上述资源排除后，如果资源集合A中的剩余可用资源数目小于$0.2 \times M_{total}$，则UE将RSRP阈值提升3dB，重复执行步骤1直至资源集合A中的剩余资源数目大于或等于$0.2 \times M_{total}$。这样做的目的是，保证UE在资源排除后有足够数量的资源进行随机选择。否则，假设有多个UE在资源侦听过程中收到的SCI基本相同，资源排除后剩余的资源也基本相同。如果剩余资源数量不足，这些UE很可能选到相同的资源，导致资源碰撞。

之后，UE会计算资源排除后资源集合A中剩余的每个资源的平均侧行接收信号强度指示（Sidelink-Received Signal Strength Indication，SL-RSSI）。并根据平均SL-RSSI对资源集合A中的剩余资源进行排序，把平均SL-RSSI最低的$0.2 \times M_{total}$数目的资源放入资源集合B。上述平均SL-RSSI的计算方法为，UE根据资源集合A中某个剩余资源$R_{(x,y)}$的时频资源位置，以一定的时间间隔，确定资源侦听窗内若干个时频资源的位置。资源$R_{(x,y)}$的平均SL-RSSI就是在该若干个时频资源上测量得到的SL-RSSI的线性平均值。

上述资源集合B即为UE确定的候选资源集合。

步骤2：UE在候选资源集合中选择传输资源[35]。

当重传次数为0时，UE在资源集合B中等概率随机选择一个资源作为其传输资源，记为资源α。

当重传次数为1时，UE会在资源α前或后15个子帧内属于资源集合B的资源中等概率随机选择一个时频资源β。如果在资源α前或后15个子帧内不存在属于资源集合B的资源，则UE只在资源α上进行传输。

当UE在已选择的资源上发送数据和SCI时，利用SCI中Resource reservation域进行周期性预留。

5.3.2 NR-V2X模式2资源选择算法

在NR-V2X中，一些新的特征被引入，比如支持大量非周期业务、重传次数的增加以及更灵活的资源预留周期等。这些特征都对终端自主资源选择的模式有较大影响。因此，3GPP以LTE-V2X的模式4为基础，重新讨论并设计了适用于NR-V2X的资源选择方案，记为模式2。在NR-V2X的SI阶段先后出现过4种模式2的资源选择方案，分别为模式2（a）、模式2（b）、模式2（c）和模式2（d），如图5-29所示。

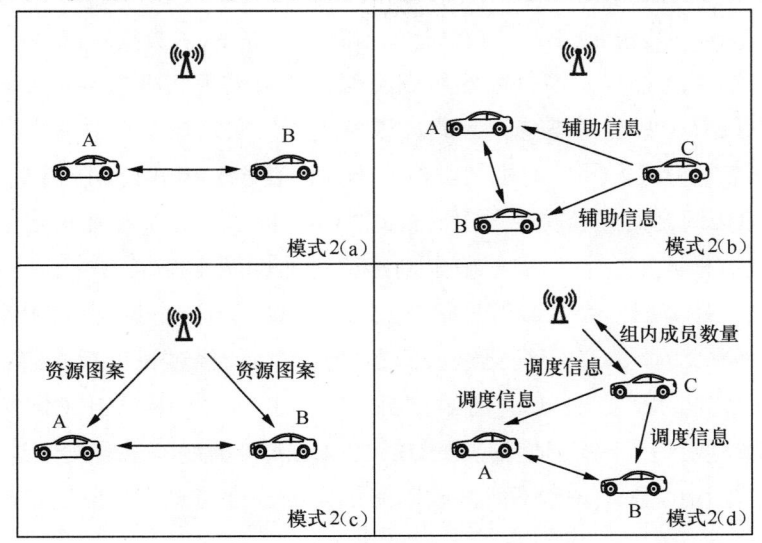

图5-29　4种模式2方案

在模式2（a）中，UE通过解码其他UE发送的SCI和测量侧行链路接收功率，在资源池中选择未被其他UE预留或者被其他UE预留但接收功率较低的资源。模式2（a）的主体设计整体上与LTE-V2X模式4的资源选择机制类似。基于资源预留、资源侦听以及资源排除来完成资源选择。因此，该模式得到了各家厂商的一致支持，并且成为NR-V2X SI和WI阶段的重点研究内容之一。

模式2（b）是指UE间通过协作完成资源选择的模式。在图5-29模式2（b）中，UE C发送辅助信息给UE A和UE B，UE A和UE B将利用收到的辅助信息并结合自身资源侦听的结果自主选择资源发送数据。上述辅助信息可以是UE C进行资源侦听的结果或者是UE C建议UE A和UE B选择的时频资源等。在另一种情况下，接收端可以给发送端指示建议的时频资源，发送端在接收端建议的资源中选择资源发送数据，这也是模式2（b）的一种形式。然而，在模式2（b）中，UE需要先通过初始化等过程互相建立连接，所以该模式更适合应用在分组场景下。此外，尽管UE会收到来自其他UE的辅助信息，但该UE仍然要进行模式2（a）中的资源侦听、资源排除等步骤。因此，在NR-V2X的SI阶段，模式2（b）并没有被列为独立的研究模式。但是，在3GPP RAN第86次全会的立项中，UE间通过协作完成资源选择的模式又被重新列为R17 V2X增强的研究目标之一。

模式2（c）是指网络配置或预配置给UE资源图样（Pattern），UE利用资源图样中的时频资源进行传输。上述资源图样可以是一个或者多个，当网络配置多个资源图样给UE时，UE根据资源侦听或者地理位置信息选择其中一个图样。UE直接在配置好的若干资源上发送数据，可以降低发送时延。同时，通过保证任意两个资源图样在时域上不完全重叠，可以在一定程度上解决半双工问题。例如，假设UE1利用图样1，UE2利用图样2，UE1发送数据给UE2。图样1与图样2在时域上不完全重叠，可以保证至少有一个时隙，UE1正在发送而UE2没有在发送，可以接收UE1的数据。但是由于模式2（c）与NR-V2X模式1中免授权资源分配的机制类似，并且该模式具有灵活性较差的缺点，在会议讨论中只有少数公司支持，因此，该模式的研究只停留在SI阶段。

模式2（d）与模式2（b）的机制类似，不同点在于，模式2（d）中UE直接发送调度信息为其他UE调度时频资源。同时，模式2（d）也适合应用在互相建立连接的分组场景下。但在该模式下，首先需要确定进行调度的UE及被调度UE，其次需要确定是用物理层信令还是高层信令承载调度信息，以及要设计当进行调度的UE停止调度时被调度UE的行为等。因此，为了简化这些问题，各家厂商经过讨论后决定，在SI阶段只支持一种简化版本的模式2（d）。例如在图5-29模式2（d）中，UE C向基站上报组内成员数量，基站收到后下发调度信息给UE C，UE C将调度信息转发给组内成员UE A和UE B。需要指出的是，UE C不能修改基站下发的调度信息，并且上述调度信息全部通过高层信令，如RRC信令承载。

虽然在NR-V2X的SI阶段出现了多种终端自主选择资源的模式，但只有模式2（a）最终进入了WI阶段，并被集中研究。在本小节后续的描述中，如果不加说明，NR-V2X模式2的资源选择算法默认指上述模式2（a）。需要指出，NR-V2X中将SCI分为第一阶SCI和第二阶SCI，而只有第一阶SCI是用于模式2中资源侦听与资源预留的（参见4.1.1节相关介绍）。

同样的，NR-V2X模式2的前提也是资源预留[20, 31]，并且也支持用于同一个TB的重传资源预留和用于不同TB的资源预留，如图5-30所示。但由于SCI格式的变化以及重传次数的增加等因素，NR-V2X资源预留相比LTE-V2X有所不同。

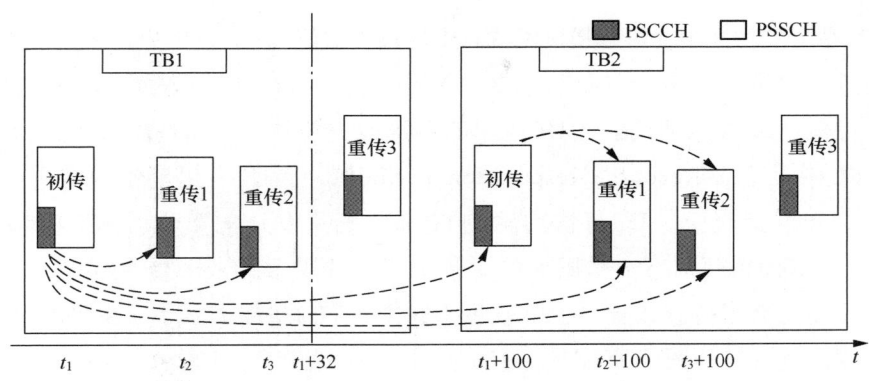

图5-30 模式2初传的资源指示与预留

UE发送的第一阶SCI中包含Time resource assignment（时域资源分配）和Frequency resource assignment（频域资源分配）域，这两个域用于指示当前传输的TB的N个时频资源（包括当前发送所用的资源）。其中$N \leq N_{max}$，在NR-V2X中，N_{max}等于2或3。同时，受限于第一阶SCI中用于资源指示的信息比特数，上述N个被指示的时频资源是分布在W个时隙内的。在NR-V2X中，$W=32$。例如，在图5-30的TB1中，在初传PSCCH中发送的第一阶SCI利用上述两个域指示初传、重传1和重传2的时频资源位置（$N=3$），即预留重传1与重传2的时频资源。初传、重传1和重传2在时域上是分布在32个时隙内的。（图5-30中虚线箭头表示资源预留。）

在标准化的过程中，有公司指出，UE发送第一阶SCI时应尽可能多地指示时频资源，从而让其他UE获知其预留的资源并通过资源排除避免资源碰撞。为达到这一效果，在3GPP RAN1#100bis会议上，形成了如下结论，即$N = \min(N_{select}, N_{max})$[19]。其中，$N_{select}$为包括当前传输资源在内的向后32个时隙内UE已选择的时频资源数目。例如，在图5-30 TB1中，假设$N_{max}=3$，当UE完成资源选择后，以初传的时域位置为起点，向后32个时隙内包括初传、重传1和重传2的传输资源，则N_{select}等于3，进而N等于3，UE在初传的第一阶SCI中指示初传、重传1和重传2这3个时频资源。

同时，与LTE-V2X类似，在NR-V2X中，UE发送的第一阶SCI还可以包括Resource reservation period（资源预留周期）域，该域用于预留下一个周期内的时频资源，且下一个周期内的时频资源将用于另一个TB的传输。例如图5-30的TB1中，UE在初传的PSCCH中发送的第一阶SCI指示了初传、重传1和重传2的时频资源位置，记为$\{(t_1, f_1), (t_2, f_2), (t_3, f_3)\}$。其中$t_1$、$t_2$、$t_3$分别为初传、重传1和重传2的时域位置。$f_1$、$f_2$、$f_3$分别为对应资源的频域位置。假定该SCI中Resource reservation period域的值对应为100，则表示该SCI还同时预留了下一个周期的时频资源$\{(t_1+100, f_1), (t_2+100, f_2), (t_3+100, f_3)\}$，并且这3个资源将分别用于TB2初传、重传1和重传2的传输。与LTE-V2X不同的是，在NR-V2X中，Resource reservation period域的取值更为灵活，可以是0ms、1~99ms、100ms、200ms……1000ms中的一种。在每个资源池中，可以最多配置其中的16种取值。

需要指出的是，在NR-V2X中，TB间的周期性预留是通过网络配置或预配置以资源池为单位激活或去激活的。当UE所用的资源池去激活TB间的资源预留时，其发送的第一阶SCI中不包括Resource reservation period域。当UE所用资源池激活TB间的资源预留时，一般情况下，UE每次传输的TB都会利用发送的第一阶SCI中的Resource reservation period域预留下一个周期的时频资源，并用于另一个TB的传输，直至资源重选，即同样支持半持续传输。例如在图5-30中，TB2初传的第一阶SCI也会指示TB2初传、重传1和重传2的时频资源 $\{(t_1+100,f_1),(t_2+100,f_2),(t_3+100,f_3)\}$，假设该SCI中的Resource reservation period域中的值对应为100，则第一阶SCI还会预留时频资源 $\{(t_1+200,f_1),(t_2+200,f_2),(t_3+200,f_3)\}$，这些资源用于下一个TB的传输。

图5-31描述了图5-30的示例中重传发送时的资源指示与预留情况。例如图5-31的TB1中，假设 $N_{max}=3$，以重传1的时域位置为起点向后的32个时隙内只包含重传1与重传2的时频资源，所以 N_{select} 等于2，进而 N 等于2。因此，UE在重传1中发送的第一阶SCI利用Time resource assignment和Frequency resource assignment域指示重传1与重传2的时频资源 $\{(t_2,f_2),(t_3,f_3)\}$，即预留重传2的资源。其中 t_2 和 t_3 分别为TB1重传1与重传2资源的时域位置，f_2 和 f_3 为相应资源的频域位置。

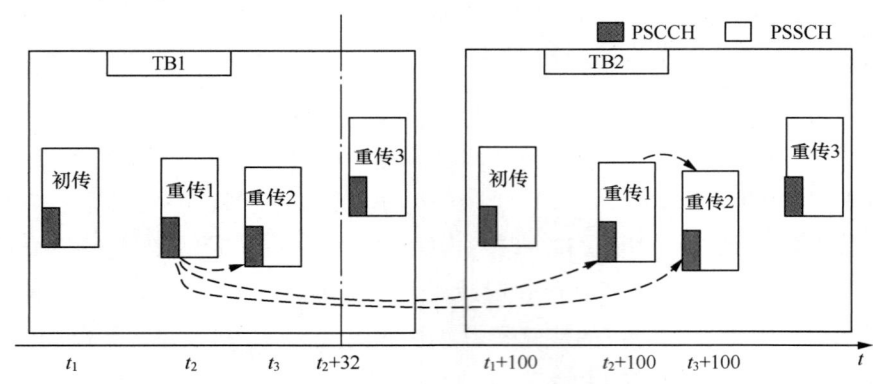

图5-31 模式2重传的资源指示与预留

当UE所用资源池激活TB间的资源预留时，UE在图5-31的TB1重传1中发送的第一阶SCI还利用Resource reservation period域预留下一个周期内的时频资源，假设该域的值对应为100，则该第一阶SCI预留了资源 $\{(t_2+100,f_2),(t_3+100,f_3)\}$，这些资源分别用于TB2重传1和重传2的传输。同理，UE在TB2重传1中发送的第一阶SCI也会指示TB2重传1与重传2的资源 $\{(t_2+100,f_2),(t_3+100,f_3)\}$，并预留资源 $\{(t_2+200,f_2),(t_3+200,f_3)\}$。

在有关NR-V2X资源指示的讨论中，有些公司提出重用LTE-V2X中向后指示的机制，即利用第一阶SCI中Time resource assignment和Frequency resource assignment域指示当前传输的TB中已经传输的资源的时频位置。但最终NR-V2X中并没有支持该机制，主要原因如下。

首先，在LTE-V2X中，一个TB的最大重传次数为2次，因此可以利用重传发送的SCI指示初传和重传的时频资源。但在NR-V2X中，一个TB的最大重传次数可以为32次，除了初传和最后一次重传，UE每次发送第一阶SCI时，都存在已使用的传输资源和未使用的传输资源。并且从上述介绍可以得知，N_{max} 等于2或者3，即UE发送第一阶SCI最多指示2个或3个当前传输的TB中的资源。当 N_{max} 为2时，支持向后指示意味着UE无法指示未使用的传输资源的时频位置，即无法预留当前传输的TB中的时频资源，这将增加资源的碰撞概率。

其次，依据LTE-V2X模式4中的介绍，向后指示机制可以提升通信的可靠性。当进行资源选择的UE成功解码某个TB两次传输中任意一次传输对应的SCI时，就可以获知该TB预留的下个周期内的时频资源。但在NR-V2X中，当去激活不同TB间的资源预留时，向后指示将无法提供同样的通信可靠性的增益。

最后，虽然有些公司坚持，在一个TB中至少最后一次传输的第一阶SCI可以进行向后指示，但该机制在NR-V2X中仍然没有被支持。

接下来，将利用图5-32中的示例，详细介绍NR-V2X模式2的资源选择机制。

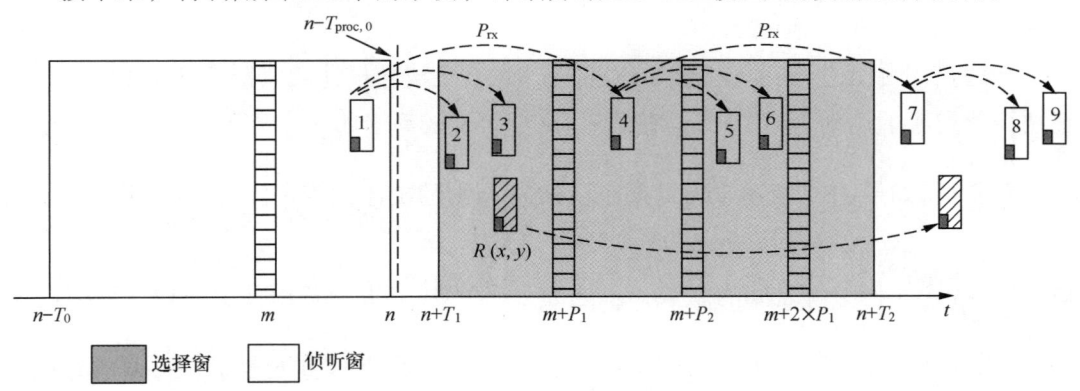

图5-32　模式2资源侦听、排除和选取

例如在图5-32中，UE在时隙n触发资源选择或资源重选。资源选择窗从 $n+T_1$ 开始到 $n+T_2$ 结束。$0 \leq T_1 \leq T_{proc,1}$，当子载波间隔是15kHz、30kHz、60kHz、120kHz时，$T_{proc,1}$ 依次是3kHz、5kHz、9kHz、17个时隙；如果 T_{2min} 小于业务延迟预算，则 $T_{2min} \leq T_2 \leq$ 业务延迟预算；否则，T_2 等于业务的延迟预算。当子载波间隔分别为15kHz、30kHz、60kHz、120kHz时，令μ分别等于0、1、2、3，则上述 T_{2min} 可能的取值为 $\{1,5,10,20\} \times 2^{\mu}$ 个时隙。UE根据自身待发送数据的优先级从该取值集合中确定 T_{2min}。例如，当子载波间隔为15kHz时，则UE从取值集合 $\{1,5,10,20\}$ 中根据待发送数据的优先级确定 T_{2min}。在上述取值范围的条件下，T_1 和 T_2 的取值取决于UE。

UE从 $n-T_0$ 到 $n-T_{proc,0}$ 进行资源侦听。在NR-V2X中，T_0 等于100ms或1100ms，取

决于UE所用资源池的配置。当子载波间隔为15kHz、30kHz、60kHz、120kHz时，$T_{proc,0}$分别为1、1、2、4个时隙。一般情况下，T_0的两种取值与资源池中激活或者去激活TB间的周期性预留相对应，100ms对应去激活周期性预留的情况，1100ms对应激活周期性预留的情况。

与LTE-V2X模式4类似，NR-V2X模式2的资源选择算法也分为两个主要步骤，即UE首先确定候选资源集合，再从候选资源集合中选择传输资源。

步骤1：UE确定候选资源集合。[20]

UE将资源选择窗内所有的可用资源作为资源集合A，记资源集合A中的可用资源数目为M_{total}。资源集合A中任意一个资源记为$R_{(x,y)}$。其中x表示资源的起始子信道位置，y表示资源的时域位置。假设高层配置的PSSCH传输所需的子信道数目为L_{subCH}，则$R_{(x,y)}$表示在时隙y中子信道x到子信道$x+L_{subCH}-1$对应的资源。

首先，与LTE-V2X类似，UE需根据资源侦听窗内的侦听结果，判断资源$R_{(x,y)}$是否被其他UE预留。同时，UE须根据自身资源预留周期，即该UE将要发送的第一阶SCI中Resource reservation period域对应的取值，判断接下来$C_{resel}-1$个周期内与$R_{(x,y)}$对应的资源是否被其他UE预留。当UE所用资源池去激活TB间的周期性预留时，UE只需判断资源$R_{(x,y)}$是否被其他UE预留。

上述C_{resel}由UE生成的随机计数值确定，UE会生成随机计数值用于确定预留多少个已选择的资源的周期。如果UE的资源预留周期大于或等于100ms，则随机计数值为[5,15]之间的整数。如果UE的资源预留周期小于100ms，则随机计数值为$\left[5\times\left\lceil\dfrac{100}{\max(20,P_{rsvp\_TX})}\right\rceil,15\times\left\lceil\dfrac{100}{\max(20,P_{rsvp\_TX})}\right\rceil\right]$之间的整数，上述$P_{rsvp\_TX}$为UE自身的资源预留周期。根据前面的介绍，在NR-V2X中，P_{rsvp_TX}可能的取值是1～99ms。为了避免当P_{rsvp_TX}取值过小导致的随机计数值过大，在上述公式的分母中引入了20ms取最大值的处理操作。如此，当UE的资源预留周期小于100ms时，随机计数值的范围最大为[25, 75]，这与LTE-V2X是一致的。当UE确定了随机计数值后，上述C_{resel}为10倍的随机计数值。

步骤1-1：UE根据未侦听时隙进行资源排除。

在LTE-V2X模式4中，当UE由于发送数据没有进行资源侦听时，UE将根据资源池配置中资源预留周期的取值集合进行资源排除，这一步骤在NR-V2X中同样被支持。

受限于半双工，假设UE在侦听窗内时隙m发送数据但没有进行资源侦听，UE将根据资源池配置中Resource reservation period域的取值集合进行资源排除。UE将依次根据取值集合中的每个取值P_x和未侦听时隙m确定可能被其他UE预留的Q个时隙，并判断该Q个时隙是否与资源$R_{(x,y)}$及其对应的$C_{resel}-1$个资源重叠。如果存在重叠，则UE从资源集合A中排除资源$R_{(x,y)}$。例如在图5-32中，假设UE所用资源池的配置中Resource reservation period域的取值集合为$\{P_1, P_2\}$，UE将判断根据取值P_1确定的2个时隙$m+P_1$、$m+2\times P_1$，以及根据取值P_2确定的时隙$m+P_2$是否与资源$R_{(x,y)}$及其对应的$C_{resel}-1$个资源重叠。若重叠，则从资源集合A中排除资源$R_{(x,y)}$。当UE所用资源池去激活TB间的周期性预留时，可以理解为UE不需要执行该步骤。

UE根据取值P_x确定Q的值，当P_x小于T_{scal}，且时隙m加上P_x大于时隙n时，$Q = \left\lceil \dfrac{T_{scal}}{P_x} \right\rceil$；否则，$Q$等于1。上述$T_{scal}$为资源选择窗的上界$T_2$转换为毫秒后的值。在LTE-V2X中，资源选择窗上界T_2的最大值为100ms。但在NR-V2X中，T_2最大为PDB。同时，为了使Q能够更准确地描述其他UE预留的资源在资源选择窗内重复的周期次数，在上述NR-V2X确定Q的公式中，分子由LTE-V2X中的100ms替换为T_2转换为毫秒后的值。

步骤1-2：UE根据侦听到的第一阶SCI排除资源。

若UE在资源侦听窗内侦听到其他UE发送的第一阶SCI，UE将测量该SCI传输所用的PSCCH或者该SCI调度的PSSCH的SL-RSRP。如果测量得到的SL-RSRP大于RSRP阈值，UE将根据该SCI中Time resource assignment、Frequency resource assignment和可能存在的Resource reservation period域指示的时频资源判断是否排除资源集合A中的资源。具体地，UE根据PSCCH还是PSSCH的SL-RSRP与RSRP阈值比较，取决于UE所用资源池的配置。这增加了资源排除步骤的灵活性和可配置性。

当UE侦听到的第一阶SCI中不存在Resource reservation period域时，UE将判断侦听到的第一阶SCI中Time resource assignment、Frequency resource assignment域指示的资源是否与资源$R_{(x,y)}$及其对应的$C_{resel}-1$个资源重叠。如果重叠，且满足上述RSRP阈值的条件，则从资源集合A中排除资源$R_{(x,y)}$。例如在图5-32中，UE在资源1上侦听到其他UE发送的第一阶SCI，该SCI中Time resource assignment和Frequency resource assignment域指示了资源1、资源2和资源3，则UE将判断上述3个资源是否与资源$R_{(x,y)}$及其对应的$C_{resel}-1$个资源重叠，若重叠且满足RSRP阈值条件，则排除资源$R_{(x,y)}$。

当UE侦听到的第一阶SCI中存在Resource reservation period域时，UE以该Resource reservation period域的取值为间隔并以侦听到该第一阶SCI的时隙为参考点确定对应的Q个时隙，并假定在这Q个时隙中也将收到相同内容的第一阶SCI。UE判断侦听到的第一阶SCI以及上述假定将收到的第一阶SCI中Time resource assignment和Frequency resource assignment域指示的时频资源与资源$R_{(x,y)}$及其对应的$C_{resel}-1$个资源是否在时频域上重叠。如果重叠且满足RSRP阈值条件，则从资源集合A中排除资源$R_{(x,y)}$。上述Q的确定参考步骤1-1，即与侦听到的第一阶SCI中Resource reservation period域的取值、侦听到的第一阶SCI的时隙和T_2有关。例如在图5-32中，UE在资源1上侦听到其他UE发送的第一阶SCI，UE根据该SCI中Resource reservation period域的取值P_{rx}、侦听到该SCI的时隙以

及 T_2 确定 Q 的取值为2。从而以 P_{rx} 为间隔、以侦听到该第一阶SCI的时隙为参考点,确定对应的两个时隙,即图5-32中资源4和资源7所在的时隙。UE假定在这两个时隙中也将收到相同内容的第一阶SCI。UE判断这些假定收到的SCI中Time resource assignment和Frequency resource assignment域指示的资源4~9,以及UE实际在资源1上侦听到的第一阶SCI中对应域指示的资源1~3是否与资源 $R_{(x,y)}$ 及其对应的 C_{resel} –1个资源重叠,如果重叠且满足RSRP阈值条件,则排除资源 $R_{(x,y)}$。

与LTE-V2X一致,上述RSRP阈值与UE侦听到的第一阶SCI中携带的优先级Priority₁和UE待发送数据的优先级Priority₂有关。UE通过网络配置或预配置获取一张RSRP阈值表,根据Priority₁和Priority₂以查表的方式确定对应的RSRP阈值。

在完成资源排除后,如果资源集合 A 中的剩余资源数目小于 $X \times M_{total}$,UE将RSRP阈值提升3dB,并重复执行步骤1直到资源集合 A 中的剩余资源数目大于或等于 $X \times M_{total}$。相比较LTE-V2X中 X 固定为20%,NR-V2X中 X 的取值更为灵活,其可能的取值为{20%,35%,50%},具体 X 的取值是以资源池为单位由网络配置或者预配置的。

最终,经过资源排除后的资源集合 A 即为UE的候选资源集合。

步骤2:UE在候选资源集合中选择传输资源。[36]

当UE要选择的传输资源等于1时,该UE在资源集合 A 中等概率随机选择1个传输资源。

当UE要选择的传输资源大于1时,该UE在资源集合 A 中等概率随机选择多个传输资源。需要指出的是,在选择多个传输资源时要满足如下时域上的限制。

第一,在除去一些例外情况后,UE应使选择的某个重传资源能够被之前发送的第一阶SCI指示。例如UE在选择图5-30中所示的TB1的4个传输资源时,应使重传1至少可以被初传的第一阶SCI指示,重传2至少可以被重传1的第一阶SCI指示,重传3至少可以被重传2的第一阶SCI指示。这样做的好处是,保证每次重传的传输资源都可以提前被UE发送的第一阶SCI指示,从而其他UE在进行资源侦听与选择时,可以排除对应资源,避免资源碰撞。

上述例外的情况包括,UE在进行资源排除后,无法从资源集合 A 中选择出满足该时域限制的资源。例如在图5-30的TB1中,UE在完成资源排除后,在时域上初传资源后的32个时隙的资源都被该UE排除,此时UE选择的重传1的资源必然无法被初传的第一阶SCI指示。

上述例外的情况还包括,由于资源抢占、拥塞控制以及与上行业务冲突等因素,UE放弃传输从而导致某次重传的传输资源没有被之前发送的第一阶SCI指示。例如在图5-30的TB1中,UE完成资源选择后,由于该UE测量的信道繁忙率(Channel Busy Ratio,CBR)较高,UE放弃了初传,因此,重传1没有被之前发送的第一阶SCI指示。

第二,UE应保证任意两个选择的时频资源,如果前一个传输资源需要HARQ反馈,则这两个资源在时域上至少间隔时长 Z。$Z=a+b$,其中 a 为UE在PSSCH上发送数据结束到在PSFCH上开始收到HARQ反馈的时间,b 包括PSFCH接收、准备重传数据以及收发转换的时间。例如,在选择图5-30 TB1中的4个资源时,如果初传需要HARQ反馈,则重传1与初传之间在时域上至少间隔Z。当资源选择无法满足该时域限制时，比如在PDB较短但重传次数较多的情况下，取决于UE实现，可以放弃选择某些重传资源或者针对某几次传输去激活HARQ反馈。

当UE所用资源池激活周期性预留，UE发送数据和SCI时，将利用第一阶SCI中Resource reservation period域进行周期性资源预留。

综上，NR-V2X模式2与LTE-V2X模式4的资源选择机制类似，但有如下几点不同。

（1）NR-V2X中TB间的周期性预留可以以资源池为单位激活或去激活，这两种情况决定UE收到的第一阶SCI中是否会有Resource reservation period域，以及UE是否要周期性预留已选择的时频资源。这些使得NR-V2X模式2的设计要覆盖激活与去激活周期性预留两种情况。

（2）NR-V2X需要支持大量非周期性业务，而平均SL-RSSI的计算是以一定的时间间隔周期性测量后取平均，所以NR-V2X模式2取消了LTE-V2X中资源排除后依据平均SL-RSSI对资源进行排序的步骤。

（3）NR-V2X模式2与LTE-V2X模式4相比更为灵活，比如根据资源池配置确定采用PSSCH的SL-RSRP还是PSCCH的SL-RSRP与RSRP阈值进行比较，$X \times M_{\text{total}}$中的$X$可以为{20%, 35%, 50%}中的一种，Resource reservation period域可能的取值为1~99ms，资源侦听窗的长度可以是100ms或1100ms等。

（4）由于NR-V2X中重传次数的增多以及HARQ反馈的引入，在模式2的步骤2中，UE在候选资源集合中确定若干传输资源时要满足一些时域上的限制。

（5）在NR-V2X中支持UE使用最多两个天线端口传输数据，当PSSCH采用两端口传输时，上述SL-RSRP为各个端口测量得到的SL-RSRP之和。

5.3.3 重评估与资源抢占

1. 资源重评估

重评估是NR-V2X模式2中新引入的重要机制之一。重评估是指UE在完成资源选择后，持续进行资源侦听，针对已选但未被UE发送的第一阶SCI指示的资源，在其被指示之前进行至少一次重新评估，如果发现上述资源被其他UE预留，则重选对应资源。这种机制在3GPP RAN1#98bis会议上正式通过。

首先，重评估的对象是已选但未指示的资源。这是因为在已选资源被UE发送的第一阶SCI指示之前，UE即使重选该资源也不会对其他UE造成影响。

此外，重评估的好处在于，避免UE已选的资源与UE完成资源选择后其他UE发送的第一阶SCI指示的资源发生资源碰撞。假设在UE完成资源选择后到UE发送第一阶

SCI指示已选资源前，有突发非周期性业务的其他UE同样预留了该UE的已选资源。通过上述重评估机制，UE可以触发对该已选资源的重选，从而避免资源碰撞。

图5-33和图5-34所示为重评估机制的示例，接下来将结合此示例介绍重评估机制[20, 36]。

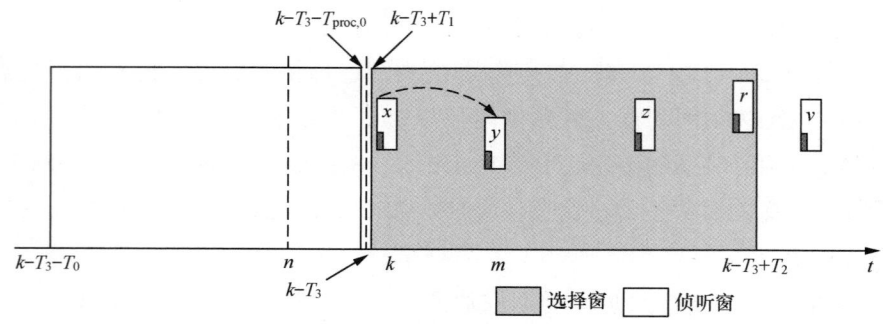

图5-33 重评估机制示例1

在图5-33中，UE在时隙n确定资源侦听窗与资源选择窗，执行NR-V2X模式2中的步骤1与步骤2完成资源选择。资源x、y、z、r、v是UE已经选择的时频资源，资源x位于时隙k，资源y位于时隙m。对于UE即将在资源x发送第一阶SCI进行首次指示的资源x和y，UE至少在时隙$k-T_3$执行一次模式2中的步骤1，即确定资源选择窗（从$k-T_3+T_1$到$k-T_3+T_2$）与侦听窗（从$k-T_3-T_0$到$k-T_3-T_{proc,0}$），并对资源选择窗内的资源进行资源排除，得到候选资源集合。如果资源x或y不在该候选资源集合中，则UE执行上述模式2中的步骤2，针对资源x和y中不在该候选资源集合中的时频资源，在该候选资源集合中进行重选。同时，取决于UE实现，UE也可以重选任何已经选择但未被发送的第一阶SCI指示的资源，例如资源x、y、z、r和v中的任意一个或多个资源。上述T_3等于$T_{proc,1}$，即包括UE进行资源重选的时间。（图5-33中的虚线箭头表示即将发送的第一阶SCI指示。）

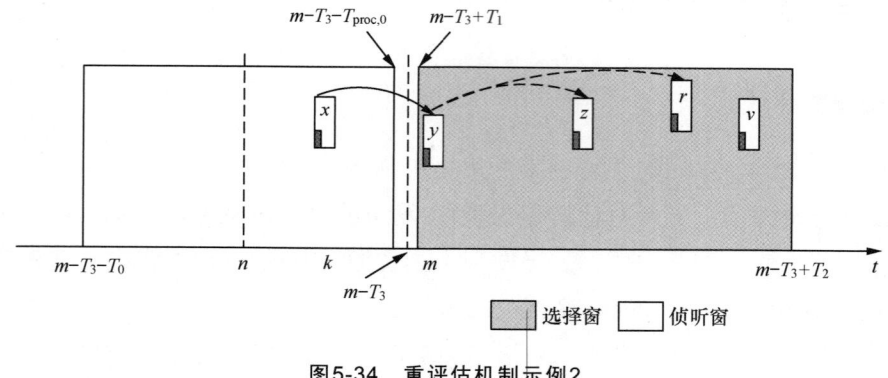

图5-34 重评估机制示例2

图5-34描述了图5-33示例中UE已经在资源x上发送了PSCCH和PSSCH的情况。对于UE即将在资源y发送第一阶SCI进行首次指示的资源z和r（资源y之前已经被资源x中

的第一阶SCI指示）。UE至少在时隙$m-T_3$执行一次模式2中的步骤1，即确定资源选择窗（从$m-T_3+T_1$到$m-T_3+T_2$）与侦听窗（从$m-T_3-T_0$到$m-T_3-T_{proc,0}$），并对资源选择窗内的资源进行资源排除，得到候选资源集合。如果资源z或r不在该候选资源集合中，则UE执行上述模式2中的步骤2，针对资源z和r不在该候选资源集合中的时频资源，在该候选资源集合中进行重选。同时，取决于UE实现，UE也可以重选任何已经选择但未被发送的第一阶SCI指示的资源，例如资源z、r和v中的任意一个或多个资源。上述T_3等于$T_{proc,1}$，即包括UE进行资源重选的时间。（图5-34的中虚线箭头表示即将发送的第一阶SCI指示，实线箭头表示已经发送的第一阶SCI指示。）

在标准化过程中，一些厂商认为重评估的行为应在资源指示前的每个时隙都执行，从而能够尽早地发现已选但未指示的资源是否被其他UE预留。如果被其他UE预留，则可以尽早触发资源重选，在提升通信可靠性的同时降低时延。另外一些厂商对上述观点的功耗提出质疑，认为只在上述$m-T_3$（资源被首次指示前T_3时）执行重评估即可。同时认为，过早地触发资源重选，有可能导致重选后的资源再次被其他UE预留，从而多次触发重评估。此外，还有一些其他厂商的观点，比如每几个时隙执行一次或在哪些时隙执行取决于UE实现。因此，最终的结论为在资源指示前至少在$m-T_3$时执行一次重评估操作。

在重评估机制的讨论过程中，如何在激活TB间的周期性预留时使用重评估机制，是一个争议性较大的问题。从前面的介绍中可以得知，在NR-V2X中可以以资源池为单位激活或去激活TB间的周期性预留。在激活周期性预留的情况下，UE每发送一个第一阶SCI，都利用Resource reservation period域预留下一个周期的资源，下一个周期的资源用于另一个TB的传输。例如在图5-35中，假设UE在时隙n只选择了一个传输资源x，UE在资源x上发送的第一阶SCI预留下个周期的资源y，在资源y上发送的第一阶SCI预留资源z。

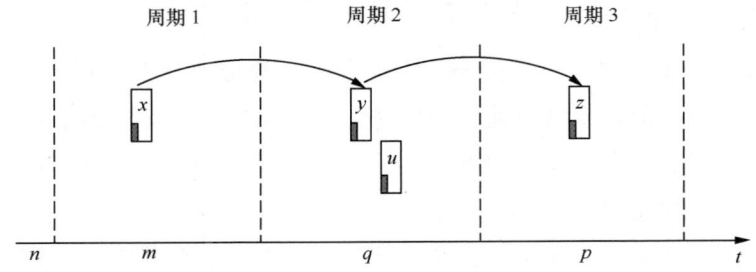

图5-35 周期性预留下的重评估机制

一些公司在重评估的讨论中提出，为了避免与突发业务发生资源碰撞，应在每个周期都进行重评估操作。例如在图5-35中，在周期1时隙m前至少在时隙$m-T_3$对资源x进行一次重评估，在周期2时隙q前至少在时隙$q-T_3$对资源y进行一次重评估。但另外一些公司认为上述操作违反了重评估的定义，因为在时隙$q-T_3$对资源y执行重评估时，资源y

已经被资源x中发送的第一阶SCI通过Resource reservation period域指示，此时资源y不属于已选未指示的资源。在此基础上，又有公司提出，在时隙m之后和时隙q之前，虽然资源y已经被UE发送的第一阶SCI指示，但资源z还没有被指示，因此可以在该时间段内对资源z进行重评估。反对该观点的公司提出，如果资源预留周期是1000ms，在时隙m之后和时隙q之前对资源z进行重评估，时域上相距较远加上多变的信道环境会造成重评估结果的准确性降低，并且如何确定资源选择窗与侦听窗也是需要解决的问题。因此，在标准化过程中，各家厂商能够基本达成一致的场景包括以下几种。

（1）在完成资源选择后的第一个周期内进行重评估，例如在图5-35中，在周期1时隙m之前对资源x进行重评估。

（2）在第一个周期之后的周期中，如果有资源被其他UE抢占（将在接下来的内容中介绍资源抢占），UE针对该资源进行资源重选，并可以针对重选后的资源进行重评估。例如在图5-35中，在周期2时隙q之前，如果UE判断资源y被其他UE抢占，UE针对资源y进行资源重选，重选的资源为资源u。资源u未被任何第一阶SCI指示，则UE可以针对资源u进行重评估。

2. 资源抢占机制

除了重评估机制，NR-V2X还引入了另外一个重要机制，即资源抢占机制。在NR-V2X中，关于资源抢占机制的结论都是以被抢占UE的角度描述的。资源抢占机制是指，UE在完成资源选择后，持续进行资源侦听，针对已选且已被发送的第一阶SCI指示的资源，在其被UE发送前至少判断一次其是否被其他UE抢占。如果发现上述资源被其他UE抢占，则重选对应资源。

资源抢占机制针对的资源是已选且已被发送的第一阶SCI指示的资源。在一般情况下，已经向其他UE指示的时频资源是不允许重选的，只有在携带高优先级业务的UE抢占该资源时，为了避免与高优先级业务发生资源碰撞，才可以针对该资源进行资源重选。因此，资源抢占机制设计的目的是保证高优先级业务的通信可靠性。

如果已选且已指示的时频资源满足以下3个条件，则UE判定该资源被其他UE抢占，并针对该资源触发资源重选。

（1）UE侦听到的第一阶SCI指示的时频资源与UE已选且已指示的资源重叠，包括全部重叠和部分重叠。

（2）UE侦听到的第一阶SCI对应的PSCCH的SL-RSRP或该PSCCH调度的PSSCH的SL-RSRP值大于SL-RSRP阈值。具体采用哪种SL-RSRP进行比较，取决于UE所用资源池的配置。

（3）UE侦听到的第一阶SCI的优先级比UE待发送数据的优先级高。

需要说明的是，UE所用资源池的配置中如果没有配置sl-PreemptionEnable参数，则表示在该资源池中去激活资源抢占机制。如果配置了sl-PreemptionEnable参数，且sl-PreemptionEnable参数为"enabled"，则表示在该资源池中激活资源抢占机制。如果配置了sl-PreemptionEnable参数，且sl-PreemptionEnable参数为一个具体的优先级阈值，则表示在该资源池中激活资源抢占机制，同时上述条件（3）修改为：UE侦听到的第一阶SCI中的优先级大于UE待发送数据的优先级且大于优先级阈值。配置该优先级阈值的目的是，只有优先级足够高（高于一个阈值）的业务，才能触发其他UE对已指示的资源进行资源重选，避免传输低优先级业务的UE频繁触发资源重选。

接下来结合图5-36详细说明资源抢占机制[20, 36]。

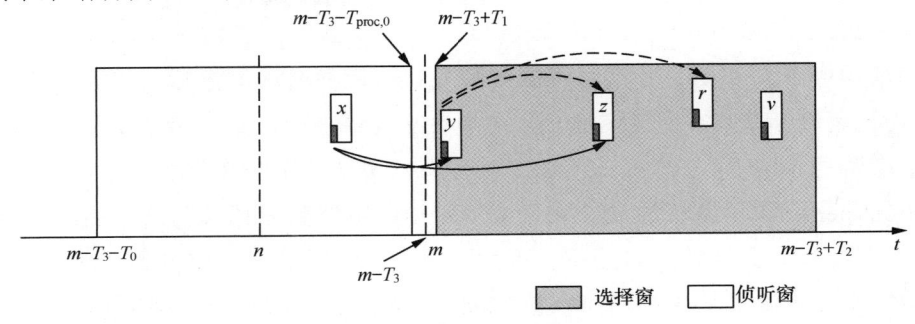

图5-36　资源抢占机制

如图5-36所示，UE在时隙n确定资源侦听窗与资源选择窗，执行NR-V2X模式2中的步骤1与步骤2完成资源选择。资源x、y、z、r、v是UE已经选择的时频资源，资源y位于时隙m。对于UE即将在资源y发送第一阶SCI指示的且已经被UE之前发送的第一阶SCI指示的资源y和z，UE至少在时隙$m-T_3$执行一次模式2中的步骤1，即确定资源选择窗（从$m-T_3+T_1$到$m-T_3+T_2$）与侦听窗（从$m-T_3-T_0$到$m-T_3-T_{proc,0}$），并对资源选择窗内的资源进行资源排除，得到候选资源集合。如果资源y或z不在该候选资源集合中，UE进一步判断资源y或z是否满足上述条件1~3。如果满足，则UE执行模式2中的步骤2，在该候选资源集合中重选资源y和z中满足上述3个条件的时频资源。此外，当触发资源重选后，UE为了满足步骤2中需要满足的时域限制条件，也可以重选任何已选择但未被发送的第一阶SCI指示的资源，比如资源r和v中的任意几个资源。上述T_3等于$T_{proc,1}$。（图5-36中的虚线箭头表示即将发送的第一阶SCI指示，实线箭头表示已经发送的第一阶SCI指示。）

在资源抢占机制的讨论中，各家厂商有意重用重评估机制的一些设计，例如UE判断已选且已指示的资源是否被其他UE抢占时间点就重用了重评估机制的描述。如前面所述，在资源抢占机制中，针对在时隙m即将指示的且已经被之前发送的第一阶SCI指示的资源，UE至少在时隙$m-T_3$进行一次资源抢占的判断。

同时，在激活TB间的周期性预留的情况下，关于资源抢占机制的讨论相对重评估机制较为收敛。首先，由于针对的对象是已经指示的资源，UE在每个周期中都可以对已选且已指示的资源是否被其他UE抢占进行判断。其次，由于需要具体的待发送数据的优先级与侦听到的第一阶SCI中的优先级进行比较，UE在每个周期中只针对当前周期正在传输的TB所用的资源进行资源抢占判断。唯一争议性较大的点在于，UE在当前周期判断出某个资源被其他UE抢占并完成资源重选，对于即将在重选后的资源上发送的第一阶SCI，该SCI是否利用Resource reservation period域预留下个周期的时频资源。例如在图5-37中，假设UE在时隙n选择了资源x_1和资源y_1，UE在资源x_1中发送的第一阶SCI利用Time resource assignment和Frequency resource assignment域指示资源x_1和y_1，并利用Resource reservation period域预留资源x_2和y_2。同理，UE在资源x_2中发送的第一阶SCI指示资源x_2和y_2，并预留资源x_3和y_3。假设在资源x_2之后、资源y_2之前，UE通过上述机制判断资源y_2被其他UE抢占，触发资源重选，重选后的资源为y_2'。对于UE即将在资源y_2'中发送的第一阶SCI，一些公司认为该SCI应该正常利用Resource reservation period域预留资源y_3'，在周期3中UE利用资源y_3'传输另一个TB。另外一些公司认为，这样做会导致过量预留，因为在资源x_2发送的第一阶SCI已经预留了资源y_3，如果UE又在资源y_2'中利用第一阶SCI预留资源y_3'，则对于周期3中的一次传输，UE预留了多个资源。而且资源y_2被其他UE抢占不一定代表资源y_3也被其他UE抢占，UE在周期3中依然可以利用已经预留的资源y_3传输另一个TB。但这种操作需要引入额外的UE行为，即在资源y_2'中将发送的第一阶SCI的Resource reservation period域设置为0。鉴于上述两种方式均有利有弊，最终会议结论为，取决于UE实现，UE决定是否设置资源y_2'中的第一阶SCI的Resource reservation period域为0。（图5-37中的虚线箭头表示即将发送的第一阶SCI指示，实线箭头表示已经发送的第一阶SCI指示，且省略了一些与本示例不相关的资源预留，比如资源y_1预留周期2中的资源y_2。）

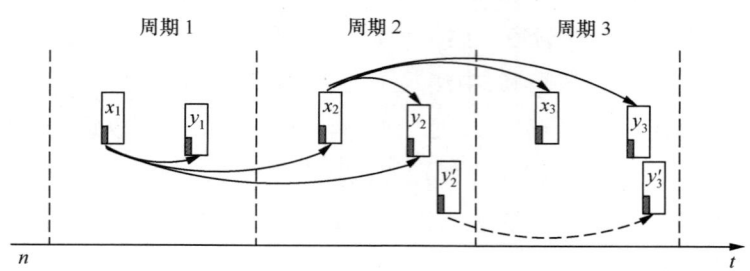

图5-37　周期性预留下的资源抢占机制

5.3.4　低功耗的资源选择算法

在5.3.1节中介绍的资源选择算法，其主要目标是降低资源碰撞的概率、提升通信的可靠性，但其并没有重点考虑功耗方面的因素。例如，在LTE-V2X模式4以及NR-V2X模式2的机制中，UE要持续不断地进行资源侦听，当有业务到来时，UE可以利用过去一段时间内的资源侦听结果对资源选择窗内的资源进行排除。持续侦听带来的功耗在设计算法时并没有被重点关注。然而，当上述LTE或NR中的资源选择机制应用到行人手持终端（Pedestrian User Equipment, PUE）时，如何节能省电就成了必须要解决的问题。为此，在LTE-V2X中，3GPP主要针对手持终端专门设计了低功耗的资源选择模式。并且低功耗资源选择也是R17版本SL增强的主要研究内容之一。在本节中，主要介绍LTE-V2X中节能省电的资源选择机制。

在LTE-V2X中，为了达到节能省电的效果，PUE既可以采取随机选择机制，又可以采取部分侦听机制。随机选择即UE不进行资源侦听，直接在资源选择窗内等概率随机选择资源发送数据。部分侦听机制以LTE-V2X模式4为基础，通过只侦听部分而不是全部子帧内的SCI达到节能省电的效果。

首先，网络可以为发送P2X业务的PUE单独配置资源池，即避免与使用模式4资源选择的UE共用同一资源池，从而避免造成正常使用模式4的UE的通信可靠性降低。上述单独配置的资源池，可以只允许使用该资源池的UE采用随机选择的机制，也可以只允许UE采用部分侦听机制，还可以既允许UE使用随机选择机制又允许UE使用部分侦听机制。在上述最后一种配置下，取决于UE实现，PUE自行选择使用随机选择机制还是部分侦听机制。

当PUE使用随机选择机制时，如果所用资源池不允许使用部分侦听机制，则该PUE每传输一个TB，都要为对应TB进行一次随机选择。如果所用资源池同时允许使用部分侦听机制，则该PUE将进行半持续传输，即每传输一个TB都利用发送的SCI预留下一个周期的资源，下一个周期的资源用于另一个TB的传输，直至资源重选。此外，使用随机选择机制的PUE可以进一步地只发送数据，不接收数据，从而降低功耗。

接下来结合图5-38说明部分侦听资源选择算法[27]。所谓部分侦听，是指PUE根据在资源选择窗内确定的至少Y个子帧及资源池配置中的侦听位图，确定在资源侦听窗内应侦听的子帧。在进行资源选择时，根据上述在侦听窗内确定的子帧中的侦听结果，对上述至少Y个子帧内的资源进行资源排除，从其中未排除的资源里选择资源发送数据。因此，部分侦听相对于LTE-V2X模式4只是限制了资源侦听和资源选择的子帧数量及位置，有关资源排除与资源选择的步骤与模式4基本一致。注意，上述至少Y个子帧的确定取决于UE实现，且Y应大于或等于PUE所用资源池的配置参数minNumCandidate SF。此外，上述侦听位图的长度为10bit。

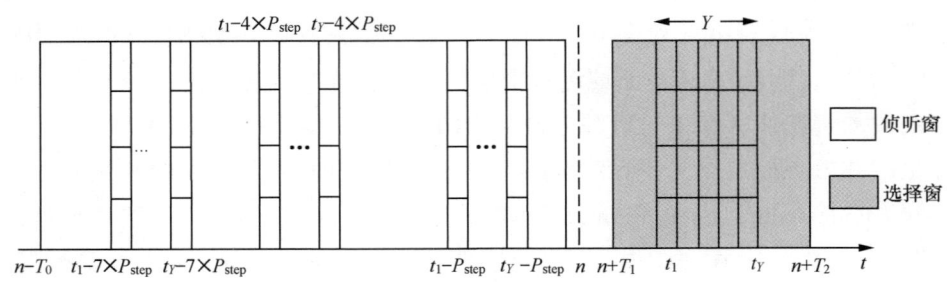

图5-38 部分侦听的资源选择算法

例如在图5-38中,假定PUE在资源选择窗内确定了t_1到t_Y共Y个子帧,其所用资源池配置中的侦听位图为$(1001001000)_2$。因为上述位图中的第1、4、7位为1,所以该PUE应侦听资源侦听窗内t_1-P_{step}到t_Y-P_{step}、$t_1-4\times P_{step}$到$t_Y-4\times P_{step}$和$t_1-7\times P_{step}$到$t_Y-7\times P_{step}$子帧内其他UE发送的SCI。当PUE所用频段为V2X专有频段或PUE复用FDD蜂窝通信系统所用频段,上述P_{step}为100ms,如果该PUE复用TDD蜂窝系统所用的频段,P_{step}应根据上下行子帧的配比进行调整。PUE在n时刻进行资源选择或重选时,将根据上述资源侦听窗内确定的子帧内的侦听结果,排除上述Y个子帧中的资源,并最终从该Y个子帧中的剩余资源中选择资源发送数据。

同时,标准规定PUE不支持LTE-V2X中20ms和50ms的资源预留周期。因此,当网络为发送P2X业务的PUE单独配置资源池时,执行部分侦听算法的PUE所用资源池配置中资源预留周期集合只可能包括100ms、200ms……1000ms共10种取值。一般情况下,资源池配置中的10位侦听位图与资源预留周期的取值集合之间存在对应关系,即如果资源池配置中资源预留周期的取值集合为100ms、400ms、700ms,则侦听位图对应的第1、4、7位为1,即侦听位图为$(1001001000)_2$。

在图5-38中,以V2X专用频谱为例(P_{step}为100ms)简要说明应用上述对应关系的好处。假设PUE将要从t_1到t_Y共Y个子帧中选择传输资源,且PUE所用资源池配置中资源预留周期的取值集合为100ms、400ms、700ms,因此能够以周期性预留的方式预留该Y个子帧中的资源的SCI,只会出现在$t_1-100 \sim t_Y-100$、$t_1-400 \sim t_Y-400$和$t_1-700 \sim t_Y-700$子帧内。如果该PUE所用资源池配置中的侦听位图对应为$(1001001000)_2$,则该PUE恰好侦听这些子帧。通过这种对应关系,PUE可以在保证通信可靠性的前提下尽可能少地进行资源侦听。此外,采用部分侦听算法的PUE也可以进一步不接收数据,只侦听SCI和发送数据,从而达到节能省电的目的。

以上即为LTE-V2X中节能省电机制的相关设计。在NR-V2X的应用场景中包括一些公共安全场景以及商用场景,为此节能省电的问题同样被列为R17 SL增强的研究内容之一,并于3GPP RAN1#102会议开始讨论。为了能够节能省电,有些公司提出重用上述LTE-V2X中随机选择机制和部分侦听机制,但是要针对非周期的业务进行优化。

还有一些公司提出在NR-V2X中引入上下行链路中的非连续接收（Discontinuous Reception，DRX）机制，但要处理好进行数据接收的时间段与进行资源侦听的时间段之间的关系，同时需要UE间的协调避免在接收端处于非接收状态时发送数据的问题。总之，在R17 SL中，将以LTE-V2X节能省电的机制为基础，针对NR-V2X中新引入的一些特征，结合R16上下行链路节能省电的部分设计进行相应的优化，设计适用于NR-V2X的节能省电机制。

5.4 Cross-RAT调度

5.4.1 LTE Uu控制NR SL

由于LTE相比早期NR具有更大规模的部署，因此支持LTE空口Uu控制NR SL一方面可以保障网络对NR SL控制的覆盖范围，另一方面也可以使NR SL在LTE网络中得到更早的商用，推进其产业化进程。

LTE Uu控制NR SL需要明确两个关键问题：一是LTE Uu控制NR SL的哪些内容；二是LTE Uu如何控制NR SL。在标准化过程中，LTE Uu控制NR SL包括通过LTE Uu提供NR SL配置信息以及对NR SL进行资源分配的控制。其中LTE Uu提供SL配置信息，主要是指通过LTE高层RRC信令为NR终端提供SL BWP、资源池等配置信息，可以为模式2下终端自主选择SL传输资源提供基本的配置信息，其标准化影响小，需要考虑设计新的SIB信息携带NR SL配置信息，终端检测LTE Uu上传输的数据信道PDSCH上的内容就可以实现该控制。对于LTE Uu对NR SL进行资源分配，由于在模式2下，终端获取NR SL资源池相关配置信息即可以进行自主的资源选择，因此，支持通过LTE Uu提供NR SL配置信息即可以实现在LTE网络下基于模式2的NR SL通信。而对于模式1，包括动态DCI调度、类型1侧行配置授权（Type-1 SL CG）和类型2侧行配置授权（Type-2 SL CG）3种类型，其中DCI调度和Type-2 SL CG 需要LTE网络设备向终端发送调度SL资源的DCI，如果沿用调度LTE SL模式3的LTE DCI格式5A，则NR SL将受限于LTE SL模式3中网络通过DCI调度PSCCH/PSSCH的传输方式，即网络通过DCI只能为一个数据块最多分配2个传输资源，而且不支持终端向网络反馈SL HARQ结果。而如果在LTE网络设计新的DCI来支持对NR SL的调度，则会带来较大的标准化影响。

综上考虑，标准决定在R16版本中，对于LTE Uu控制NR SL，通过公共或UE专用的RRC信令向终端提供NR SL配置信息以支持NR SL的模式2及控制模式1中的Type-1 SL CG。其中公共RRC信令，即LTE中引入的新SIB信息（SIB28）的内容与NR中的SIB12

的信息一致，包括公共NR SL配置信息sl-ConfigCommonNR，具体内容如表5-6所示。UE专用RRC信令，则在RRC配置信息RRCConnectionReconfiguration中携带NR SL专用配置信息sl-ConfigDedicatedNR，该信令与NR中的信令内容一致，但是该信令的主要目的是针对模式1中Type-1 SL CG和模式2提供相关的配置信息，信令内容中与模式1中Type-2 SL CG、动态调度及重传相关的配置信息，例如向网络上报SL传输的HARQ信息的PUCCH资源信息及配置检测PDCCH相关RNTI信息可以不进行处理。

表5-6 公共NR SL配置信息sl-ConfigCommonNR（SIB28）

sl-ConfigCommonNR域	作用
sl-CSI-Acquisition	如果设置enabled，则表示在SL单播场景下，启用SL CSI上报；否则，不上报
sl-UE-SelectedConfig	指示模式2下自主选择资源的相关配置，包括模式2下发送PSSCH相关配置、触发资源重选的计时、UL和SL发送优先级、是否启用资源抢占等
sl-NR-AnchorCarrierFreqList	指示终端可以获取NR SL配置信息的NR 锚点载频
sl-EUTRA-AnchorCarrierFreqList	指示终端可以获取NR SL配置信息的LTE 锚点载频
sl-FreqInfoList	指示了特定频段上的NR SL公共配置信息，具体包括该频段的位置、该频段上的BWP、子载波间隔、资源池、同步SSB、功率控制等配置信息。目前在R16中仅支持提供一个频段上的一个BWP上的NR SL配置信息
sl-MeasConfigCommon	指示了NR SL测量（如测量RSRP）相关的配置信息
sl-OffsetDFN	取值0~1ms，指示当基于GNSS作为定时参考时的DFN定时
sl-RadioBearerConfigList	指示SL无线承载配置信息
sl-RLC-BearerConfigList	指示SL RLC承载配置信息

5.4.2 NR Uu控制LTE SL

考虑支持NR Uu控制LTE SL的主要原因在于：从产业角度，LTE SL相比NR SL有望得到更早商用并长期存在以提供安全类业务，引入NR SL是作为LTE SL的增强与补充，并非替代LTE SL，两者在未来很长一段时间内都将处于共存状态。支持NR Uu控制LTE SL，可以令LTE SL即使没有LTE覆盖时，也可以获取相关配置信息进行LTE-V2X通信。

对于NR Uu控制LTE SL，终端设备至少支持NR Uu和LTE SL两种空口通信，设备通过NR Uu接收控制LTE SL相关的配置和资源调度信息。同LTE Uu控制NR SL一样，在NR Uu控制LTE SL的标准讨论中，考虑最小化对标准的影响，优先达成共识支持NR Uu通过RRC信令为LTE SL提供公共配置信息以支持LTE-V2X资源分配模式4，其中公共配置信息为NR R16新增的系统信息SIB14，该SIB信息的内容与LTE中定义的系统信息SIB26一致，内容如表5-7所示。后续标准针对如何支持NR Uu控制LTE SL模式3进行了重点讨论。

表5-7 LTE SIB26中提供的LTE SL公共配置信息

SystemInformationBlockType26-r15域（LTE）	作用
v2x-InterFreqInfoList	指示V2X SL传输带宽、最大发送功率、公共资源池配置以及跨载波调度的公共资源池配置信息
cbr-pssch-TxConfigList	指示CBR与优先级之间的映射
v2x-PacketDuplicationConfig	指示数据重复传输相关配置，如是否激活SL重复传输的可靠性阈值、目的节点与关联载频配置
syncFreqList	指示可用于V2X SL通信同步的候选载频
slss-TxMultiFreq	如果设置为"True"，则表示终端可以在多个载频上发送SLSS信息，否则仅在同步载频上发送SLSS信息
v2x-FreqSelectionConfigList	指示终端基于CBR选择用于V2X SL传输载频的配置信息
threshS-RSSI-CBR	指示S-RSSI阈值，用于确定子信道对CBR测量的作用，取值为0～45

在LTE Uu控制下的LTE SL模式3中，终端从eNB发送的DCI（采用DCI格式5A）获取LTE SL模式3的调度资源，包括动态调度及SPS资源的激活与释放。如果支持NR Uu控制LTE SL模式3，且其控制模式同LTE Uu，则需要设计新的DCI，该DCI格式和大小及DCI与调度的PSCCH之间的定时都需要进行标准化。在RAN1第96次会议上的标准化讨论中，为了减少标准化内容及降低引入DCI对终端检测复杂度的提升，确定采用RRC来承载LTE SL的SPS配置授权及基于RRC信令进行激活与释放，不涉及DCI的相关内容。而在后续讨论中，考虑到实质上基于NR Uu控制NR SL和LTE SL在流程上基本一致，承载于PDCCH的DCI比承载于PDSCH的RRC的覆盖范围更广，且基于DCI激活与释放LTE SL的SPS配置授权具有更低的时延，在RAN1第97次会议上，重新确定NR Uu基于DCI激活与释放通过RRC配置的LTE SL SPS资源，不再通过额外的RRC信令来激活与释放。关于调度LTE SL的NR DCI设计，标准化维度包括以下内容。

1. 激活与释放LTE SL SPS生效时间与NR DCI之间的定时

主要有两种考虑：一种是类似于NR DCI与NR PDSCH/PUSCH之间的调度定时$k0/k2$[20]，如果接收NR DCI的时隙为n，将在之后偏移m时隙激活与释放LTE SL SPS生效，如果NR DCI与LTE SL采用不同的SCS，可参考LTE SL的SCS进行对齐；另一种是类似于LTE DCI与LTE SL之间采用的基于固定偏移时长的调度定时，即在接收NR DCI之后，偏移固定时长后再使激活与释放LTE SL SPS生效（参见5.2.1节）。考虑LTE DCI与LTE SL之间为固定时长偏移，即终端在接收LTE DCI之后间隔至少4ms（4个LTE子帧）开始SL传输。

为了降低对LTE SL模块的影响，标准确定采用固定偏移时长模式，在接收NR DCI之后偏移固定时长（$X+m+4$）ms后再使激活与释放LTE SL SPS生效，其中m同LTE DCI调度LTE TDD SL时指示的定时（参见5.2.1节），X为NR Uu模块从接收DCI转换到LTE SL模块之间的处理时间，因为终端的LTE SL和NR Uu可能是两个独立的模块，当终端从NR Uu接收到DCI信令时，需要将该信令传给LTE SL模块，从而需要一个从NR Uu模块传送到LTE SL模块的处理时间。X的取值范围由高层配置，支持{0ms, 0.25ms, 0.5ms, 0.625ms, 0.75ms, 1ms, 1.25ms, 1.5ms, 1.75ms, 2ms, 2.5ms, 3ms, 4ms, 5ms, 6ms, 8ms, 10ms, 20 ms}，具体实际应用中终端向基站上报的能力中携带支持的X最小取值，基站在终端上报的能力中选择8个候选值，具体应用这8个候选值中的哪一个则在DCI中指示，由此，终端接收到DCI调度之后传输LTE SL的时间不早于 $T_{\mathrm{DCI}} - \dfrac{N_{\mathrm{TA}}}{2} \times T_{\mathrm{C}} + X + (4+m)$ 对应的时间，其中 T_{DCI} 为接收DCI的时隙起始时间，$\dfrac{N_{\mathrm{TA}}}{2} \times T_{\mathrm{C}}$ 为根据定时提前量确定的时间。

2. 调度LTE SL的NR DCI指示内容

标准讨论中很快达成共识的一点是在NR DCI中应该包含LTE DCI格式5A的指示信息，与LTE Uu下的LTE模式3保持一致。由于基于NR Uu控制的NR SL模式1，其资源分配相对于LTE SL模式3有进一步的增强考虑，包括支持指示3次传输以及指示反馈SL HARQ检测的PUCCH资源等，最后讨论确定NR Uu调度NR SL模式1和LTE SL模式3采用不同的DCI格式，分别为DCI格式3_0和DCI格式3_1，并且生成DCI格式3_1之后其大小与DCI格式3_0的大小对齐或者在没有配置检测DCI格式3_0时与配置调度Uu的DCI格式大小对齐，以降低终端侧的盲检复杂度。终端采用不同的RNTI检测DCI格式3_0和DCI格式3_1，其中检测DCI格式3_1分配的RNTI为SL-L-CS-RNTI。

结合上述指示LTE SL SPS激活与释放生效时间与NR DCI之间定时，最终调度LTE SL的NR DCI格式3_1内容相比基于SPS调度的RNTI（SL-SPS-V-RNTI）加扰的LTE DCI格式5A，仅增加了一个关于时间偏移参数X的指示信息。

3. 调度LTE SL的NR DCI检测

系统在配置调度LTE SL的NR PDCCH搜索空间时，可以与调度Uu和NR SL的PDCCH搜索空间分开配置。为了不增加终端盲检PDCCH的复杂度，在配置时增加了一些限制条件，包括不增加单载波和跨载波上终端盲检PDCCH开销、用于信道估计的最大非重叠CCE数、最大PDCCH搜索空间数和CORESET数。对于调度LTE SL PDCCH搜索空间具体配置，根据NR SL模式1的讨论，有以下3个候选项。

（1）不允许调度NR Uu的PDCCH与调度LTE SL的PDCCH在同一时隙检测。

（2）如果系统配置在同一时隙内调度NR Uu的PDCCH的检测和调度LTE SL的

PDCCH检测，则要求配置调度LTE SL的PDCCH搜索空间与调度Uu的PDCCH搜索空间相同或者互为子集。

（3）不允许调度LTE SL的PDCCH与调度NR SL的PDCCH在同一时隙检测。

考虑到调度Uu及NR/LTE SL的PDCCH配置时隙的灵活度，最终采取上述候选项（2）。

第6章 侧行链路物理过程

本章介绍侧行通信中的物理层过程，包括侧行HARQ（Hybrid Automatic Repeat reQuest，混合自动重传请求）反馈机制、侧行HARQ反馈信息向网络上报、侧行链路的测量和反馈、侧行链路功率控制以及侧行链路的拥塞控制机制等。

6.1节介绍侧行HARQ反馈机制中单播和多播通信中的侧行HARQ反馈方式、侧行反馈资源的配置以及确定方法。在模式1资源调度方式中，发送端接收到侧行HARQ反馈信息后，需要将该侧行HARQ反馈信息发送给网络。6.2节介绍终端向网络上报侧行反馈信息的优先级处理、定时机制以及HARQ码本设计等。在NR-V2X中支持侧行链路的测量和反馈。6.3节介绍侧行链路的测量和反馈机制，如接收端进行CQI、RI测量并反馈给发送端以辅助发送端进行MCS调整；测量侧行RSRP并反馈以辅助发送端进行功率控制；终端根据CBR/CR的测量结果进行拥塞控制。6.4节介绍侧行功率控制机制，包括基于下行链路的功率控制机制以及基于侧行链路的功率控制机制。6.5节介绍各种类型的链路之间发生传输冲突时的冲突解决机制。6.6节介绍侧行通信系统中的拥塞控制机制。

6.1 侧行HARQ反馈

在LTE-V2X中，侧行链路主要用于传输基本安全信息（Basic Safety Messages，BSM），由于这类业务的数据需要周围所有的车辆都能接收到，因此，终端通过广播的方式发送数据。终端进行侧行传输的一个主要问题就是半双工，即终端在发送数据的同时不能接收数据；或者反之，即终端在接收数据的同时不能发送数据。为了降低半双工的影响，在LTE-V2X中采用盲重传的方式发送数据。盲重传即不需要接收端进行反馈，发送端自动进行数据的重传。由于采用盲重传，相同的数据在不同的子帧上传输，终端有机会接收其他终端发送的侧行数据，降低半双工的影响。另外，盲重传还可以提高数据传输的可靠性。

如图6-1所示，UE1和UE2在子帧1进行数据传输，由于半双工的影响，UE1不能接收UE2发送的侧行数据，UE2也无法接收UE1发送的侧行数据。由于LTE-V2X侧行链路上传输的是基本安全信息，如果接收不到周围其他终端发送的侧行数据，可能会导致安全隐患。如果UE1和UE2都进行盲重传，如UE1在子帧1和子帧5传输，UE2在子帧1和子帧7传输，虽然在子帧1中UE1和UE2无法接收对方的数据，但是在子帧5、子帧7中，UE1和UE2有机会接收对方的数据，从而可以消除半双工的影响。同理，UE2和UE3在子帧7存在半双工问题，但是它们在子帧1和子帧3有机会接收对方的数据。

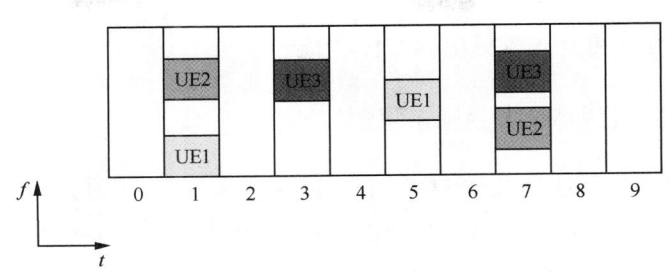

图6-1 半双工示意图

虽然采用更多次数的重传可以更加有效地降低半双工的影响以及提高传输可靠性，但是更多次的传输也会导致系统拥塞，当终端数量较多时，不同终端选取相同资源的概率也会增大，导致终端之间的干扰增加。另外，考虑到LTE-V2X主要针对辅助驾驶，对传输可靠性的要求并不是非常高（80%～95%）[16]，因此，在LTE-V2X中，只支持一个数据块（Transmission Block，TB）进行1次或2次传输。而NR-V2X系统主要针对自动驾驶，对数据传输可靠性提出了更高的要求，如需要传输可靠性达到99.99%[17]。此时，采用盲重传已经很难满足如此高的可靠性需求。这是因为为了达到如此高的可靠性，需要进行多次重传，而多次重传会导致系统拥塞程度加大，增大传输冲突的概率，进而降低传输的可靠性。并且由于盲重传没有接收端的反馈，发送端虽然采用多次数据传输，但还是无法保证接收端已经正确接收到该数据。如果只是通过提高传输次数的方式提高传输的可靠性，也会导致系统资源利用率降低。

为了保证传输的可靠性，在NR-V2X中引入了侧行HARQ反馈机制。如图6-2所示，接收端UE（UE2）检测发送端UE（UE1）发送的PSCCH/PSSCH，根据检测结果向发送端UE发送HARQ反馈信息，该HARQ反馈信息承载在PSFCH信道中，发送端UE根据PSFCH的反馈信息决定是否需要向接收端UE重传该数据。发送端UE如果接收到NACK反馈信息，则会进行数据重传，直至接收到ACK反馈信息或者达到最大传输次数，从而可以保证数据传输的可靠性。

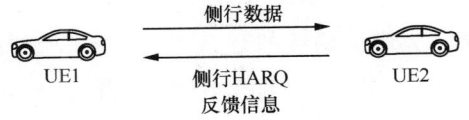

图6-2 侧行HARQ反馈示意图

6.1.1 侧行HARQ反馈的激活（Enabled）或禁用（Disabled）

如前所述，侧行HARQ反馈可以提高侧行传输的可靠性，因此，如果待传输数据的可靠性要求高，则发送端可以激活侧行HARQ反馈来保证接收的可靠性。在NR-V2X

中，可以通过如下方式激活或禁用侧行HARQ反馈。

1. 通过资源池配置信息激活或禁用侧行HARQ反馈

侧行HARQ反馈信息通过PSFCH信道承载，而在一个时隙中，PSFCH通常与PSCCH/PSSCH通过TDM的方式复用，如果PSFCH和PSCCH/PSSCH通过FDM方式频分复用，会导致AGC出现问题。

如图6-3所示，UE2的PSCCH/PSSCH和UE3的PSFCH信道在一个时隙内采用TDM复用，符号10用作GP，符号11用作AGC符号，两者和UE1的PSCCH/PSSCH采用FDM复用，则在符号0~9中，UE2和UE1同时发送数据，接收端在符号0进行AGC调整，可以正常接收后续数据。但是在符号10，由于UE2停止发送数据，只有UE1发送数据，此时需要重新进行AGC调整，在符号11中，UE3和UE1同时发送数据，又需要重新进行AGC调整，会导致接收端需要频繁地进行AGC调整，因此，在NR-V2X系统中，不支持PSFCH和PSSCH采用FDM方式复用。

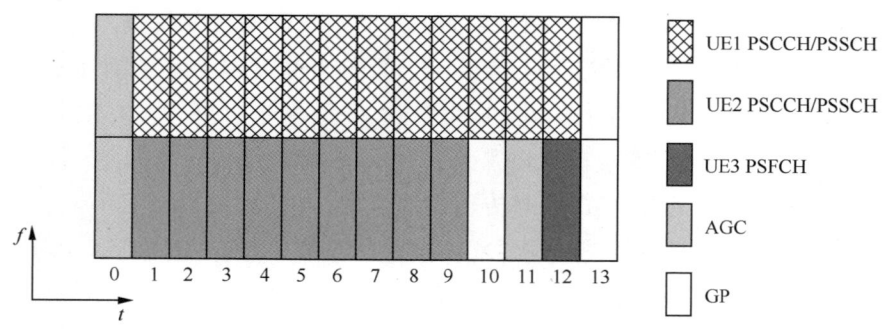

图6-3　PSCCH/PSSCH和PSFCH频分复用

如果资源池中配置了PSFCH传输资源，则一个时隙中有3个时域符号用于PSFCH，其中PSFCH信道占据1个时域符号，在该时域符号之前存在另外一个时域符号用于PSFCH接收端的AGC调整，并且在AGC时域符号和PSSCH信道之间需要一个用作GP的符号，因此，PSFCH会大大增加系统的开销。如果不配置PSFCH资源，对于常规CP的时隙，可用于侧行数据传输的时域符号个数最多可以达到12（去掉第一个用作AGC的符号以及最后一个用作GP的符号），如果配置了PSFCH资源，则可用于传输侧行数据的符号数最多仅为9，一个时隙内可用于PSSCH发送的资源减少了25%。因此，在NR-V2X中支持通过资源池配置信息激活或禁用侧行HARQ反馈机制，在提高资源利用率与传输可靠性之间进行选择，满足不同场景的需求。

在资源池配置信息中包括PSFCH传输资源的配置，PSFCH时域周期参数可配置为N个时隙，其中N的取值为$\{0, 1, 2, 4\}$，即每N个时隙中包括一个PSFCH的时隙，当$N=0$时，表示该资源池中没有PSFCH时隙，即在该资源池中的侧行传输不支持侧行HARQ反馈。

侧行传输的资源池可以是预配置或网络配置的，当终端位于网络覆盖范围内时，网络通过SIB或RRC信令为终端配置资源池（包括模式1资源池和模式2资源池），网络可以决定在配置的资源池中是否支持侧行HARQ反馈。

2. 发送端通过SCI指示

如果资源池中配置了PSFCH传输资源，则终端可以通过SCI动态指示当前数据传输是否激活侧行反馈。具体地，该指示信息承载在第二阶SCI中[31]。需要说明的是，当资源池配置参数中配置了PSFCH传输资源，只是表示该资源池可以支持侧行HARQ反馈，发送端依然可以通过SCI中的指示信息指示接收端是否需要进行HARQ反馈。当资源池配置参数中没有配置PSFCH传输资源（PSFCH周期参数$N=0$）时，该资源池不支持侧行HARQ反馈，发送端无须通过SCI指示接收端进行侧行HARQ反馈。

发送端通过SCI激活或禁用侧行HARQ反馈使得发送端可以根据当前待传输数据的特征灵活选取是否需要接收端进行HARQ反馈。如果待传输数据对可靠性要求高，则发送端可以使能侧行HARQ反馈保证接收的可靠性；如果待传输数据对时延要求高，则发送端可以禁用侧行HARQ反馈，而采用盲重传的方式尽快地将数据发送出去。

如图6-4所示，资源池配置信息中配置PSFCH的周期$N=2$，PSSCH与其对应的PSFCH之间的时间间隔是2个时隙，因此PSFCH与PSSCH的对应关系如图中所示，即时隙0和时隙1中的PSSCH对应的PSFCH在时隙3反馈，时隙2和时隙3中的PSSCH对应的PSFCH在时隙5反馈，以此类推。如果终端待发送数据的时延要求高，如时延要小于4ms，终端激活侧行HARQ反馈，当终端在时隙0进行首次传输时，在时隙3才能接收到接收端的反馈信息，如果接收端反馈NACK，发送端如果在时隙4进行重传，就已经超过时延要求了，因此发送端无法再进行重传。如果发送端禁用侧行HARQ反馈，采用盲重传的方式，则发送端可以在时隙0、时隙1、时隙2、时隙3分别进行传输，从而可以在满足时延要求的情况下最大限度地提高接收端的可靠性。

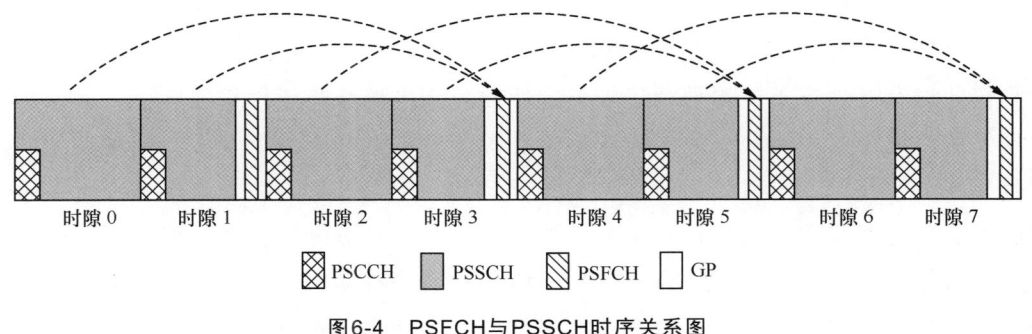

图6-4　PSFCH与PSSCH时序关系图

6.1.2 多播传输中的两种侧行HARQ反馈方式

在NR-V2X中支持3种侧行数据的传输方式：单播、多播和广播。侧行HARQ反馈只适用于单播和多播，不适用于广播。在广播传输方式中，和LTE-V2X相同，发送端UE通常采用盲重传的方式多次传输侧行数据以提高传输的可靠性。

在单播传输方式中，发送端和接收端建立单播通信的链路后，发送端向接收端发送侧行数据，接收端根据检测结果向发送端发送PSFCH，在PSFCH中承载ACK或NACK反馈信息，如图6-2所示。

在多播传输方式中，引入了两种侧行HARQ反馈方式，即反馈ACK或NACK的侧行HARQ反馈方式（以下称为第一种多播侧行反馈方式）和只反馈NACK的侧行HARQ反馈方式（以下称为第二种多播侧行反馈方式），发送端在SCI中指示侧行HARQ反馈方式。

在NR-V2X的多播通信中，引入两种侧行反馈方式主要是考虑到不同的通信场景。第一种多播侧行反馈方式通常适用于基于连接（Connection-based）的多播通信中。在基于连接的多播通信中，一组UE构成一个通信组，当发送端发送侧行数据时，该通信组内的其他终端接收该侧行数据并反馈侧行HARQ信息，如果正确接收，则反馈ACK；否则，反馈NACK，组内的不同接收端需要使用不同的PSFCH资源进行侧行HARQ反馈。这种侧行反馈方式适用于通信组内具有确定的终端个数，发送端可以确定需要检测哪些终端，以及需要检测多少个侧行反馈信道，进而判断组内哪些终端正确接收，哪些终端没有正确接收的侧行反馈。

如图6-5所示，UE1、UE2、UE3和UE4构成一个通信组，各个终端在该通信组内的编号分别为ID#0、ID#1、ID#2和ID#3，该组内编号用于确定侧行反馈资源（参见6.1.5节）。当UE1以多播通信的方式发送侧行数据时，该通信组内的其他终端，即UE2、UE3和UE4，都是该侧行数据的接收端，各个接收端根据接收PSCCH/PSSCH的结果进行侧行反馈，如果正确接收PSCCH和PSSCH，则反馈ACK；如果正确接收PSCCH，但是没有正确接收PSSCH，则反馈NACK；如果没有正确接收PSCCH，接收端无法检测PSSCH，因此不会进行反馈，即认为是非连续传输（Discontinuous Transmission，DTX）。

在讨论NR-V2X的侧行反馈过程中，有公司提出了如下的一种场景[37]：终端发送的侧行数据有些情况下只需要保证被一定距离范围内的终端正确接收即可，而该距离范围外的终端由于相距较远，是否正确接收该侧行数据并不是很重要。一种典型的场景就是在十字路口，如图6-6所示，当终端运动到十字路口时，只需要保证在十字路口附近的车辆正确接收终端的信息（如位置、速度、转向）即可，而其他终端是否接收该侧行数据并不重要。这种场景下，由于终端是动态移动的，在十字路口的终端也是动态变化的，这些终端并不会建立一个通信组，因此是一种基于非连接（Connection-less）的多播通信。

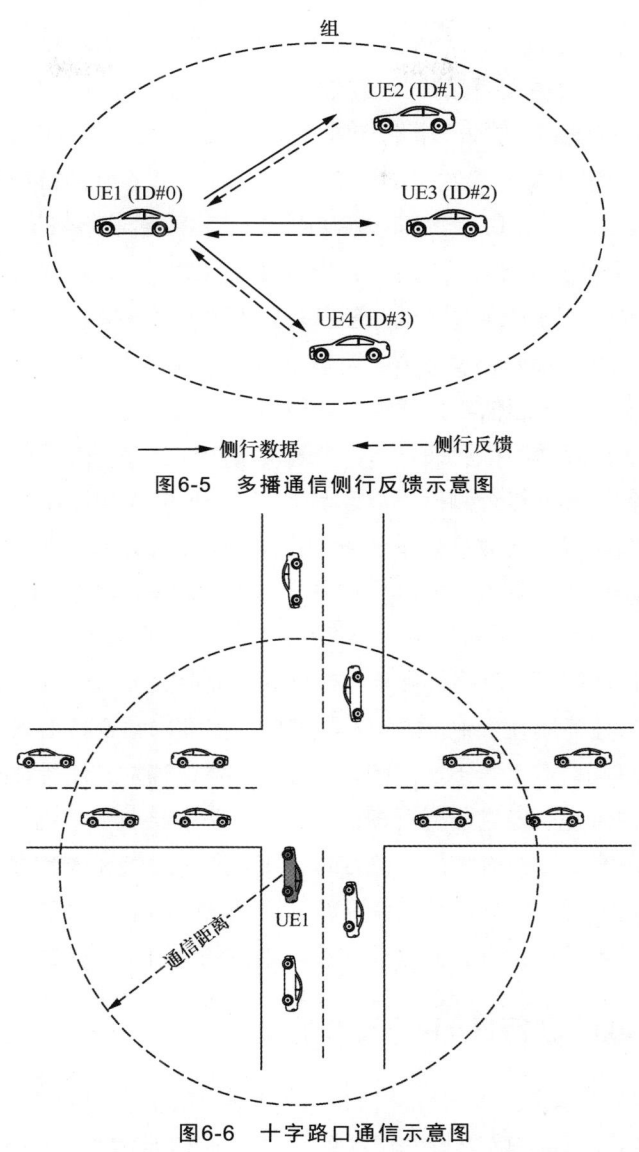

图6-5 多播通信侧行反馈示意图

图6-6 十字路口通信示意图

在上述场景中,由于没有建立通信组,因此,发送端无法确知有多少个终端需要进行侧行反馈。在NR-V2X系统中,针对这种场景引入了一种侧行反馈方式,即第二种多播侧行反馈方式。在第二种多播侧行反馈方式中,只需要反馈NACK,而不需要反馈ACK。第二种多播侧行反馈方式通常与通信距离需求(Communication Range Requirement)结合,即如果通信距离需求范围内的终端没有正确接收侧行数据,发送NACK;如果正确接收了侧行数据,不发送侧行反馈信息,通信距离需求外的终端不需要发送侧行反馈信息。但是在通信距离需求内的终端的数量也是不确定的,很难为每个终端分配不同的侧行反馈传输资源,此时,多个终端采用共享传输资源的方式进行侧行反馈。当接收端采用共享传输资源的方式进行侧行反馈时,发送端无法确定哪个终端正确接收了数据,哪个终端没有正确接收。在这种情况下，发送端只需要检测是否在该传输资源上存在NACK反馈，即可确定是否有终端没有正确接收数据，从而可以决定是否需要进行重传。

第二种多播侧行反馈方式的一个缺点是无法区分ACK状态和DTX状态。当通信距离需求范围内的终端检测到发送端发送的PSCCH失败时，也就无法检测其对应的PSSCH，因此，不会发送侧行反馈信息，此时即为DTX状态；由于接收端没有反馈，因此，发送端检测是否有终端反馈了NACK，如果没有检测到NACK，会认为终端正确接收，即ACK状态，因此发送端无法区分接收端是已经正确接收了数据还是处于DTX状态。

如上所述，第二种多播侧行反馈方式可以与通信距离需求相结合，但是在NR-V2X标准讨论的后期，也支持不与通信距离需求结合使用的情况。例如，对于基于连接的多播通信，也可以采用第二种多播侧行反馈方式。当采用第一种多播侧行反馈方式时，组内的每个终端使用不同的传输资源进行侧行反馈，因此，第一种多播侧行反馈方式中所需的侧行反馈资源的数量与组内终端的数量相关，而可用的侧行反馈资源的数量取决于资源池配置信息中配置的PSFCH传输资源参数（参见5.1.2节）以及发送端发送的PSSCH占用的传输资源（参见6.1.5节），当组内终端进行侧行反馈所需的侧行反馈资源数量超过可用的侧行反馈资源数量时，无法使用第一种多播侧行反馈方式，此时，可以采用第二种多播侧行反馈方式。但是，在第二种多播方式中，如果不与通信距离需求结合，接收端如何确定是否需要发送侧行反馈信息呢？对于基于连接的多播通信，发送端发送侧行数据时，该组内的接收端根据接收状态决定是否发送侧行反馈信息，如果正确接收了数据，就不反馈；否则，反馈NACK。由于是第二种多播侧行反馈方式，所有需要反馈NACK的终端共享侧行反馈传输资源，因此，只需要一个侧行反馈资源即可，可以避免第一种多播侧行反馈方式中所需侧行反馈资源数量不足的情况，并且能够获取相应的侧行反馈信息。

6.1.3　基于区域的侧行HARQ反馈方式

在第二种多播侧行反馈方式中，接收端可以基于通信距离需求确定是否需要进行侧行反馈，但是接收端如何确定与发送端的距离在通信距离需求范围内呢？对于车载终端，每个终端都可以获知自己的位置信息，如根据GNSS（Global Navigation Safellife System，全球导航卫星系统）确定终端当前的位置信息。如果发送端将自己的位置信息发给接收端，接收端即可确定与发送端的距离是否在通信距离需求范围内。但是如果发送端直接将从GNSS获得的位置信息发送给接收端，会导致信令开销太大。另外，该位置信息只能通过控制信令承载，不能通过PSSCH承载，因为接收端如果不能正确检测PSSCH，就无法获知该位置信息，也就无法确定是否在通信距离需求范围内。为了降低信令开销，NR-V2X借鉴了LTE-V2X中引入的区域（Zone）的方式（参见5.1.4节）来大致估算发送端与接收端之间的距离。发送端根据自身位置信息确定所属的区域，在控制信令中将该区域所对应的区域ID发送给接收端，接收端根据当前位置以及接收到的区域ID确定与发送端之间的距离。

LTE-V2X中可以分别配置区域的长和宽，在NR-V2X中，区域是正方形的区域，区域的长度可配置为{5, 10, 20, 30, 40, 50}m，根据下面的公式计算区域ID[22]。

$$x_1 = \text{Floor}\ (x\ /\ L)\ \text{Mod}\ 64;$$
$$y_1 = \text{Floor}\ (y\ /\ L)\ \text{Mod}\ 64;$$
$$\text{Zone\_id} = y_1 \times 64 + x_1.$$

其中：

L表示区域的长度；

x表示UE当前位置对应的经度；

y表示UE当前位置对应的纬度；

在SCI中，用12bit承载区域ID信息[31]可以表示4096个区域。该4096个区域在所有地理范围内周期重复，从而可以确定每个位置所对应的区域ID。SCI中携带的一个区域ID对应地理位置上的多个区域，接收端如何确定发送端属于哪个区域？NR-V2X中规定接收端将接收到的区域ID所对应的多个区域中距离接收端最近的区域作为发送端所在的区域。

如图6-7所示，图中以9个区域为例进行说明，对于位于区域ID=7内的接收端，当其接收到的SCI中携带的区域ID=0时，该发送端可能位于周围的多个区域ID=0的区域内，由于接收端距离图中左上角区域ID=0的区域最近，因此接收端会假设发送端位于该区域内，并根据该区域确定与发送端的距离。

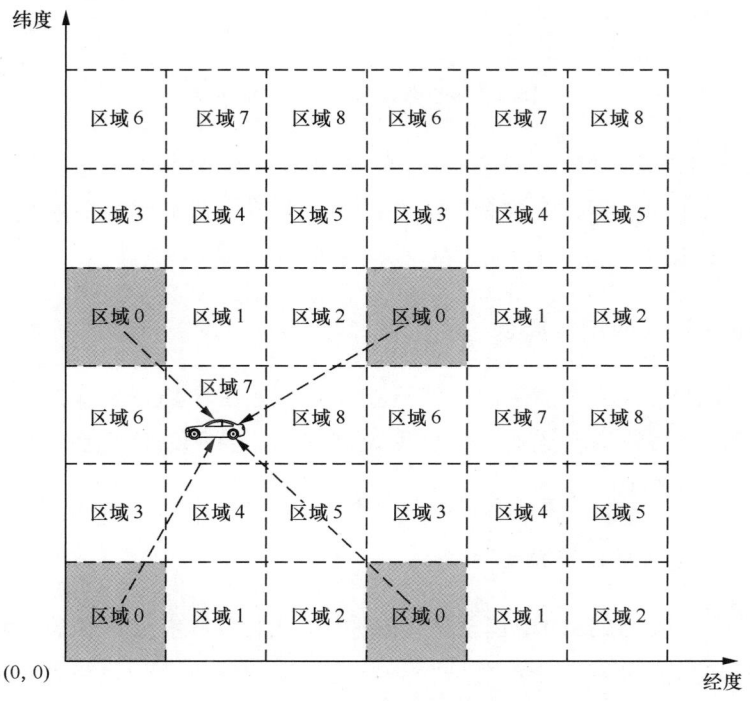

图6-7　接收端确定发送端所属的区域

接收端根据当前的位置信息与接收到的SCI中的区域ID信息确定与发送端的距离。由于SCI中只指示了区域ID信息，而不是具体的位置信息，因此，接收端无法根据该区域ID信息确定发送端在该区域中的具体位置。NR-V2X中规定，接收端根据其当前的位置信息与接收到的SCI中携带的区域ID信息所对应的该区域的中心位置确定与发送端的距离。

如图6-8所示，发送端的位置为(x_1, y_1)，位于区域M，该区域的中心位置为(x_m, y_m)，接收端的位置为(x_2, y_2)，位于区域N，该区域的中心位置为(x_n, y_n)。当发送端向接收端发送侧行数据时，在SCI中携带区域ID信息为M，接收端根据该区域ID信息确定与发送端的距离。由于不知道发送端的具体位置(x_1, y_1)，因此，接收端根据其当前位置(x_2, y_2)与发送端所属的区域M所对应的中心位置(x_m, y_m)确定与发送端的距离。

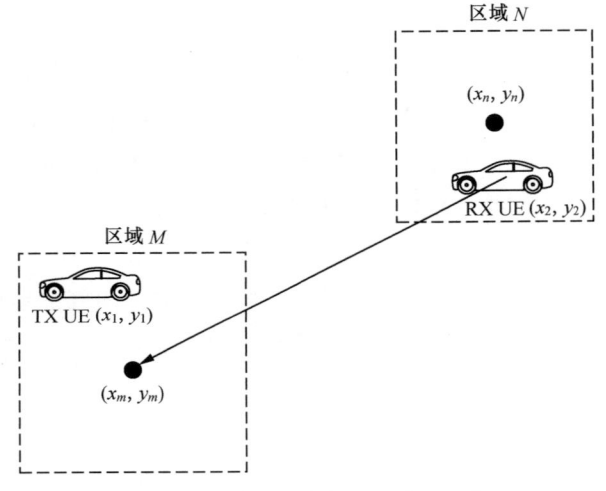

图6-8 接收端确定与发送端的距离

在基于区域的侧行反馈方式中，在SCI中携带区域ID主要用于计算发送端和接收端之间的距离，终端根据GNSS确定当前的位置（接收端）或当前所属的区域（发送端），但是终端如果无法获取GNSS信号，该如何处理呢？

1. 发送端无法获取位置信息

当发送端无法获取位置信息时，发送端无法使用基于通信距离需求的第二种多播侧行反馈方式，因为如果发送端无法获取位置信息，就无法确定当前所属的区域，在SCI中无法指示区域ID。

2. 接收端无法获取位置信息

如果接收端接收到的SCI中包括区域ID和通信距离需求指示信息，则接收端需要计算与发送端之间的距离，并判断是否需要进行侧行反馈。但是当接收端无法获取位置信息时，接收端就无法计算与发送端之间的距离。NR-V2X中规定如果接收端无法获取位置信息,并且检测PSSCH失败,则反馈NACK;否则,不反馈NACK。

上述方式虽然可以解决接收端进行侧行反馈的问题,但是有可能会导致如下问题。如图6-9所示,发送端TX UE发送侧行数据,并且指示采用基于通信距离需求的第二种多播侧行反馈方式,UE1、UE2、UE3可以获取各自的位置信息,UE4无法获取位置信息。当UE1、UE2接收到TX UE发送的SCI时,它们根据各自的位置以及SCI中携带的区域ID确定与TX UE的距离小于通信距离需求,因此根据PSSCH的检测状况决定是否需要反馈NACK;UE3确定与TX UE的距离大于通信距离需求,因此不会发送侧行反馈;UE4无法获知自己的位置,如果检测TX UE发送的PSSCH失败,则反馈NACK,即使UE4与TX UE的实际距离已经大于通信距离需求。当UE4距离TX UE很远时,有可能成功检测TX UE发送的PSCCH,但是不能成功检测PSSCH,这是因为PSCCH采用的调制方式和码率通常比PSSCH要低,因此覆盖范围更大。此时UE4由于无法获知位置信息,会一直反馈NACK,而TX UE检测到有终端反馈NACK,但无法判断是哪个终端发送的,无法判断有多少个终端发送了NACK,也无法判断发送NACK的终端是否位于通信距离需求内,因此TX UE通常会进行重传以提高传输的可靠性。即使通信距离需求范围内的终端都已经正确接收该数据,但是通信距离需求范围外的UE4由于无法获知位置信息一直反馈NACK,这就会导致TX UE多次重传该数据,降低了系统的传输效率。

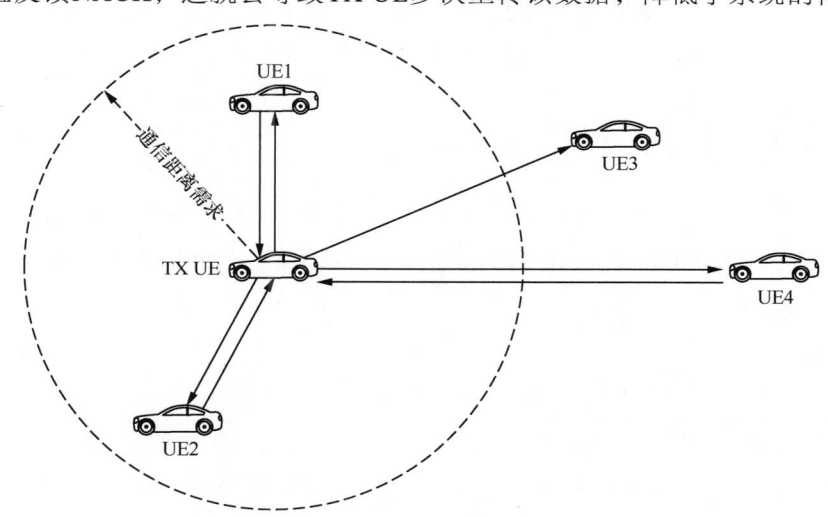

图6-9 接收端无法获取位置信息时的侧行反馈

6.1.4 侧行反馈资源的配置

1. 时域资源配置

如图3-4所示,如果一个时隙中包括PSFCH,则PSFCH资源占据3个OFDM符号,即PSFCH所在的符号、用于PSFCH接收的AGC符号及PSFCH与PSSCH之间的GP符号。由此可见，如果时隙中包括了PSFCH资源，会增加系统的开销，降低PSSCH的资源利用率。为了能够在资源利用率和反馈时延之间获得良好的折中，NR-V2X中支持配置PSFCH的周期N，$N=\{0,1,2,4\}$个时隙，即每N个时隙中包括1个PSFCH的时隙，并且该时隙对应N个时隙中的PSSCH的侧行反馈。

如图6-10所示，PSFCH的周期$N=4$，即每4个时隙中包括1个PSFCH时隙，PSSCH时隙和对应的PSFCH时隙之间的时间间隔为2个时隙，则时隙2、3、4、5中发送的PSSCH，其对应的PSFCH都在时隙7中传输，即一个PSFCH时隙对应4个PSSCH时隙。

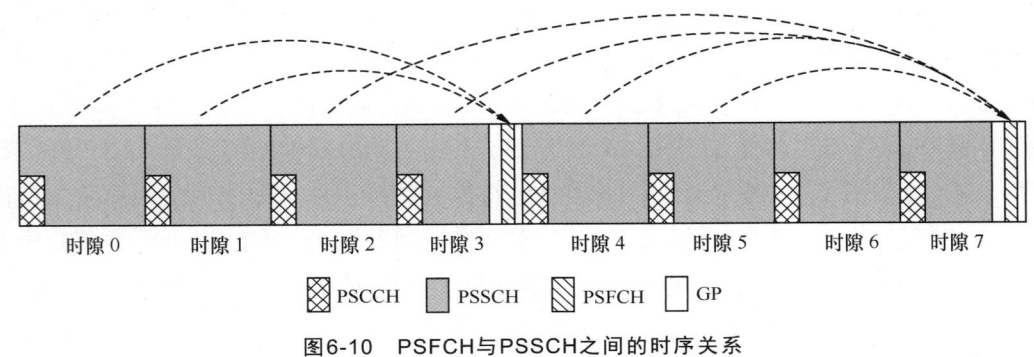

图6-10 PSFCH与PSSCH之间的时序关系

2. 频域资源配置

NR-V2X中的PSFCH在频域占据1个PRB，通过序列的形式承载侧行反馈信息，类似于NR系统中的PUCCH格式0。在PSFCH的时隙中，可用于PSFCH的频域资源也是预配置的或网络配置的，在标准制定过程中，主要讨论了两种PSFCH频域资源的配置方式，如图6-11所示。

方式1：配置用于PSFCH传输的起始PRB位置和PRB的个数

类似于在资源池配置中PSSCH频域资源的指示方式，该方式将一组连续的PRB分配给PSFCH，无法分配离散的PRB。优点是与PSSCH频域资源指示方式相同，信令开销低。

方式2：通过比特位图指示用于PSFCH传输的PRB

该方式支持最大灵活度地配置PSFCH的频域资源，缺点是每个PRB需要1bit指示是否可用于PSFCH，如果系统带宽包括N个PRB，则需要长度为N比特位图指示PSFCH可用的PRB，信令开销大。

由于该配置信息是通过RRC信令承载的，信令开销并不是严重的问题，因此，在NR-V2X中采用图6-11所示的方式2指示PSFCH的频域资源。

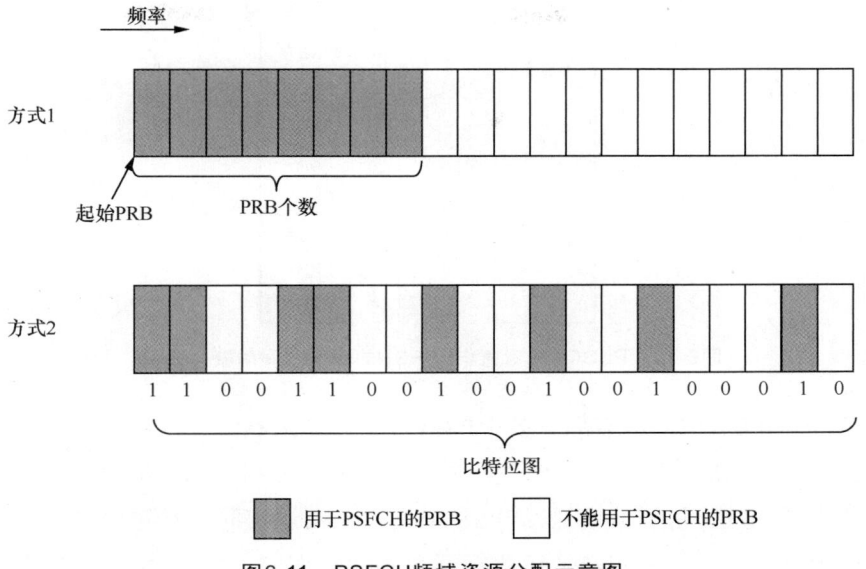

图6-11　PSFCH频域资源分配示意图

在NR-V2X中，一个资源池可以同时用于单播、多播和广播的传输方式。对于广播，不需要侧行反馈；对于单播，接收端反馈侧行ACK或NACK，ACK或NACK对应不同的序列，即1个PSSCH传输对应2个PSFCH传输资源，分别用于ACK和NACK反馈；对于第一种多播侧行反馈方式，不同的接收端需要不同的侧行反馈资源，因此，此种侧行反馈方式中，对于1个PSSCH传输，所需的侧行反馈资源的数量与通信组内接收端的数量成正比；对于第二种多播侧行反馈方式，所有需要反馈NACK的终端共享同一侧行反馈资源，即1个PSSCH传输对应1个PSFCH传输资源。NR-V2X中一个PSSCH的最小频域粒度为1个子信道，为了使得在第一种多播侧行反馈方式中多个接收端能够反馈侧行反馈信息，NR-V2X中支持为一个PSSCH子信道配置多个与之相对应的PSFCH传输资源。

图6-12示出了1个时隙中的2个PSSCH子信道，网络为每个PSSCH子信道配置与其对应的4个PSFCH的PRB，当发送端使用子信道0进行单播传输时，接收端从PRB0～PRB3中确定一个侧行反馈资源进行侧行反馈（具体确定侧行反馈资源的过程参见6.1.5节）；当发送端使用子信道0进行多播传输，并且指示使用第二类侧行反馈方式时，所有需要反馈NACK的接收端都使用相同的侧行反馈资源进行侧行反馈，该侧行反馈资源从PRB0～PRB3中确定；当发送端只用子信道1进行多播传输，并且指示使用第一类侧行反馈方式时，组内的其他终端在PRB4～PRB7中确定侧行反馈资源进行侧行反馈。

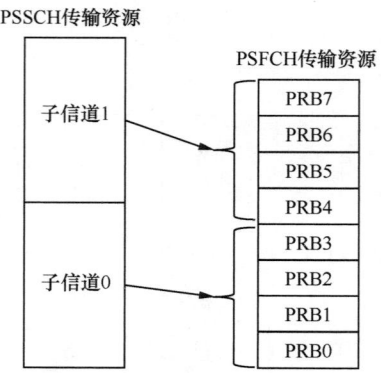

图6-12　PSSCH子信道与PSFCH的PRB之间的映射关系

网络为一个PSSCH子信道配置多个PSFCH传输资源不但可以用于支持第一类多播反馈方式，而且有利于降低PSFCH之间的带内泄漏的影响。如图6-12所示，当两个发送端分别使用子信道0和子信道1发送PSSCH进行单播通信时，其对应的接收端分别在PRB0~PRB3和PRB4~PRB7中确定侧行反馈资源。例如，两个接收端分别使用PRB0和PRB4进行侧行反馈，此时，两个接收端发送的PSFCH之间相隔3个PRB。如果网络为一个PSSCH子信道配置一个传输PSFCH的PRB，例如，PSFCH传输资源的PRB0对应PSSCH子信道0，PSFCH传输资源的PRB1对应PSSCH子信道1，此时两个接收端分别使用PRB0和PRB1进行侧行反馈，两个接收端发送的PSFCH之间相隔1个PRB，由于带内泄漏导致的两个PSFCH之间的干扰相对于相隔3个PRB的情况更严重。

资源池配置信息中配置用于传输PSFCH的PRB集合，包括的PRB个数表示为$M_{PRB,set}^{PSFCH}$，N_{PSSCH}^{PSFCH}表示一个PSFCH所关联的PSSCH的时隙，即PSFCH的周期，N_{subch}表示资源池的子信道个数。NR-V2X中规定$M_{PRB,set}^{PSFCH}$能够被$N_{subch} \cdot N_{PSSCH}^{PSFCH}$整除，如果$M_{PRB,set}^{PSFCH}$不能被$N_{subch} \cdot N_{PSSCH}^{PSFCH}$整除，就可能存在下面的两种情况。

（1）余数部分不用于传输PSFCH，此时配置的多余的PSFCH的PRB是无用的PRB；

（2）余数部分用于传输PSFCH，需要将余数部分的PRB与PSSCH子信道相关联，即出现不同的PSSCH子信道对应的PSFCH的PRB个数不同，此时会额外增加标准化的复杂度。

可以看出，对于不能整除的情况只会带来标准化的复杂度，不会带来性能增益。考虑到上述参数$M_{PRB,set}^{PSFCH}$、N_{PSSCH}^{PSFCH}、N_{subch}都是资源池配置参数，通过预配置信息或网络配置信息配置资源池时，完全可以避免不能整除的情况，因此，在NR-V2X中规定$M_{PRB,set}^{PSFCH}$能够被$N_{subch} \cdot N_{PSSCH}^{PSFCH}$整除。

3. 码域资源配置

由于PSFCH采用序列的方式承载侧行反馈信息，因此，NR-V2X中支持多个PSFCH之间的FDM和CDM，FDM即通过配置多个PRB作为候选PSFCH传输资源，

CDM即配置循环移位对（Cyclic Shift Pair，CS pair），详见4.1.3节。由于一个PSFCH在频域占据一个PRB，即对应的序列长度为12，最大支持的循环移位个数为12。考虑到ACK和NACK对应不同的序列（循环移位间隔为6），因此，能够支持的最大循环移位对的个数为6，每个循环移位对中的低循环移位值对应NACK，高循环移位值对应ACK。在资源池配置信息中通过参数 N_{CS}^{PSFCH} 配置支持的循环移位对的个数，在NR-V2X系统中，$N_{CS}^{PSFCH} \in \{1,2,3,6\}$，根据表5-2确定不同循环移位对配置时对应的循环移位集合。

6.1.5 侧行反馈资源的确定

如上节所述，在资源池配置信息中配置了PSFCH的传输资源集合，当接收端接收到PSCCH/PSSCH时，如何在该传输资源集合中确定相应的侧行反馈资源呢？在NR-V2X中，接收端根据如下信息确定侧行反馈资源：PSSCH所在的时隙和子信道、发送端的ID信息、接收端的ID信息。具体地，根据资源池配置信息中的PSFCH周期参数以及可用于PSSCH传输的子信道个数将PSFCH的传输资源集合划分多个子集合，每个子集合中的PSFCH传输资源对应于一个时隙、一个子信道的PSSCH传输，在该子集合中再根据发送端的ID信息和接收端的ID信息确定具体的PSFCH传输资源[19]。

对于一个资源池，如果PSFCH周期用参数 N_{PSSCH}^{PSFCH} 表示，资源池包括 N_{subch} 个子信道，配置的可用于PSFCH传输的PRB个数为 $M_{PRB,set}^{PSFCH}$，则一个时隙中一个PSSCH子信道对应的PSFCH的PRB个数为 $M_{subch,slot}^{PSFCH} = M_{PRB,set}^{PSFCH} / (N_{subch} \cdot N_{PSSCH}^{PSFCH})$，对于第i个时隙第j个子信道发送的PSSCH，其对应的PSFCH的可用PRB为 $\left[(i+j \cdot N_{PSSCH}^{PSFCH}) \cdot M_{subch,slot}^{PSFCH}, (i+1+j \cdot N_{PSSCH}^{PSFCH}) \cdot M_{subch,slot}^{PSFCH} - 1 \right]$，这些PRB构成一个PSFCH传输资源子集合。如图6-13所示，PSFCH的周期为4个时隙，即一个PSFCH时隙对应4个PSSCH时隙，资源池中包括2个子信道，资源池配置信息配置16个PRB用于传输PSFCH，因此，一个子信道对应2个PSFCH的PRB，PSSCH的子信道到PSFCH的PRB之间的对应关系按照先时域再频域的顺序对应，如图6-13所示，时隙0的子信道0对应PSFCH的PRB0和PRB1，时隙1的子信道0对应PSFCH的PRB2和PRB3，以此类推。

在一个PRB中能够CDM的PSFCH的个数由参数 N_{CS}^{PSFCH} 确定。其中，一个循环移位对表示用于承载ACK或NACK的一对循环移位值，或在NACK-only反馈情况下，用于承载NACK的一个循环移位（此时没有用于承载ACK的循环移位）。一个PSSCH子信道对应的PSFCH的传输资源集合中，PSFCH传输资源按照先频域再码域的方式进行索引。如图6-14所示，用 $N_{PRB,CS}$ 表示PSFCH的资源索引，图中PSFCH的传输资源集合中包括P个PRB，每个PRB中包括Q个循环移位对，则所有的PSFCH传输资源索引如图6-14所示。

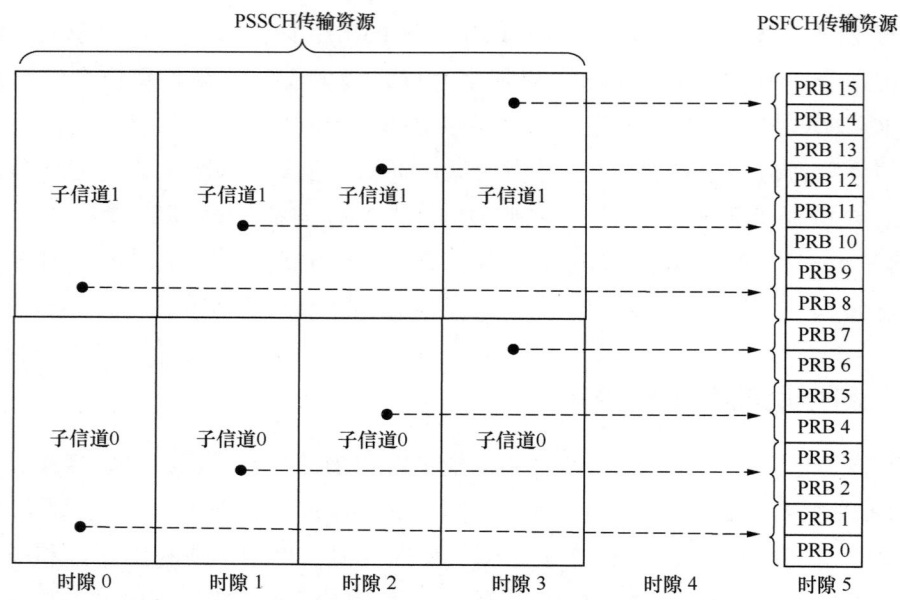

图6-13 PSFCH传输资源子集合与PSSCH传输资源的对应关系

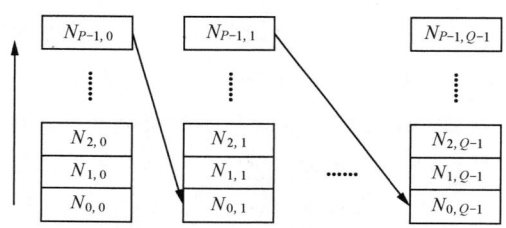

图6-14 PSFCH资源索引示意图

NR-V2X中引入了两种根据PSSCH传输资源确定PSFCH传输资源的方式,选取哪种方式是通过资源池配置参数指示的。

第一种方式:PSFCH的传输资源根据PSSCH占据的起始子信道索引确定。

第二种方式:PSFCH的传输资源根据PSSCH占据的所有子信道的索引确定。

一个PSSCH所对应的PSFCH的传输资源集合为 $R_{PRB,CS}^{PSFCH} = N_{type}^{PSFCH} \cdot M_{subch,slot}^{PSFCH} \cdot N_{CS}^{PSFCH}$,其中,$N_{CS}^{PSFCH}$ 表示一个PSFCH的PRB内支持的循环移位对;对于上述第一种方式,$N_{type}^{PSFCH} = 1$;对于上述第二种方式,$N_{type}^{PSFCH} = N_{subch}^{PSSCH}$,$N_{subch}^{PSSCH}$ 为该PSSCH占据的子信道数。从上式可以看出,对于第一种方式,无论PSSCH占据多少个子信道,其对应的PSFCH的资源个数是确定的,即PSFCH的传输资源不随PSSCH传输资源的大小而变化。图6-13中,对于时隙0,无论PSSCH传输资源占据单个子信道0,还是子信道0和子信道1,其对应的PSFCH的传输资源都是PRB0和PRB1。这种方式对于第一种多播侧行反馈方式并不太适用,当组内终端数较多时,可能无法保证每个终端都有独立的PSFCH传输资源。该种方式对于具有不同起始子信道的PSSCH传输,即使其他子信道上存在冲突,其对应的PSFCH资源也是不同的，从而有利于避免PSFCH之间的干扰。对于第二种方式，PSFCH的传输资源个数与PSSCH的子信道数成正比，PSSCH占据的子信道数越多，其对应的PSFCH的传输资源也越多。在图6-13中，对于时隙0，当PSSCH占据子信道0时，其对应的PSFCH的传输资源为PRB0和PRB1，当PSSCH占据子信道0和子信道1时，其对应的PSFCH的传输资源为PRB0、PRB1、PRB8和PRB9。因此，第二种方式更适用于第一种多播侧行反馈方式，当PSSCH占据的子信道数越多，其对应的PSFCH的传输资源也越多，从而可以使得更多的接收端具有独立的侧行反馈资源。发送端可以根据需要发送PSFCH的终端数量来确定相应的PSSCH的子信道数，从而使得每个终端都有相应的PSFCH传输资源。

一个PSSCH对应 $R_{\text{PRB,CS}}^{\text{PSFCH}}$ 个PSFCH传输资源，终端根据下面的公式在该PSFCH传输资源集合中确定PSSCH对应的传输资源。

$$(P_{\text{ID}} + M_{\text{ID}}) \bmod R_{\text{PRB,CS}}^{\text{PSFCH}}$$

其中，P_{ID} 表示发送PSSCH的终端的ID信息，即SCI格式2-A或SCI格式2-B中携带的源ID。对于多播通信中的第一种侧行反馈方式，M_{ID} 为接收端在该通信组内的成员ID，该ID信息与接收端的目标ID和RNTI信息不同，通信组内的终端具有唯一的组内成员ID，因此，组内的接收端可以根据该ID确定不同的PSFCH传输资源。对于单播通信或多播通信中的第二种侧行反馈方式，$M_{\text{ID}} = 0$，此时只根据PSSCH发送端的ID信息确定PSFCH传输资源。

引入根据发送端ID信息确定PSFCH的传输资源主要是为了降低终端之间的PSFCH的干扰。如图6-15所示，UE1和UE2进行单播通信，UE3和UE4进行单播通信，UE1和UE3分别向UE2和UE4发送PSSCH，由于UE1和UE3相距较远，互相侦听不到对方，因此，UE1和UE3有可能选取了相同的PSSCH传输资源。如果确定PSFCH的传输资源与发送端的ID无关，只与PSSCH的传输资源相关，则UE2和UE4会在相同的PSFCH传输资源上分别向UE1和UE3发送PSFCH，此时UE2和UE4发送的PSFCH会互相干扰，造成PSFCH的错误检测。当PSFCH的传输资源与发送端ID相关时，由于UE1和UE3的ID不同，因此，UE2和UE4选取的PSFCH传输资源也不同，从而可以避免PSFCH之间的干扰。

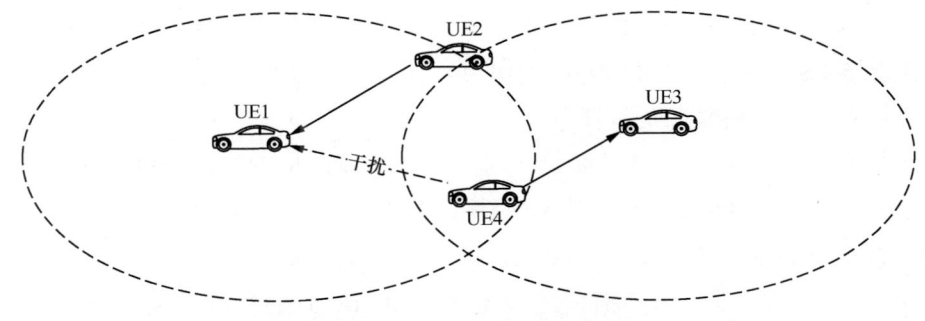

图6-15　PSFCH传输资源干扰示意图

6.2 侧行反馈信息上报给网络

侧行反馈信息上报给网络，主要是为了使发送端向网络发送侧行HARQ的ACK/NACK信息，用于请求侧行重传资源。由于LTE侧行无反馈信息，LTE基站eNB不支持对NR侧行重传的资源调度，侧行反馈信息上报给网络在这里特指将NR侧行反馈信息上报给NR基站gNB。在标准的讨论中，关于如何向网络请求侧行重传资源的候选方案如下。

（1）侧行发送端向基站反馈侧行传输的HARQ ACK/NACK信息。

（2）侧行发送端向基站发送SR/BSR信息用于请求侧行新传或者重传资源。

（3）侧行接收端向基站反馈侧行传输的HARQ ACK/NACK信息。

在SI阶段，考虑终端向基站反馈侧行传输的HARQ ACK/NACK信息会引入较大的标准改动，以及涉及基站、侧行发送端和接收端3个设备之间的反馈定时，在R16 SI阶段形成结论，可以基于候选方案2或候选方案3获取重传资源。在R16 WI阶段，经过RAN2[38]的讨论形成结论，候选方案2的弊端在于现有SR/BSR上报主要用于请求新传资源，如果用于重传资源，需要增加SR/BSR上报的事件触发，且BSR上报需要和SL HARQ进程建立对应关系，标准改动较大。候选方案3的弊端在于侧行接收端如果处于基站的覆盖范围之外，则无法向基站反馈，而如果与发送端分别连接到不同的基站，则需要基站之间的协同，因此，只适用于与发送端处于同一基站覆盖下的场景，具有很大的局限性。由此，在3GPP RAN1 #97次会议上重新确定采用候选方案1，即发送端向基站反馈侧行传输的HARQ ACK/NACK信息用于请求侧行重传资源，如果基站收到一个侧行HARQ进程的ACK信息，则可以为该进程分配新传资源；如果收到NACK信息，则分配重传资源。

6.2.1 侧行反馈上报内容

侧行发送端需要根据一个PSSCH传输对应的PSFCH中包含的侧行反馈信息，确定向网络上报该PSSCH对应的HARQ反馈信息。在不同传播模式下，发送端向网络上报的侧行HARQ信息的具体规则包括以下几类。

（1）如果PSSCH传输为单播模式：向网络上报该PSSCH的HARQ信息，与发送端检测到接收端针对该PSSCH反馈的ACK/NACK信息相同。如果发送端没有检测到与PSSCH关联的PSFCH，则针对该PSSCH向网络上报NACK。

（2）如果PSSCH传输为多播模式，且该PSSCH对应的接收端需要向发送端反馈

ACK或者NACK信息（第一种多播侧行反馈方式）：如果该PSSCH对应的多个接收端都反馈ACK，则发送端针对该PSSCH向网络上报ACK；否则，上报NACK。其中上报NACK的场景包括PSSCH发送端检测到至少有一个接收端发送NACK信息或者检测到至少有一个接收端未发送ACK/NACK信息。

（3）如果PSSCH传输为多播模式，且该PSSCH对应的接收端仅需要向发送端反馈NACK信息（第二种多播侧行反馈方式）：如果发送端未检测到与该PSSCH关联的PSFCH，则针对该PSSCH向网络上报ACK；否则，上报NACK。

除上述原则之外，在下列场景中，终端决定向网络上报ACK或NACK。

（1）由于传输优先级和收发半双工限制，发送端在发送的PSSCH对应的PSFCH时隙上需要发送PSFCH，并且待发送的PSFCH具有更高优先级，则终端会发送PSFCH，不接收该PSSCH对应的任何一个PSFCH，此时终端会向网络上报NACK。

（2）在基于动态调度或配置授权的资源分配模式下，由于传输优先级的限制，终端没有在网络分配的资源上发送相应的PSSCH，则针对该PSSCH向网络上报NACK。

（3）在基于配置授权的资源分配模式下，在一个配置授权周期中，如果终端没有传输与PSSCH关联的PSCCH，则针对该PSSCH向网络上报ACK。

需要说明的是，针对一个TB的不同次传输，接收端可能反馈ACK或者NACK，发送端只要检测到一次ACK，则表示该接收端已成功检测。如果发送端没有在对应的PSFCH上检测到信息，有可能是接收端因为传输优先级关系未发送PSFCH，或者是未正确检测PSCCH而未发送PSFCH。

终端可以将多个PSSCH传输对应的反馈信息复用在一个PUCCH中上报，复用在同一个PUCCH的PSSCH传输可以是基于动态调度或者配置授权分配的。终端可以将多个动态调度的PSSCH传输的反馈信息与至多一个配置授权传输周期对应的反馈信息复用在一个PUCCH中上报。因为对于配置授权，通过RRC信令或DCI信令配置每个周期内的PUCCH资源、不同周期内的PUCCH资源不会相同。但是对于动态调度，每次调度的PUCCH都可以通过每次调度的DCI单独配置，网络可以将多个DCI动态调度的侧行传输对应的PUCCH配置成相同的PUCCH资源，并且动态调度的PUCCH资源可以与至多一个配置授权传输周期的侧行传输对应的PUCCH传输资源相同，即一个PUCCH可以复用多个动态调度的侧行反馈以及至多一个通过配置授权调度的侧行反馈。多个PSSCH传输的侧行反馈在一个PUCCH中复用时采用的码本包括静态码本和动态码本两种形式，具体码本生成方式在6.2.4节和6.2.5节中介绍。

6.2.2　侧行反馈上报定时机制

如果网络希望发送端上报侧行HARQ反馈信息，则在为发送端分配侧行传输资源时，同时为其指示上报侧行反馈信息的PUCCH传输资源。对于动态调度的资源分配方式，基站在指示PSSCH传输资源的DCI中，指示一个PUCCH传输资源用于向网络上报该PSSCH对应的HARQ反馈信息。对于基于配置授权的资源分配方式，则在每个侧行配置授权周期中分配一个PUCCH资源，用于向网络上报本周期中PSSCH对应的HARQ反馈信息。所述PUCCH传输资源的时域位置位于DCI指示的一个或多个PSSCH传输资源，或者一个配置授权周期中一个或多个PSSCH传输资源中最后一个PSSCH关联的PSFCH之后。进一步地，该PSFCH与侧行反馈上报的PUCCH之间偏移K个时隙，K的取值在基站指示PSSCH传输资源位置的DCI格式3_0或者包含配置授权的RRC信令中确定，K个时隙以上行子载波间隔为参考。其中$K=0$表示PUCCH传输资源与其关联的PSFCH资源时域重叠部分的最后一个上行时隙。

如图6-16所示，发送端根据侧行链路的SCS、分配的PSSCH资源位置以及PSFCH资源的配置，确定出最后一个PSSCH关联的PSFCH资源的时间位置，进一步基于上行子载波间隔偏移K个时隙获取承载侧行反馈信息的PUCCH传输资源的时间位置。

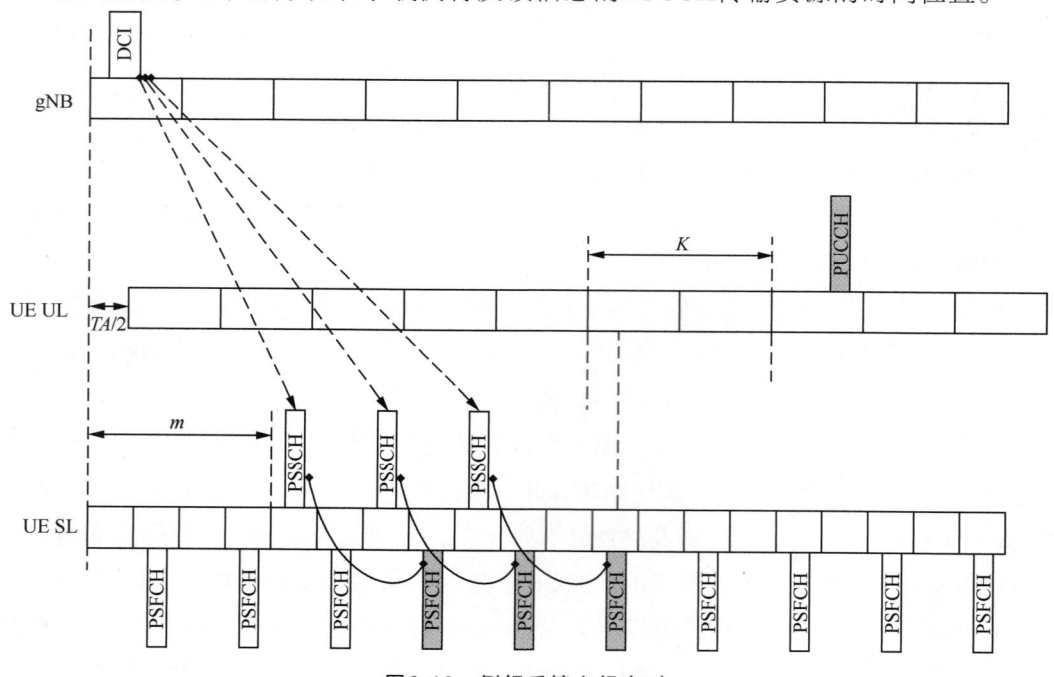

图6-16 侧行反馈上报定时

此外，当终端配置激活使用PSFCH对PSSCH传输进行HARQ反馈时，为了满足终端从接收侧行反馈到向网络上报侧行反馈的处理时延需求，要求终端检测一个PSSCH关联的最后一个PSFCH所占用的最后一个侧行符号结束时间，与该PSSCH对应的侧行反馈上报PUCCH或者PUSCH资源的起始位置之间至少间隔时长$(N+1)\cdot(2047+144)\cdot\kappa\cdot2^\mu\cdot T_c$，其中$\kappa$表示$T_s/T_c$，$T_s$表示子载波间隔15kHz下的采样时间，$T_c$表示最大子载波间隔下的采样时间，$\mu = \min(\mu_{SL}, \mu_{UL})$ 表示侧行与上行子载波间隔的最小值，参数 μ 与 N 对应关系如表6-1所示。

表6-1　参数 μ 与 N 对应关系

μ	N
0	14
1	18
2	28
3	32

6.2.3　侧行反馈上报优先级处理

侧行反馈信息上报给网络可以通过控制信道（PUCCH）或业务信道（PUSCH）反馈。若PUCCH传输资源所在时隙与网络为发送端分配的PUSCH传输资源所在时隙发生重叠，则发送端将侧行反馈信息复用在PUSCH中，上报给基站。

为了降低终端上行反馈信息过程的复杂度，在R16版本中不支持侧行HARQ反馈信息与Uu接口上行控制信息（Uu UCI）复用在同一个PUCCH或PUSCH。由此需要约定当侧行反馈上报的PUCCH传输资源与用于Uu UCI上报的PUCCH传输资源发生重叠时，选择哪一个信息进行上报的规则。

网络支持在一个PUCCH上报多个与之关联的PSFCH承载的侧行HARQ ACK/NACK信息，由此侧行反馈上报的PUCCH传输优先级为多个HARQ ACK/NACK信息比特对应优先级中的最高优先级，相应PUCCH传输优先级取值为多个HARQ ACK/NACK信息比特对应优先级取值的最低值。一个侧行HARQ ACK/NACK信息比特的优先级与其对应的侧行PSSCH传输优先级相同。需要说明的是，如果终端由于侧行传输优先级的关系，为一个PSSCH传输配置了侧行反馈的PUCCH资源，而没有接收与该PSSCH对应的PSFCH，或者没有发送该PSSCH，需要针对该PSSCH传输向基站反馈NACK信息时，该NACK信息比特优先级仍然与该PSSCH传输优先级相同。而如果终端传输PSSCH资源基于配置授权分配，而没有发送该PSSCH对应的PSCCH，需要针对该PSSCH传输向基站反馈ACK时，则该ACK信息比特的优先级为该配置授权调度的PSSCH传输优先级中的最低优先级。

对于侧行反馈上报的PUCCH（第一PUCCH）和Uu UCI上报的PUCCH（第二PUCCH）之间的优先级处理规则具体如下。

（1）如果第二PUCCH对应为uRLLC业务相关的UCI上报：

① 如果高层配置了优先级阈值sl-PriorityThresholdULuRLLC；如果第一PUCCH的优先级取值低于sl-PriorityThresholdULuRLLC，则传输第一PUCCH；否则，传输第二PUCCH。

② 如果高层没有配置优先级阈值sl-PriorityThresholdULuRLLC，终端选择传输第

二PUCCH。

（2）如果第二PUCCH不是与uRLLC业务相关的UCI上报：如果第一PUCCH的传输优先级取值低于sl-PriorityThreshold，则传输第一PUCCH；否则，传输第二PUCCH。

其中阈值sl-PriorityThresholdULuRLLC表示侧行优先级与上行uRLLC业务进行比较的阈值，sl-PriorityThreshold表示侧行优先级与上行非uRLLC业务进行比较的阈值。

需要说明的是，上行传输PRACH具有较高的优先级。如果侧行反馈上报的PUCCH与PRACH产生传输碰撞，则选择发送PRACH，丢弃侧行反馈上报的PUCCH。

6.2.4　侧行半静态码本反馈上报

侧行反馈上报的半静态码本在标准中也称为侧行Type1 HARQ-ACK码本，当高层配置参数pdsch-HARQ-ACK-Codebook为半静态时，采用该类码本生成方式，即如果下行传输的HARQ上报采用半静态码本，则侧行传输反馈的HARQ上报同样采用半静态码本。在该方式下，侧行反馈上报的半静态码本的基本原理与下行反馈上报的半静态码本相同，即根据反馈时序确定与PUCCH关联的侧行传输，然后按照侧行传输先后顺序将其对应的反馈信息级联。

侧行反馈上报的半静态码本具体生成方式为：终端根据基站指示的侧行反馈上报PUCCH的定时集合$K1$，可以确定一个PUCCH时隙与之对应的候选PSFCH时隙位置，根据PSFCH时隙位置进一步确定与该PSFCH关联的候选PSSCH传输时隙位置，将候选的PSSCH传输对应的侧行反馈信息包含在码本中。其中定时集合$K1$中元素取值表示的是PSFCH与侧行反馈上报PUCCH之间的时隙偏移，可以来自于DCI格式3_0中或者侧行配置授权中。确定出的候选PSSCH传输集合可以记为M_A，码本长度即为集合M_A中的元素个数。候选PSSCH传输对应的ACK/NACK比特在码本中的排序为：依据PSFCH与PUCCH之间的定时集合$K1$中的定时大小降序排序，在一个定时对应的反馈时序中，将对应PSFCH资源关联的N_{PSFCH}个PSSCH的HARQ反馈信息按照时间顺序由先到后排序，其中N_{PSFCH}为PSFCH资源配置周期。

不同于下行传输反馈，由于R16版本的侧行传输反馈仅对应一个载波上的侧行传输，无基于CBG的HARQ反馈，以及一个PSSCH中对应1比特的HARQ反馈，因此在侧行反馈的半静态码本中，不涉及不同载波上的PSSCH传输对应反馈的排序问题，不涉及基于CBG的HARQ反馈，以及不涉及如果一个PSSCH是两路传输对应反馈2个HARQ比特的问题。

对于半静态码本生成方式举例，如图6-17所示，前提假设如下。

（1）获取SL和UL子载波间隔配置：假设分别为30kHz和15kHz。

（2）获取PSFCH资源配置周期N_{PSFCH}以及PSSCH传输与对应PSFCH最小时间间隔：假设N_{PSFCH}为2，即每2个侧行时隙中有一个时隙包含PSFCH资源；PSSCH传输与对应

PSFCH最小时间间隔为2个侧行时隙。

（3）获取上行时隙n_u和与之关联的PSFCH之间的定时偏移集合$K1$：假设与上行时隙n_u对应，由基站指示的PSFCH与PUCCH之间的定时偏移有两个取值$K1=\{K11=5, K12=2\}$。

根据SL和UL子载波间隔配置，则与上行时隙n_u–$K11$+1和n_u–$K12$+1对应的候选PSFCH时隙有$N_S = \max(2^{\mu_{SL}-\mu_{UL}}, 1) = 2$个。其中上行时隙$n_u$–$K11$+1对应候选PSFCH时隙为$\{8, 9\}$，上行时隙$n_u$–$K12$+1对应候选PSFCH时隙为$\{14, 15\}$。根据PSFCH资源配置，其中侧行时隙9和15配置了PSFCH资源。再进一步结合PSSCH传输与对应PSFCH最小时间间隔配置，与侧行时隙9上PSFCH资源关联的PSSCH传输时隙为$\{5, 6\}$，与侧行时隙15上PSFCH资源关联的PSSCH传输时隙为$\{11,12\}$，由此最后生成的侧行反馈半静态码本为$\{\tilde{O}_0^{ACK}, \tilde{O}_1^{ACK}, \tilde{O}_2^{ACK}, \tilde{O}_3^{ACK}\}$，对应为侧行时隙$\{5, 6, 11, 12\}$上PSSCH传输的侧行反馈信息。

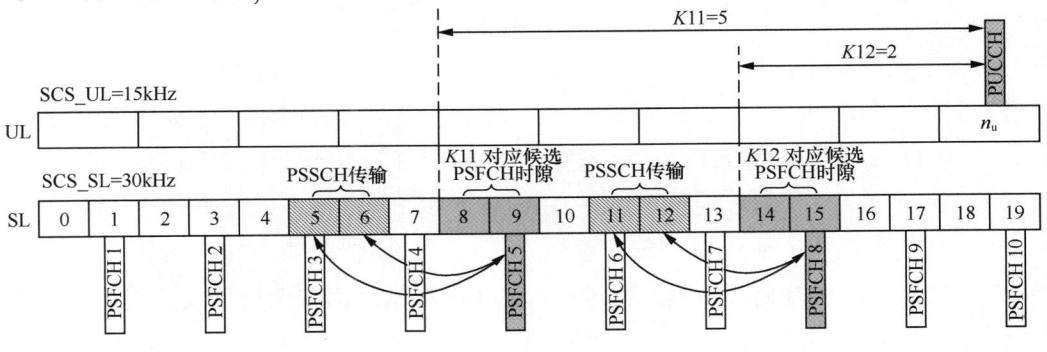

图6-17 侧行反馈半静态码本

在生成半静态码本过程中需要遵循以下原则。

（1）对于与上行时隙n_u关联的某一个候选PSSCH传输，如果根据分配该PSSCH传输资源的DCI格式3_0或者配置授权中指示的PUCCH定时，该PSSCH传输的SL HARQ信息对应的上报PUCCH资源所在时隙没有在上行时隙n_u中，则在上行时隙n_u上生成的半静态码本中针对该PSSCH传输反馈NACK。

图6-17的示例中，假设侧行时隙5、11、12上实际发生了PSSCH传输，且对应的PUCCH资源在上行时隙n_u，3个PSSCH传输对应反馈信息分别为ACK、ACK、ACK，而侧行时隙6上的PSSCH传输对应的PUCCH资源不在上行时隙n_u中，此时生成的半静态码本为$\{ACK、NACK、ACK、ACK\}$。

（2）对于与上行时隙n_u关联的某一个候选PSSCH传输时隙，如果发送端UE在该时隙实际未发送PSSCH，则在上行时隙n_u上生成的半静态码本中，针对该PSSCH传输反馈NACK。

图 6-17 的示例中，假设侧行时隙 5、11、12 上实际发生了 PSSCH 传输，且对应的 PUCCH 资源均在上行时隙 n_u，侧行时隙 6 上未分配 PSSCH 传输资源，发送端未在该时隙发送 PSSCH，侧行时隙 5、11、12 上的 PSSCH 传输对应反馈信息分别为 ACK、ACK、ACK。此时生成的半静态码本为 {ACK、NACK、ACK、ACK}。

（3）如果遇到上行激活 BWP 切换，则上行时隙 n_u 仅上报在上行激活 BWP 切换之后与之关联的 PSFCH 时隙中的侧行反馈信息，即集合 M_A 仅包含上行激活 BWP 切换之后关联的侧行时隙上的 PSSCH 传输。

图 6-17 的示例中，假设上行激活 BWP 在侧行时隙 5 之后发生了切换，在侧行时隙 9 之前切换完成，则上行时隙 n_u 仅上报侧行时隙 9 对应的反馈信息，即侧行时隙 11、12 上的 PSSCH 传输反馈信息。假设侧行时隙 11、12 上的 PSSCH 传输对应的反馈信息分别为 ACK、NACK。此时生成的静态码本为 {ACK，NACK}。

（4）半静态码本可以依据候选 PSSCH 传输集合 M_A 中的实际 PSSCH 传输进行码本回退。例如在集合 M_A 中仅发送基于一个配置授权周期内的 PSSCH 传输，或者仅发送由一个 DCI 格式 3_0 调度的 PSSCH 传输且 DCI 格式 3_0 中指示的累积侧行授权索引（C-SAI）取值为 1 时，此时仅产生 1bit 的 HARQ 信息进行上报，以减少反馈开销。

图 6-17 的示例中，假设在侧行时隙 5、6、11、12 中，时隙 5 和时隙 6 上发送了由一个 DCI 格式 3_0 调度的 PSSCH 传输且 DCI 格式 3_0 中指示的累积侧行授权索引（C-SAI）取值为 1，即时隙 5 和时隙 6 对应一个 PSSCH 的重复传输，此时仅产生 1bit 的 HARQ 信息对应该 PSSCH 的 HARQ 信息。

同 Uu UCI 的 PUCCH 功率控制一样，当侧行反馈上报的 HARQ 比特数低于或超过 11bit 时，需要根据 HARQ 比特数确定 PUCCH 的发送功率[19]。

当终端需要将 HARQ 反馈信息复用在 PUSCH 上传输时，具有与下行传输 HARQ 反馈信息复用在 PUSCH 上传输类似的一些设计原则，具体如下。

（1）在候选 PSSCH 传输集合 M_A 中，如果终端收到的所有动态调度 PSSCH 传输或激活 Type2 侧行配置授权下的 PSSCH 传输的 DCI 格式 3_0 中，根据 DCI 格式 3_0 指示的 PSFCH 与侧行反馈上报 PUCCH 之间的定时关系，确定出将 PSSCH 对应的侧行反馈上报网络的上行时隙均不在时隙 n_u，或者终端没有获取 Type1 侧行配置授权下的 PSSCH 传输资源，即候选 PSSCH 传输时隙上未发生实际的 PSSCH 传输或者发生的 PSSCH 传输对应侧行反馈上报不在上行时隙 n_u，此时终端无须在上行时隙 n_u 的 PUSCH 上复用侧行反馈信息，否则终端依据上述半静态码本生成方法将生成的侧行 HARQ 信息复用在 PUSCH 上传输。

（2）为了保证终端在 PUSCH 传输之前获得侧行反馈 HARQ 信息比特数，需要进行正确的 PUSCH 速率匹配，如果终端检测到调度 PUSCH 的 DCI 之后接收到调度 PSSCH 的 DCI 格式 3_0，且按照侧行反馈上报定时机制，该 DCI 格式 3_0 调度的 PSSCH 属于候选 PSSCH 传输集合，那么这部分 PSSCH 对应的侧行反馈信息为 NACK。

（3）为了使终端和基站对于侧行反馈信息是否复用在PUSCH上传输的理解一致，对于侧行反馈信息，当终端接收到调度PUSCH的DCI中侧行分配索引（SAI）取值不为0，即 $V_{\text{T-SAI}}^{\text{UL}}=1$ 时，表示终端将侧行反馈信息复用在该PUSCH上传输，否则如果SAI取值为0，即 $V_{\text{T-SAI}}^{\text{UL}}=0$ 时，表示终端不将侧行反馈信息复用在该PUSCH上传输，而对于码本回退下产生的1bit侧行反馈信息，复用在PUSCH上传输。

6.2.5 侧行动态码本反馈上报

侧行反馈上报的动态码本在标准中也称为侧行Type2 HARQ-ACK码本，当高层配置参数pdsch-HARQ-ACK-Codebook为动态时，采用该类码本生成方式。类似于下行传输的动态码本生成，侧行传输的动态码本的引入主要是为了减少反馈开销，将基于DCI格式3_0调度的PSSCH传输对应的HARQ反馈信息进行上报。

动态码本主要参考DCI格式3_0中的累积侧行授权索引（C-SAI）指示，假设一个DCI格式3_0调度PSSCH对应的上行反馈PUCCH，需要承载Y个PDCCH检测机会对应DCI格式3_0调度的PSSCH传输反馈信息，C-SAI取值与Y有一定的对应关系，如表6-2所示。$V_{\text{C-SAI}}^{\text{SL}}$ 按1、2、3、4、1、2、3、4……顺序循环取值，Y则对应为1、2、3、4、5、6、7、8……顺序叠加。SL是单载波传输，不需要类似于下行T-DAI的总数SAI的引入。例如，当终端连续检测到的 $V_{\text{C-SAI}}^{\text{SL}}$ 为1、1，则表示中间可能漏检了 $V_{\text{C-SAI}}^{\text{SL}}=2$、3、4对应的DCI格式3_0，相应的漏检部分对应的HARQ信息为NACK。

表6-2　C-SAI取值与调度PSSCH的PDCCH检测机会个数Y的映射关系

C-SAI取值 $V_{\text{C-SAI}}^{\text{SL}}$	Y
1	$(Y-1)\bmod 4+1=1$
2	$(Y-1)\bmod 4+1=2$
3	$(Y-1)\bmod 4+1=3$
4	$(Y-1)\bmod 4+1=4$

因此，侧行反馈上报的动态码本具体生成方式为：依据PSFCH与PUCCH的定时关系，确定上行PUCCH关联的PSSCH传输，按照调度PSSCH的DCI格式3_0对应的PDCCH检测机会的时间由先到后的顺序，参考DCI格式3_0中C-SAI取值 $V_{\text{C-SAI}}^{\text{SL}}$，确定该DCI格式3_0对应的PSSCH传输的HARQ反馈在码本中的位置，即为 $4j+V_{\text{C-SAI},m}^{\text{SL}}-1$，其中，$j \geq 0$ 表示第m个PDCCH检测机会对应DCI格式3_0中C-SAI取值为{1、2、3、4}的第j+1次循环。最终上报的HARQ动态码本比特数为 $O^{\text{ACK}}=4 \cdot j_{\text{last}}+V_{\text{SAI},m_{\text{last}}}^{\text{SL}}$，其中，$V_{\text{SAI},m_{\text{last}}}^{\text{SL}}$ 对应最后一个PDCCH检测机会对应的DCI格式3_0中的C-SAI取值，j_{last} 表示 $V_{\text{SAI},m_{\text{last}}}^{\text{SL}}$ 为{1、2、3、4}的第 $j_{\text{last}}+1$ 次循环。

如果PUCCH还对应了一个基于配置授权的PSSCH传输反馈,则将该PSSCH传输反馈的1bit HARQ信息放在基于DCI调度的PSSCH传输反馈的动态码本之后,此时 $O^{ACK} = 4 \cdot j_{last} + V^{SL}_{SAI,m_{last}} + 1$。

如图6-18所示,终端依据PSFCH与PUCCH的定时关系,确定出上行时隙n_u关联的PSSCH传输,包括PSSCH1、PSSCH2和PSSCH3。调度PSSCH1、PSSCH2和PSSCH3的DCI格式3_0中的C-SAI取值分别为{1、2、1},由此可以判断C-SAI取值第1次{1、2、3、4}循环中漏检了{3、4}。如果PUCCH没有对应一个基于配置授权的PSSCH传输反馈,则HARQ动态码本比特数目为$O^{ACK} = 4 \cdot j_{last} + V^{SL}_{SAI,m_{last}} = 5$,其中对应了2次C-SAI取值{1、2、3、4}的循环,即$j_{last}=1$,最后一个DCI格式3_0中$V^{SL}_{SAI,m_{last}}=1$。动态码本中比特按顺序取值分别为{PSSCH1_HARQ, PSSCH2_HARQ, NACK, NACK, PSSCH3_HARQ},即漏检的DCI格式3_0对应C-SAI取值为3、4,相应的第3、4个比特为NACK。如果PUCCH对应一个基于配置授权的PSSCH传输反馈,则HARQ动态码本比特数目为6,最后1bit为该基于配置授权的PSSCH传输反馈。

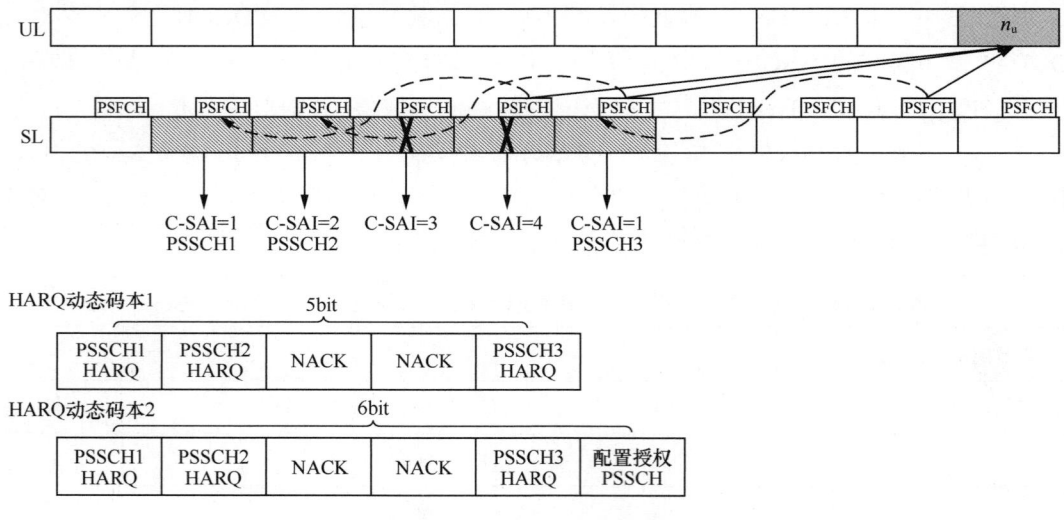

图6-18 侧行反馈动态码本

当终端需要将HARQ反馈信息复用在PUSCH上传输时,引入了如下一些设计原则。

(1)如果终端没有收到DCI格式3_0调度的PSSCH需要在PUSCH传输时隙上进行侧行反馈的信息,且基于配置授权的PSSCH传输没有HARQ反馈信息,则终端不在PUSCH上复用侧行反馈信息;否则,依据上述动态码本生成方法将侧行反馈信息复用在PUSCH上传输。

(2)如果调度PUSCH的DCI中指示了SAI,其取值为V^{UL}_{SAI},则生成动态码本时,最后一个循环之后,码本长度相应为$O^{ACK} = 4 \cdot j_{last} + V^{UL}_{SAI}$,主要目的是令基站和终端对于动态码本的长度有一致的理解。同样地,V^{UL}_{SAI}与调度PSSCH的DCI格式3_0对应的PDCCH检测机会个数X之间的映射关系如表6-3所示。

表6-3 SAI取值与调度PSSCH的PDCCH检测机会个数X的映射关系

SAI取值 $V_{\text{SAI}}^{\text{UL}}$	X
1	$(X-1) \bmod 4 + 1 = 1$
2	$(X-1) \bmod 4 + 1 = 2$
3	$(X-1) \bmod 4 + 1 = 3$
4	$(X-1) \bmod 4 + 1 = 4$

（3）如果调度PUSCH的DCI中指示了SAI，其取值为 $V_{\text{SAI}}^{\text{UL}} = 4$，且终端没有收到DCI格式3_0调度的PSSCH需要在PUSCH传输时隙上进行侧行反馈的信息，且基于配置授权的PSSCH传输没有HARQ反馈信息，则终端不在PUSCH上复用侧行反馈信息。

6.3 侧行链路测量和反馈

侧行链路测量参量包括CQI/RI、RSRP和CBR（Channel Busy Ratio）/CR（Channel Occupancy Ratio）。其中，CQI/RI为NR-V2X新引入的测量的量，用于单播场景，发送端可以根据接收端反馈的CQI/RI进行自适应调制编码，提升传输效率。侧行RSRP的测量在LTE-V2X中主要用于模式4下的资源分配和同步源选择，在NR-V2X中，除了用于模式2中资源分配和同步源选择之外，发送端还可以获取该信息，计算出侧行路径损耗，用于侧行链路的开环功率控制，以减少侧行链路间的通信干扰（参见6.4节）。测量CBR/CR的目的在LTE-V2X和NR-V2X中相同，主要用于拥塞控制（参见6.6节）。

6.3.1 CQI/RI测量与反馈

NR-V2X R16版本在单播场景中支持接收端向发送端反馈信道质量信息（CSI），由于没有引入复杂的多天线技术，目前仅支持CQI/RI反馈，不支持PMI的反馈。PSSCH传输采用宽带的预编码，并且预编码矩阵采用单位矩阵实现层到端口的映射。

接收端在反馈CQI/RI时，要求CQI（4bit信息）与RI（1bit信息）绑定在一起，同时反馈给发送端。由于在R16中侧行物理反馈信道（PSFCH）仅用于HARQ信息，因此，CQI/RI反馈信息只能通过业务信道PSSCH发送，在MAC CE中承载。接收端反馈的CQI为宽带CQI，即PSSCH占据的带宽对应的CQI，每个码字对应一个宽带CQI反馈。不同于Uu链路，具体用于CQI/RI测量的CSI-RS资源配置和CQI/RI反馈方式之间只有一种结合方式，即非周期的CSI-RS的配置和非周期的CQI/RI反馈。

（1）非周期的CSI-RS配置：对于发送端，只有高层配置支持CSI反馈，且SCI格式2-A中的字段"CSI request"设置为1触发接收端反馈CSI时，才发送CSI-RS信息。其中CSI-RS资源对应只有一种资源配置，具体的CSI-RS时频资源配置信息在发送端和接收端建立单播链路时由发送端通过PC5-RRC信令通知给接收端。高层指示CSI-RS的时频资源位置信息包括包含CSI-RS的RB频域位置和时域起始符号，CSI-RS所在时隙与触发CSI上报的SCI所在时隙相同。CSI-RS类型假设为NZP（Non-Zero Power）CSI-RS。对于发送端，不希望配置的CSI-RS传输资源与PSCCH或PT-RS的传输资源冲突；不希望在同一符号上同时发送CSI-RS和PSSCH DMRS，或同时发送CSI-RS和第二阶SCI。

（2）非周期CSI上报：接收端如果基于模式2去竞争PSSCH资源，则无法保证可以获取周期性的信道资源，因此，NR-V2X仅支持非周期的CQI/RI反馈。接收端接收到SCI格式2-A中的"CSI request"设置为1时，进行CSI的测量与反馈。发送端通过PC5-RRC信令将反馈CSI的最大时延通知给接收端，该最大时延取值范围为3~160个侧行时隙，接收端需要在该最大时延范围内将CSI反馈给发送端。发送端触发接收端进行CSI反馈后，只有在接收到反馈的CQI/RI或者在设定的最大反馈时延超时时，才会针对同一接收端再次触发CSI反馈。

需要说明的是，当接收端通过PSSCH向发送端上报CQI/RI时，如果该接收端有针对发送端发送的侧行数据，则侧行数据与CQI/RI一起复用发送；如果没有，则触发资源选取，单独发送该CQI/RI。对于模式1，接收端向网络上报SR/BSR申请反馈CQI/RI所需的PSSCH传输资源；对于模式2，接收端自主选择PSSCH传输资源。发送端触发CSI反馈时发送的PSSCH所在的资源池与接收端反馈CSI时使用的资源池可以不同。

在侧行链路上，将频域上包含CSI-RS的一组PRB、时域上包含"CSI request"的时隙对应的时频资源称为侧行CSI参考资源（CSI Reference Resource），用于推导CQI索引和RI索引。在侧行链路中，接收端在推算CQI索引和RI索引时，接收端对侧行CSI参考资源进行如下假设。

（1）依据SL BWP配置确定CSI参考资源所采用的OFDM符号的CP长度和子载波间隔。

（2）CSI参考资源采用的冗余版本RV为0。

（3）CSI参考资源所在的PSSCH对应的PSCCH采用2个OFDM符号。

（4）CSI参考资源所在的PSSCH和DMRS占用的符号长度为sl-LengthSymbols-2，即一个时隙内SL占用的OFDM符号减去第一个AGC符号和最后一个GP符号。

（5）假设没有RE分配用于侧行CSI-RS。

（6）假设没有RE分配用于SCI格式2-A或者SCI格式2-B。

（7）CSI参考资源中DMRS符号个数等于高层配置参数PSSCH-DMRS-TimePattern-List中的最小值。

（8）假设没有RE分配用于PT-RS。

（9）侧行CSI-RS RE功率与PSSCH RE功率相同。

（10）终端假设PSSCH可以至多2层传输，进而在计算CQI时，假设天线端口发送的PSSCH符号矩阵为

$$\begin{bmatrix} y^{(0)}(i) \\ \cdots \\ y^{(P-1)}(i) \end{bmatrix} = W(i) \begin{bmatrix} x^{(0)}(i) \\ \cdots \\ x^{(v-1)}(i) \end{bmatrix}$$

其中，$x(i) = \begin{bmatrix} x^{(0)}(i) \cdots x^{(v-1)}(i) \end{bmatrix}^T$表示每层传输符号，$v$表示层数，$P$表示CSI-RS端口数，取值为1或2，$W$表示预编码矩阵，在R16 NR-V2X中，$W$为单位阵。

接收端根据SCI格式1-A中指示的MCS表格计算CQI/RI。与NR Uu系统类似，在NR SL中也支持3个MCS表格，即CQI-64QAM、CQI-256QAM、CQI-uRLLC。其中，CQI-64QAM是默认的MCS表格，在资源池配置信息中可以额外配置CQI-256QAM和/或CQI-uRLLC表格。

6.3.2 RSRP测量与反馈

在LTE-V2X中，侧行RSRP测量分为以下两种。

（1）S-RSRP：基于PSBCH上的DMRS测量，用于同步源选择，即选择优先级最高的同步源中S-RSRP测量结果最高的同步源进行同步（参见7.5.1节）。

（2）PSSCH-RSRP：基于PSCCH指示的PSSCH上的DMRS测量，主要用于模式4的资源分配（参见5.3.1节）。

LTE-V2X工作于广播模式，无侧行RSRP的反馈。

在NR-V2X中，侧行RSRP测量分为以下3种。

（1）PSBCH-RSRP：基于PSBCH上的DMRS测量，用于同步源选择，即选择优先级最高的同步源中PSBCH-RSRP测量最高的同步源进行同步。终端在实际测量过程中，可以仅基于PSBCH上的DMRS，或者结合S-SSS和PSBCH上的DMRS进行PSBCH-RSRP测量[39]。

（2）PSSCH-RSRP：基于PSSCH上的DMRS测量，主要用于模式2的资源分配（参见5.3.2节）。

（3）PSCCH-RSRP：基于PSCCH上的DMRS测量，主要用于模式2的资源分配（参见5.3.2节）。

在一个资源池上，基于模式2的资源选取中参考的侧行RSRP具体是采用PSSCH-RSRP还是PSCCH-RSRP，根据高层指示确定。

在NR-V2X中，在单播传输模式下，支持接收端UE反馈PSSCH-RSRP测量结果，以支持基于SL路径损耗的开环功率控制。

在NR-V2X标准的讨论中，对于基于SL路径损耗的开环功率控制，需要发送端UE根据接收端UE的反馈获取侧行路径损耗信息。有两种候选方案：一种是发送端UE告

知接收端UE发送功率，接收端UE根据测量的SL RSRP直接估计出侧行路径损耗后反馈给发送端UE；另一种是接收端UE直接将经过层3（Layer 3，L3）滤波处理的SL RSRP反馈给发送端UE。第一种方案的好处在于接收端UE也可以获知路径损耗信息，可以用于反向信道的开环功率控制，而弊端在于需要发送端UE告知接收端UE发送功率，增加了信令开销。最后经过讨论选择了第二种方案。

在NR-V2X中，PSSCH-RSRP的反馈通过PSSCH承载。接收端反馈SL RSRP的触发条件已由RAN2工作组定义，具体的触发条件包括基于计时器的周期性触发以及基于事件触发。其中针对事件触发，3GPP定义了两个事件：S1和S2，分别对应当前SL RSRP测量值高于或低于一个门限值[22]。

6.3.3 CBR/CR测量

LTE-V2X和NR-V2X中都支持CBR/CR的测量主要用于基于终端自主资源选择模式下的拥塞控制。LTE-V2X和NR-V2X对CBR/CR的定义基本是相同的，但因NR-V2X要支持多子载波间隔，有些参数取值存在差异。

CBR的定义为：在测量窗$[n-a,n-1]$内针对每个时隙上每个子信道的传输资源进行SL RSSI测量，SL RSSI测量结果高于门限的子信道占测量窗内子信道总数的比例。其中，a在LTE-V2X中等于100个侧行子帧，在NR-V2X中依据高层配置的参数a等于100或$100 \cdot 2^\mu$个侧行时隙。需要说明的是，在LTE-V2X中，由于PSSCH和PSCCH可能不相邻，相应的资源池分开配置，此时PSSCH和PSCCH所在资源池都可以进行CBR测量。在NR-V2X中，PSCCH与指示的PSSCH占用相同的资源池，所以CBR测量不基于PSSCH和PSCCH进行区分。

CR的定义为：UE在$[n-a,n-1]$范围内已经用于发送数据的子信道个数和$[n,n+b]$范围内已获得的侧行授权包含的子信道个数之和占$[n-a,n+b]$范围内属于发送资源池的子信道总数的比例，CR可以针对不同的优先级分别计算。其中，a为正整数，b为0或为正整数，a和b的值均由UE确定，但需要满足以3个条件。

在LTE-V2X中，3个条件为：

（1）$a+b+1=1000$个侧行子帧；

（2）$a \geqslant 500$；

（3）$n+b$不超过当前侧行授权的最晚传输机会对应的时刻。

在NR-V2X中，3个条件为：

（1）$a+b+1=1000$或$1000 \cdot 2^\mu$个侧行时隙；

（2）$b<(a+b+1)/2$；

（3）$n+b$不超过当前侧行授权的最晚传输机会对应的时刻。

在LTE-V2X和NR-V2X中，终端根据CBR和CR的测量结果进行拥塞控制的机制参见6.6节。

6.4 侧行链路功率控制

目前V2X技术中采用的都是开环功率控制技术。LTE-V2X仅支持基于下行路径损耗的功率控制，NR-V2X支持基于下行路径损耗和侧行路径损耗的功率控制。由于R16中只有单播通信支持接收端向发送端反馈侧行RSRP用于计算侧行路径损耗，因此，在NR-V2X中，仅在单播通信中支持基于侧行路径损耗的功率控制。

基于下行路径损耗的功率控制的主要目的在于降低侧行发送对上行接收的干扰，基于侧行路径损耗的功率控制的主要目的在于降低侧行通信之间的干扰，如图6-19所示。由于侧行通信可能和Uu上行位于相同的时隙，UE2和UE3之间的侧行发送可能对基站侧UE1的上行接收造成干扰，引入基于下行路径损耗的功率控制后，UE2和UE3之间的侧行发送功率将随着下行路径损耗的减小而减小，从而可以达到控制上行干扰的目的。同理，UE2和UE3之间的侧行发送与UE4和UE5之间的侧行发送也可能相互干扰，引入基于侧行路径损耗的功率控制后，UE2和UE3之间的侧行发送功率将随着侧行路径损耗的减小而减小，或者UE4和UE5之间的侧行发送功率将随着侧行路径损耗的减小而减小，从而降低了侧行通信之间的干扰。

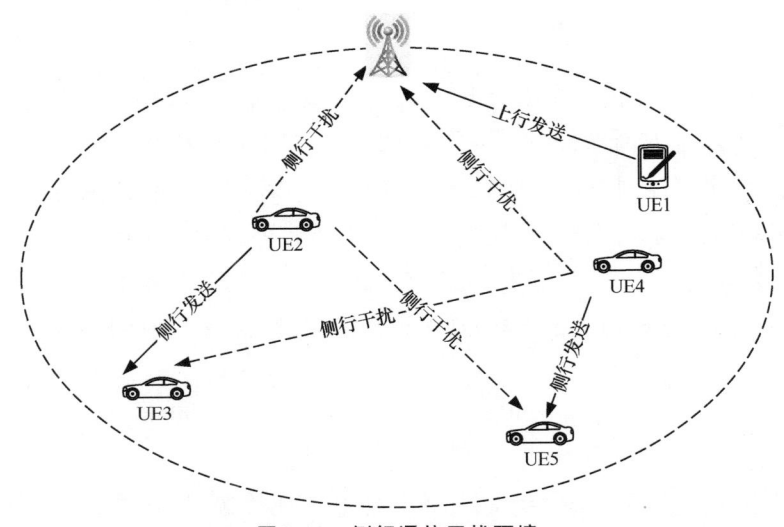

图6-19 侧行通信干扰环境

在LTE-V2X和NR-V2X中，都考虑了侧行传输和上行传输同时发生的情况。当终端同时进行侧行和上行传输时，如果侧行传输资源和上行传输资源在时域上有重叠，且侧行发送功率和上行发送功率总和超过了终端允许的最大发送功率 P_{CMAX}，则当上行传输优先级高于侧行传输优先级时，需要从侧行传输开始时就降低侧行传输功率，使侧行发送功率和上行发送功率的总和低于最大发送功率 P_{CMAX}。反之,如果上行传输优先级低于侧行传输优先级,则需要从上行传输开始时就降低上行传输功率,使侧行发送功率和上行发送功率总和低于最大发送功率 P_{CMAX}。

6.4.1 LTE-V2X侧行链路功率控制

LTE-V2X系统支持对PSSCH、PSCCH及侧行同步信号PSBCH/PSSS/SSSS的发送功率进行开环功率控制。在LTE-V2X中,PSSCH和PSCCH属于频分复用关系,一个符号上PSCCH和PSSCH的功率之和为总功率。在总功率中,PSCCH和PSSCH功率按照各自占用的PRB数的比例进行分配,并对PSCCH进行3dB的功率提升以提高其传输可靠性。每个符号的总发送功率保持一致。

1. PSSCH功率控制

在基于基站控制的资源分配模式3下,基于下行路径损耗功率控制的PSSCH的发送功率 P_{PSSCH} 为

$$P_{\text{PSSCH}} = 10\lg\left(\frac{M_{\text{PSSCH}}}{M_{\text{PSSCH}} + 10^{\frac{3}{10}} \times M_{\text{PSCCH}}}\right) + \min\left\{P_{\text{CMAX}}, 10\lg\left(M_{\text{PSSCH}} + 10^{\frac{3}{10}} \times M_{\text{PSCCH}}\right) + P_{\text{O\_PSSCH}} + \alpha_{\text{PSSCH}} \cdot PL\right\} [\text{dBm}] \quad (6\text{-}1)$$

其中,P_{CMAX} 是UE允许的最大发送功率,M_{PSSCH} 和 M_{PSCCH} 分别表示PSSCH和PSCCH占用的PRB个数,$P_{\text{O\_PSSCH}}$ 为高层信令配置对于侧行发送功率的基本工作点,α_{PSSCH} 为高层信令配置的侧行功率控制下行路径损耗补偿因子,PL 为UE估计的下行路径损耗。

在基于终端自主选择的资源分配模式4下,在确定PSSCH发送功率时,一个符号上最大发送总功率除了受限于 P_{CMAX} 之外,还需考虑在拥塞控制下,低于测量出的CBR等级对应的最大侧行发送功率。由此模式4中基于下行路径损耗功率控制的PSSCH发送功率为

$$P_{\text{PSSCH}} = 10\lg\left(\frac{M_{\text{PSSCH}}}{M_{\text{PSSCH}} + 10^{\frac{3}{10}} \times M_{\text{PSCCH}}}\right) + A\,[\text{dBm}] \quad (6\text{-}2)$$

其中,若高层配置了拥塞控制基于传输优先级和CBR等级的最大侧行发送功率限制参数 $P_{\text{MAX\_CBR}}$,则 A 的表达式为

$$A = \min\left\{P_{\text{CMAX}}, P_{\text{MAX\_CBR}}, 10\lg\left(P_{\text{PSSCH}} + 10^{\frac{3}{10}} \times M_{\text{PSCCH}}\right) + P_{\text{O\_PSSCH}} + \alpha_{\text{PSSCH}} \cdot PL\right\} \quad (6\text{-}3)$$

否则,如果高层未配置 $P_{\text{MAX\_CBR}}$,则 A 的表达式为

$$A = \min\left\{P_{\text{CMAX}}, 10\lg\left(M_{\text{PSSCH}} + 10^{\frac{3}{10}} \times M_{\text{PSCCH}}\right) + P_{\text{O\_PSSCH}} + \alpha_{\text{PSSCH}} \cdot PL\right\} \quad (6\text{-}4)$$

2. PSCCH功率控制

在基于基站控制的资源分配模式3下，基于下行路径损耗功率控制的PSCCH的发送功率 P_{PSCCH} 为

$$P_{\text{PSCCH}} = 10\lg\left(\frac{10^{\frac{3}{10}} \times M_{\text{PSCCH}}}{M_{\text{PSSCH}} + 10^{\frac{3}{10}} \times M_{\text{PSCCH}}}\right) + \min\left\{P_{\text{CMAX}}, 10\lg\left(M_{\text{PSSCH}} + 10^{\frac{3}{10}} \times M_{\text{PSCCH}}\right) + P_{\text{O\_PSSCH}} + \alpha_{\text{PSSCH}} \cdot PL\right\}[\text{dBm}] \quad (6\text{-}5)$$

其中，P_{CMAX} 是UE允许的最大发送功率，M_{PSSCH} 和 M_{PSCCH} 分别表示PSSCH和PSCCH占用的PRB个数，$P_{\text{O\_PSSCH}}$ 为高层信令配置的侧行发送功率基本工作点，α_{PSSCH} 为高层信令配置的侧行功率控制下行路径损耗补偿因子，PL 为UE估计的下行路径损耗。

在基于终端自主选择的资源分配模式4下，在确定PSCCH发送功率时，一个符号最大发送总功率除了限制低于 P_{CMAX} 之外，还需考虑在拥塞控制下，低于测量出的CBR等级对应的最大侧行发送功率。因此，模式4中基于下行路径损耗开环功率控制的PSCCH发送功率为

$$P_{\text{PSCCH}} = 10\lg\left(\frac{10^{\frac{3}{10}} \times M_{\text{PSCCH}}}{M_{\text{PSSCH}} + 10^{\frac{3}{10}} \times M_{\text{PSCCH}}}\right) + A[\text{dBm}] \quad (6\text{-}6)$$

其中，若高层配置了拥塞控制基于传输优先级和CBR等级的最大发送功率限制参数 $P_{\text{MAX\_CBR}}$，则 A 的表达式为

$$A = \min\left\{P_{\text{CMAX}}, P_{\text{MAX\_CBR}}, 10\lg\left(M_{\text{PSSCH}} + 10^{\frac{3}{10}} \times M_{\text{PSCCH}}\right) + P_{\text{O\_PSSCH}} + \alpha_{\text{PSSCH}} \cdot PL\right\} \quad (6\text{-}7)$$

否则，如果高层未配置 $P_{\text{MAX\_CBR}}$，则 A 的表达式为

$$A = \min\left\{P_{\text{CMAX}}, 10\lg\left(M_{\text{PSSCH}} + 10^{\frac{3}{10}} \times M_{\text{PSCCH}}\right) + P_{\text{O\_PSSCH}} + \alpha_{\text{PSSCH}} \cdot PL\right\} \quad (6\text{-}8)$$

3. 侧行同步信号PSSS/SSSS功率控制

在LTE-V2X中，在基于下行路径损耗的功率控制下，侧行主同步信号（PSSS）的发送功率为

$$P_{\text{PSSS}} = \min\left\{P_{\text{CMAX,PSBCH}}, 10\lg(M_{\text{PSSS}}) + P_{\text{O\_PSSS}} + \alpha_{\text{PSSS}} \cdot PL\right\}[\text{dBm}] \quad (6\text{-}9)$$

其中，$P_{\text{CMAX,PSBCH}}$ 为UE允许的PSSS最大发送功率，$M_{\text{PSSS}} = 6$ 为PSSS占用的PRB数，$P_{\text{O\_PSSS}}$ 为高层信令配置的侧行发送功率基本工作点，α_{PSSS} 为高层信令配置的下行路径损耗补偿因子，PL 为UE估计的下行路径损耗。需要说明的是，$P_{\text{O\_PSSS}}/P_{\text{O\_PSSCH}}$、$\alpha_{\text{O\_PSSS}}/\alpha_{\text{O\_PSSCH}}$ 在

公式中的命名虽然不同,但实际配置为一个参数。在一个子帧中终端发送功率保持一致,PSBCH与PSSS信号发送功率相同。

在基于下行路径损耗的功率控制下,侧行辅同步信号(SSSS)的发送功率为

$$P_{SSSS} = \min\{P_{CMAX,SSS}, 10\lg(M_{PSSS}) + P_{O\_PSSS} + \alpha_{PSSS} \cdot PL\}[dBm] \quad (6\text{-}10)$$

其中,$P_{CMAX,SSS}$为UE允许的S-SSS最大发送功率,其实际取值为在$P_{CMAX,PSBCH}$基础上针对SSSS发送应用MPR(Maximum Power Reduction)之后的结果[39],因为S-SSS是m序列,PAPR高于S-PSSS和PSBCH,所以降低了最大发送功率。

6.4.2　NR-V2X侧行链路功率控制

NR-V2X系统支持对PSSCH、PSCCH、PSFCH、S-SSB的发送功率进行开环控制。对于PSSCH和PSCCH,在单播场景中可以支持3种功率控制方式:仅基于下行路径损耗的功率控制、仅基于侧行路径损耗的功率控制、基于下行路径损耗和侧行路径损耗的功率控制,具体实际应用哪一种功率控制方式由高层配置决定。例如,如果高层只配置了基于侧行路径损耗的侧行发送功率基本工作点$P_{O,SL}$,则表示仅支持基于侧行路径损耗的功率控制;如果高层只配置了基于下行路径损耗的侧行发送功率基本工作点$P_{O,D}$,则表示仅支持基于下行路径损耗的功率控制;如果配置了$P_{O,SL}$和$P_{O,D}$,则表示支持基于下行路径损耗和侧行路径损耗的功率控制。

对于PSSCH和PSCCH在多播和广播场景中,以及信道PSFCH和S-SSB,由于发送端未获取侧行路径损耗信息,因此,只支持基于下行路径损耗的开环功率控制。

在NR-V2X中,PSCCH与PSSCH不同于LTE-V2X中的频分复用关系,PSCCH的传输资源嵌入在PSSCH的传输资源中。类似于LTE-V2X系统,NR-V2X系统的各个侧行符号上的总功率一致,如果采用LTE-V2X系统中的方式对PSCCH进行3dB的功率提升以提高PSCCH的检测性能,则包含PSCCH的时域符号上每个资源单元上的PSSCH功率与不包含PSCCH的时域符号上每个资源单元上的PSSCH功率不一致,会降低PSSCH的解调性能;而NR-V2X系统中可以通过配置PSCCH占据的符号个数以及PRB个数改变PSCCH的码率,从而保证PSCCH的解调性能。综合以上考虑,最终确定在NR-V2X中不对PSCCH进行3dB的功率提升。

1. PSSCH/PSCCH功率控制

对于仅包含PSSCH的OFDM符号上PSSCH的发送功率,可以通过以下方式确定。

如果终端工作在自主选择的资源分配模式2,当在高层配置了拥塞控制下基于传输优先级和CBR等级的最大发送功率限制参数时,PSSCH发送功率为

$$P_{PSSCH} = \min\{P_{CMAX}, P_{MAX\_CBR}, \min(P_{PSSCH,D}, P_{PSSCH,SL})\}[dBm] \quad (6\text{-}11)$$

否则，PSSCH发送功率为

$$P_{\text{PSSCH}} = \min\{P_{\text{CMAX}}, \min(P_{\text{PSSCH,D}}, P_{\text{PSSCH,SL}})\}[\text{dBm}] \quad (6\text{-}12)$$

其中，P_{CMAX}是UE允许的最大发送功率，$P_{\text{MAX\_CBR}}$表示高层配置的拥塞控制下基于传输优先级和CBR等级的最大侧行发送功率。$P_{\text{PSSCH,D}}$和$P_{\text{PSSCH,SL}}$分别通过以下公式确定。

$$P_{\text{PSSCH,D}}(i) = P_{\text{O,D}} + 10\lg(2^\mu \cdot M_{\text{RB}}^{\text{PSSCH}}) + \alpha_{\text{D}} \cdot PL_{\text{D}}[\text{dBm}] \quad (6\text{-}13)$$

$$P_{\text{PSSCH,SL}}(i) = P_{\text{O,SL}} + 10\lg(2^\mu \cdot M_{\text{RB}}^{\text{PSSCH}}) + \alpha_{\text{SL}} \cdot PL_{\text{SL}}[\text{dBm}] \quad (6\text{-}14)$$

其中，$P_{\text{O,D}}/P_{\text{O,SL}}$为高层信令配置的基于下行/侧行路径损耗功率控制的发送功率基本工作点；$\alpha_{\text{D}}/\alpha_{\text{SL}}$为高层信令配置的下行/侧行路径损耗补偿因子，如果没有配置，则对应取值为1；$PL_{\text{D}}/PL_{\text{SL}}$为UE估计的下行/侧行路径损耗；$M_{\text{RB}}^{\text{PSSCH}}$表示不携带PSCCH的符号上PSSCH占用的PRB个数。

需要说明的是，如果高层仅配置$P_{\text{O,D}}$而未配置$P_{\text{O,SL}}$，表示仅支持基于下行路径损耗进行功率控制，则$\min(P_{\text{PSSCH,D}}, P_{\text{PSSCH,SL}}) = P_{\text{PSSCH,D}}$；如果高层仅配置$P_{\text{O,SL}}$而未配置$P_{\text{O,D}}$，表示仅支持基于侧行路径损耗进行功率控制，则$\min(P_{\text{PSSCH,D}}, P_{\text{PSSCH,SL}}) = P_{\text{PSSCH,SL}}$；如果高层配置了$P_{\text{O,SL}}$和$P_{\text{O,D}}$，则表示支持同时基于下行路径损耗和侧行路径损耗进行功率控制。

在NR-V2X中，PSCCH包含在一个子信道内，与PSCCH时域相同的符号上还可能存在PSSCH。由于NR SL相邻符号的发送功率一致，因此，一个同时包含PSCCH和PSSCH的符号与一个仅包含PSSCH的符号的功率相同。仅包含PSSCH的符号的发送功率（如前所述）为P_{PSSCH}，而对于同时包含PSCCH和PSSCH的OFDM符号，其总发送功率也为P_{PSSCH}，UE将P_{PSSCH}按照同符号上PSCCH和PSSCH的PRB个数占比分别分配给该符号上的PSCCH传输和PSSCH传输，此时该符号上的PSSCH的发送功率P_{PSSCH2}为

$$P_{\text{PSSCH2}} = 10\lg\left(\frac{M_{\text{RB}}^{\text{PSSCH}} - M_{\text{RB}}^{\text{PSCCH}}}{M_{\text{RB}}^{\text{PSSCH}}}\right) + P_{\text{PSSCH}}[\text{dBm}] \quad (6\text{-}15)$$

其中，$M_{\text{RB}}^{\text{PSCCH}}$表示PSCCH占用的PRB个数。

相应的PSCCH的发送功率为

$$P_{\text{PSCCH}} = 10\lg\left(\frac{M_{\text{RB}}^{\text{PSCCH}}}{M_{\text{RB}}^{\text{PSSCH}}}\right) + P_{\text{PSSCH}}[\text{dBm}] \quad (6\text{-}16)$$

总的来说，对于PSSCH和PSCCH传输，相邻符号的总发送功率一致，每个PRB上的发送功率一致，同时包含PSCCH和PSSCH的符号按照该符号上PSSCH和PSCCH占用的PRB数等比例分配。包含PSCCH和不包含PSCCH的时域符号上对应的PSSCH和PSCCH发送功率分布如图6-20所示。

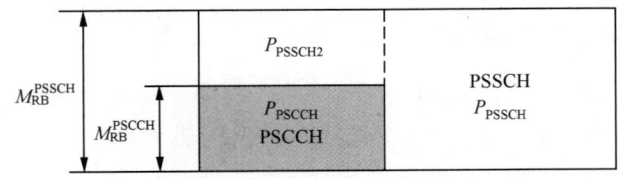

图6-20 包含PSCCH和不包含PSCCH的时域符号上对应的PSSCH和PSCCH发送功率分布

2. PSFCH发送功率

NR-V2X系统中支持PSFCH基于下行路径损耗进行功率控制,不支持基于侧行路径损耗进行功率控制。NR-V2X系统中支持终端在一个符号上发送多个PSFCH,多个PSFCH之间均分终端的最大发送功率。允许终端同时发送PSFCH的数量最多不超过高层配置的最大PSFCH发送数量$N_{\max,\text{PSFCH}}$。终端根据PSFCH时隙所对应的多个PSSCH时隙中接收到的需要进行侧行反馈的PSSCH的数量,对应确定需要发送的PSFCH的数量$N_{\text{sch,TX,PSFCH}}$,终端根据$N_{\max,\text{PSFCH}}$和$N_{\text{sch,TX,PSFCH}}$确定需要同时发送的PSFCH的数量$N_{\text{TX,PSFCH}}$,并且确定在每个PSFCH上的发送功率。

确定每个PSFCH的实际发送功率P_{PSFCH}和终端实际发送PSFCH数目$N_{\text{TX,PSFCH}}$的总体原则为:每个PSFCH的发送功率相同且不超过$P_{\text{PSFCH,one}}$,$N_{\text{TX,PSFCH}}$个PSFCH总发送功率不超过P_{CMAX}。如果超过P_{CMAX},终端根据PSFCH优先级确定PSFCH的发送个数,但是发送PSFCH的个数不少于一个下限值,以使每个PSFCH发送功率小于或等于$P_{\text{PSFCH,one}}$。其中,$P_{\text{PSFCH,one}}$的计算公式为

$$P_{\text{PSFCH,one}} = P_{\text{O\_PSFCH}} + 10\lg(2^{\mu}) + \alpha_{\text{PSFCH}} \cdot PL_{\text{D}} \text{ [dBm]} \quad (6-17)$$

其中,$P_{\text{O\_PSFCH}}$为高层信令配置的基于下行路径损耗功率控制的PSFCH发送功率基本工作点;α_{PSFCH}为高层信令配置的基于PSFCH功率控制的下行路径损耗补偿因子,如果没有配置该参数,则α_{PSFCH}的取值为1;PL_{D}为UE估计的下行路径损耗。需要说明的是,发送PSFCH的终端是PSSCH的接收端,与PSSCH发送端经历不同的信道环境,且PSFCH和PSSCH可能对应不同的性能需求,因此,高层分别配置PSFCH基于下行路径损耗的功率控制参数$P_{\text{O\_PSFCH}}/\alpha_{\text{PSFCH}}$及PSSCH/PSCCH基于下行路径损耗的功率控制参数$P_{\text{O,D}}/\alpha_{\text{D}}$。

确定每个PSFCH的实际发送功率P_{PSFCH}和终端实际发送PSFCH数目$N_{\text{TX,PSFCH}}$的具体方法如下。

(1)如果高层配置PSFCH基于下行路径损耗进行功率控制,$N_{\text{sch,TX,PSFCH}}$不超过$N_{\max,\text{PSFCH}}$,且满足条件$P_{\text{PSFCH,one}} + 10\lg(N_{\text{sch,TX,PSFCH}}) \leq P_{\text{CMAX}}$,即每个PSFCH的功率$P_{\text{PSFCH}}$设置为$P_{\text{PSFCH,one}}$,总功率也不超过最大发送功率$P_{\text{CMAX}}$,此时

$$N_{\text{TX,PSFCH}} = N_{\text{sch,TX,PSFCH}} \quad (6-18)$$
$$P_{\text{PSFCH}} = P_{\text{PSFCH,one}} \quad (6-19)$$

(2)如果高层配置PSFCH基于下行路径损耗进行功率控制,$N_{\text{sch,TX,PSFCH}}$不超过$N_{\max,\text{PSFCH}}$,但是$P_{\text{PSFCH,one}} + 10\lg(N_{\text{sch,TX,PSFCH}}) > P_{\text{CMAX}}$,此时,终端自主确定$N_{\text{TX,PSFCH}}$不低于一个下限值$N_{\text{limit}}$($0 \leq N_{\text{limit}} < N_{\text{sch,TX,PSFCH}}$),$N_{\text{limit}}$的确定方法为:$N_{\text{limit}} = \max\left(1, \sum_{i=1}^{K_{\max}} M_i\right)$,其中,$M_i$表示优先级为$i$的PSFCH个数,参数$K_{\max}$表示将发送功率$P_{\text{PSFCH,one}}$依照PSFCH优先级从高到低叠加,满足叠加总功率不超过P_{CMAX}的K的最大值,即$P_{\text{PSFCH,one}} + 10\lg\left(\max\left(1, \sum_{i=1}^{K} M_i\right)\right) \leq P_{\text{CMAX}}$,PSFCH个数即为

$$P_{\text{PSFCH}} = \min\left\{P_{\text{CMAX}} - 10\lg\left(N_{\text{TX,PSFCH}}\right), P_{\text{PSFCH,one}}\right\}[\text{dBm}] \quad (6\text{-}20)$$

（3）如果高层配置PSFCH基于下行路径损耗进行功率控制，$N_{\text{sch,TX,PSFCH}}$ 超过 $N_{\text{max,PSFCH}}$，终端按照PSFCH传输优先级，在 $N_{\text{sch,TX,PSFCH}}$ 个PSFCH中选出PSFCH优先级最高的 $N_{\text{max,PSFCH}}$ 个PSFCH，然后再在 $N_{\text{max,PSFCH}}$ 个PSFCH中选出 $N_{\text{TX,PSFCH}}$ 个PSFCH。具体确定 $N_{\text{TX,PSFCH}}$ 个PSFCH以及每个PSFCH的发送功率的方法同情况（1）和（2）所述，只需要将情况（1）和（2）中的 $N_{\text{sch,TX,PSFCH}}$ 替换为 $N_{\text{max,PSFCH}}$ 即可。

（4）如果高层没有配置PSFCH基于下行路径损耗进行功率控制，则终端按照PSFCH传输优先级由高到低自主选择 $N_{\text{TX,PSFCH}}(N_{\text{TX,PSFCH}} \geqslant 1)$ 个PSFCH，每个PSFCH发送功率为

$$P_{\text{PSFCH}} = P_{\text{CMAX}} - 10\lg\left(N_{\text{TX,PSFCH}}\right)[\text{dBm}] \quad (6\text{-}21)$$

3. S-SSB发送功率

S-SSB包含了SSSS、SPSS和PSBCH三部分信号，这三部分信号对应的时域符号上的发送功率应一致，以避免AGC问题，其基于下行路径损耗功率控制的发送功率为

$$P_{\text{S-SSB}} = \min\left\{P_{\text{CMAX}}, P_{\text{O,S-SSB}} + 10\lg\left(2^{\mu} \cdot M_{\text{RB}}^{\text{S-SSB}}\right) + \alpha_{\text{O,S-SSB}} \cdot PL_{\text{D}}\right\}[\text{dBm}] \quad (6\text{-}22)$$

其中，P_{CMAX} 是UE允许的最大发送功率；$P_{\text{O,S-SSB}}$ 为高层信令配置的基于下行路径损耗进行功率控制的发送功率基本工作点；$\alpha_{\text{O,S-SSB}}$ 为高层信令配置的下行路径损耗补偿因子，如果没有配置，则对应取值为1；PL_{D} 为UE估计的下行路径损耗；$M_{\text{RB}}^{\text{S-SSB}}$ 表示S-SSB占用的PRB个数，取值为11。如果高层未配置参数 $P_{\text{O,S-SSB}}$ 或者终端位于小区覆盖之外，则终端以最大发送功率 P_{CMAX} 发送S-SSB。

6.5 侧行传输碰撞处理

LTE-V2X和NR-V2X支持侧行传输和上行传输同频共存。NR-V2X在设计上还支持NR-V2X和LTE-V2X设备内共存，支持同时发送或者接收多个PSFCH。因此，在一个终端内部，可能发生侧行与上行之间、侧行与侧行之间的传输碰撞，需要设计传输碰撞处理机制来解决该问题，具体包括以下传输碰撞场景。

1. 侧行与上行传输碰撞

当一个载波中侧行与上行发生资源重叠，或者不同载波中侧行与上行同时发生资源重叠，并且由于设备限制只能支持其中一个载波上的传输时，则需要在侧行和上行传输之间选择其一进行传输。该场景还包括LTE侧行与LTE上行、LTE侧行与NR上行、NR侧行与NR上行、NR侧行与LTE上行之间的传输碰撞。

2. 侧行与侧行传输碰撞

侧行与侧行之间的传输碰撞是指侧行发送与侧行发送、侧行发送与侧行接收、侧行接收与侧行接收几种情况的传输碰撞。其中侧行发送与侧行接收之间传输碰撞的原因在于半双工限制不能支持侧行同时收发，需要在发送和接收之间二选一。该场景可以进一步细化为NR侧行与NR侧行之间、LTE侧行与LTE侧行之间、NR侧行与LTE侧行之间的传输碰撞。

在本节中，传输碰撞是指终端必须需要在传输碰撞链路之间选择其中一个链路进行通信的场景，当终端支持多个链路同时传输，如支持上行和侧行在不同载波上同时传输时，此时需要根据设备发送功率最大限制对传输链路进行功率控制，这部分内容已在6.4节中讨论过。

6.5.1 侧行与上行传输碰撞

1. LTE侧行与LTE上行传输碰撞

LTE侧行与LTE上行发生传输碰撞，如果上行是PRACH或者Msg3，则上行优先；否则，将依据侧行传输优先级与高层配置的优先级阈值thresSL-TxPrioritization进行判断并选择侧行或者上行传输。具体地，如果侧行传输优先级的取值低于thresSL-TxPrioritization，即表示侧行优先；否则表示上行优先。其中，侧行传输优先级根据侧行传输SCI中指示的"Priority"字段确定。

2. NR侧行与NR上行传输碰撞

如果终端不支持同时进行NR侧行传输和NR上行传输，则根据侧行传输和上行传输的优先级，选择优先级高的传输进行通信。总体原则是，上行随机接入过程涉及的上行传输信号，如PRACH、Msg3优先于侧行传输，否则将侧行优先级与上层配置的侧行链路优先级阈值进行比较，如果侧行优先级的取值低于阈值，则选择侧行传输；否则，选择上行传输。其中，侧行链路优先级阈值针对uRLLC业务和非uRLLC业务有不同的配置。相对于LTE-V2X，在NR-V2X中，根据侧行传输信道和上行传输信道类型的不同，进一步具体地区分了传输碰撞。

侧行传输包括PSSCH/PSCCH、PSFCH、S-SSB传输。PSSCH/PSCCH传输优先级根据SCI中指示的"Priority"字段确定。PSFCH传输优先级与其对应的PSSCH传输优先级相同，一个时隙上如果发送或接收多个PSFCH，则PSFCH传输优先级为该时隙上发送或接收多个PSFCH中的最高优先级。S-SSB传输优先级由高层信令配置。

上行传输包括PRACH、基于RAR调度的PUSCH（Msg3）、MsgA PUSCH、PUCCH

以及其他PUSCH传输。其中，PUCCH和其他PUSCH（Msg3和MsgA PUSCH之外）传输分为uRLLC业务相关和非uRLLC业务相关。

PRACH、Msg3初传与重传、MsgA PUSCH初传与重传相比侧行传输具有更高的优先级，即当侧行传输与上行PRACH、Msg3初传与重传、MsgA PUSCH初传与重传发生碰撞时，选择上行传输。

如果侧行传输与携带侧行反馈信息的PUCCH发生碰撞，则依据优先级高低，选择优先级高的一个传输进行通信，其中携带侧行反馈信息的PUCCH的优先级的确定方式如6.2.3节所述。

当侧行PSSCH、PSFCH、S-SSB与携带侧行反馈的PUCCH、PRACH、Msg3初传与重传、MsgA PUSCH初传与重传之外的其他上行传输发生碰撞时，处理优先级的具体规则如下。

（1）如果上行传输与uRLLC业务相关：

① 如果高层配置了优先级阈值sl-PriorityThresholdULuRLLC：如果侧行传输优先级取值低于sl-PriorityThresholdULuRLLC，则侧行传输优先级高于上行传输；否则，上行传输优先级高于侧行传输。

② 如果高层没有配置优先级阈值sl-PriorityThresholdULuRLLC，则上行传输优先级高于侧行传输。

（2）如果上行传输与uRLLC业务不相关：

如果侧行传输优先级取值低于sl-PriorityThreshold，则侧行传输优先级高于上行传输；否则，上行传输优先级高于侧行传输。其中，sl-PriorityThreshold为高层配置的优先级阈值。

如果一个或多个侧行传输与一个或多个时域非重叠的上行传输由于子载波间隔配置不同或者上行与侧行异步等原因发生传输碰撞，如图6-21所示，且存在一个侧行传输的优先级高于所有上行传输，则选择侧行传输。如果一个或多个上行传输与一个或多个时域非重叠的侧行传输发生传输碰撞，如图6-21所示，且存在一个上行传输的优先级高于所有侧行传输，则选择上行传输。

如果一个侧行传输与多个时域重叠的上行传输发生传输碰撞，则先根据上行

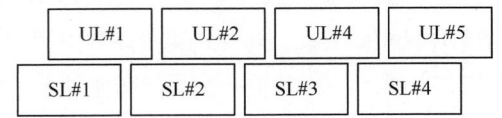

图6-21 一个或多个侧行传输与多个时域非重叠的上行传输碰撞示意

传输的优先级选择和复用规则确定出时域非重叠的上行传输，如果侧行传输仍与处理之后的一个或多个非重叠的上行传输发生传输碰撞，则依据上述侧行传输与非重叠的上行传输发生传输碰撞的处理规则进行优先选择，即如果存在一个侧行传输优先于所有上行传输，则选择侧行传输；如果存在一个上行传输优先于所有侧行传输，则选择上行传输。

3. LTE侧行与NR上行传输碰撞

与NR侧行与NR上行传输碰撞处理机制相同，即将LTE侧行传输优先级与NR-V2X

中定义的判断侧行链路与上行链路传输优先级的阈值进行比较，如果LTE侧行传输优先级的取值低于该阈值，则优先选择LTE侧行传输；否则，选择NR上行传输。其中，侧行链路优先级阈值与NR上行是否为uRLLC业务相关。

4. NR侧行与LTE上行传输碰撞

与LTE侧行与LTE上行传输碰撞处理机制相同，即将NR侧行传输优先级与LTE-V2X中定义的判断侧行链路与上行链路传输优先级的阈值thresSL-TxPrioritization进行比较，如果NR侧行传输优先级的取值低于该阈值，则优先选择NR侧行传输；否则，选择LTE上行传输。

6.5.2 侧行与侧行传输碰撞

1. LTE侧行和NR侧行传输碰撞

如果LTE-V2X和NR-V2X邻频共存或者同频共存，在同一时间上只能进行一种接入技术下的V2X通信,则LTE-V2X和NR-V2X传输资源在时间上发生传输碰撞时需要基于一定的传输优先级规则选择其中一种进行传输。LTE-V2X和NR-V2X可能发生以下几种传输碰撞。

（1）NR侧行发送与LTE侧行发送在时间上发生重叠产生传输碰撞。
（2）NR侧行发送与LTE侧行接收在时间上发生重叠产生传输碰撞。
（3）NR侧行接收与LTE侧行发送在时间上发生重叠产生传输碰撞。
（4）NR侧行接收与LTE侧行接收在时间上发生重叠产生传输碰撞。

对于情况（1）、（2）、（3），如果终端在发生传输碰撞之前T_{ms}具有足够的处理时间来判定即将发生的传输碰撞，终端根据侧行传输SCI中指示的优先级、高层配置的NR S-SSB传输优先级、高层配置的LTE侧行同步信号优先级，以及PSFCH传输优先级，选择传输优先级最高的一个侧行传输进行侧行发送或者侧行接收。例如NR PSSCH发送与LTE PSSCH发送碰撞，NR PSSCH传输优先级高于LTE PSSCH的，则选择发送NR PSSCH，丢弃LTE PSSCH。如果产生传输碰撞的NR-V2X与LTE-V2X传输优先级相同，或者终端无足够的处理传输碰撞时间，则依据终端实现来选择采用哪一个V2X技术进行链路传输。例如对于终端内部实现可以设定规则，如果产生传输碰撞的NR-V2X与LTE-V2X传输优先级相同，则选择NR-V2X传输。

对于情况（4），则依据终端实现来判定选择接收哪一个接入技术的V2X传输。

2. PSFCH发送与接收碰撞

PSFCH发送与接收碰撞仅在NR-V2X中发生。终端由于工作于半双工模式，不能同时发送与接收PSFCH，当发送PSFCH与接收PSFCH发生在同一时隙时即产生碰撞，终端需要根据PSFCH的传输优先级确定发送PSFCH还是接收PSFCH。具体规则为：如果终端需要发送$N_{TX,PSFCH}$个PSFCH，发送PSFCH的优先级则为$N_{TX,PSFCH}$个PSFCH中的最高优先级；如果终端需要接收$N_{RX,PSFCH}$个PSFCH，接收PSFCH的优先级则为$N_{RX,PSFCH}$个PSFCH中的最高优先级，其中，PSFCH优先级与其对应的PSSCH优先级相同。如果发送PSFCH优先级高于接收PSFCH优先级，当产生传输碰撞时，选择发送PSFCH；否则，选择接收PSFCH。

3. 其他侧行之间的传输碰撞

这里主要是指LTE-V2X系统中PSSCH之间的传输碰撞，以及NR-V2X系统中PSSCH之间的传输碰撞。

（1）LTE-V2X系统中PSSCH之间的传输碰撞

在LTE-V2X中，模式3中的传输资源由网络控制，基站eNB在进行资源分配时会尽量避免本小区内终端PSSCH之间的传输碰撞，但是无法避免本小区终端与邻小区终端之间的传输碰撞。模式4下终端通过信道侦听选择传输资源，在资源选择过程中选取干扰小的资源作为传输资源，从而尽量避免与其他终端的传输资源发生碰撞。但是在系统拥塞的情况下，当根据侦听结果确定的候选资源集合中的元素个数小于全部可用资源总数的20%时，终端会将RSRP门限提升3dB，重新进行资源选取过程（参见5.3.1节），此时很难避免终端之间的传输碰撞。另外，即使终端通过侦听选取了传输资源，但是在使用该传输资源进行侧行传输之前，该传输资源可能会被其他终端选取或预留，造成传输碰撞，LTE-V2X中未对这种情况进行优化处理，终端仍然会使用该传输资源进行侧行传输。

（2）NR-V2X系统中PSSCH之间的传输碰撞

在NR-V2X中，基站gNB在为模式1的终端进行资源分配时会尽量避免本小区的终端之间的传输碰撞。模式2的终端通过信道侦听在选择资源时会避免与其他终端已预留的资源发生冲突。但NR-V2X模式2相比LTE-V2X模式4有一定的改进，即终端可以通过资源重评估和资源抢占的方式对发生冲突的侧行传输资源进行资源重选，具体见5.3.3节描述。

6.6 拥塞控制

LTE-V2X模式4和NR-V2X模式2都是基于信道侦听结果选择传输资源的，侦听测量的信道状态决定了终端可以选择的传输资源范围和PSSCH发送参数。通常，当信道拥塞时，终端之间的信道干扰严重，进而降低了系统的可靠性，此时终端就需要调整传输参数以降低信道拥塞程度，提升系统的可靠性。例如，终端通过降低发送功率来降低链路之间的干扰,通过降低占用PRB的个数达到降低占用系统资源的目的,从而降低系统的拥塞程度。当信道拥塞程度超过一定阈值时,终端甚至可以丢弃低优先级传输业务以保障高优先级业务的传输。因此,LTE-V2X和NR-V2X都设计了针对终端自主资源选择模式下的拥塞控制机制,以提高侧行传输的可靠性。LTE-V2X和NR-V2X采用了相同的拥塞控制机制。

拥塞控制机制在V2X中主要是指终端根据测量的CBR,在终端自主进行资源选择时,在一定限制条件下选取PSSCH发送参数,以避免信道拥塞。考虑到同一优先级业务在不同信道的拥塞环境,以及不同优先级业务在同一信道的拥塞环境会对应不同的PSSCH发送参数,因此,高层设置了多种CBR等级配置(CBR Level Configuration),每一种CBR等级配置中对应了多个CBR等级(CBR Level),同时不同优先级会对应不同的CBR等级配置,终端会根据优先级和测量的CBR判定其对应CBR等级配置下的CBR等级,然后进一步根据CBR等级对应到PSSCH发送参数。

如图6-22所示,高层配置多个传输优先级、CBR等级与PSSCH发送参数配置映射关系,将不同传输优先级对应不同的CBR等级配置,每个映射关系中包含了传输优先级阈值(sl-PriorityThreshold)、默认PSSCH发送参数配置指示(sl-DefaultTx ConfigIndex)、CBR等级配置索引(sl-CBR-ConfigIndex)、CBR等级索引与PSSCH发送参数配置索引映射(sl-Tx-ConfigIndexList)。终端根据PSSCH传输优先级确定其对应的映射关系,根据测量CBR确定映射关系中CBR等级配置中的CBR等级索引,进一步根据CBR等级索引与PSSCH发送参数配置索引之间的映射,确定最终的PSSCH发送参数配置索引,根据该索引,在基于CBR的PSSCH发送参数配置信息中获取PSSCH发送参数配置。如果终端没有进行CBR测量,则根据默认PSSCH发送参数配置指示确定PSSCH发送参数配置索引。

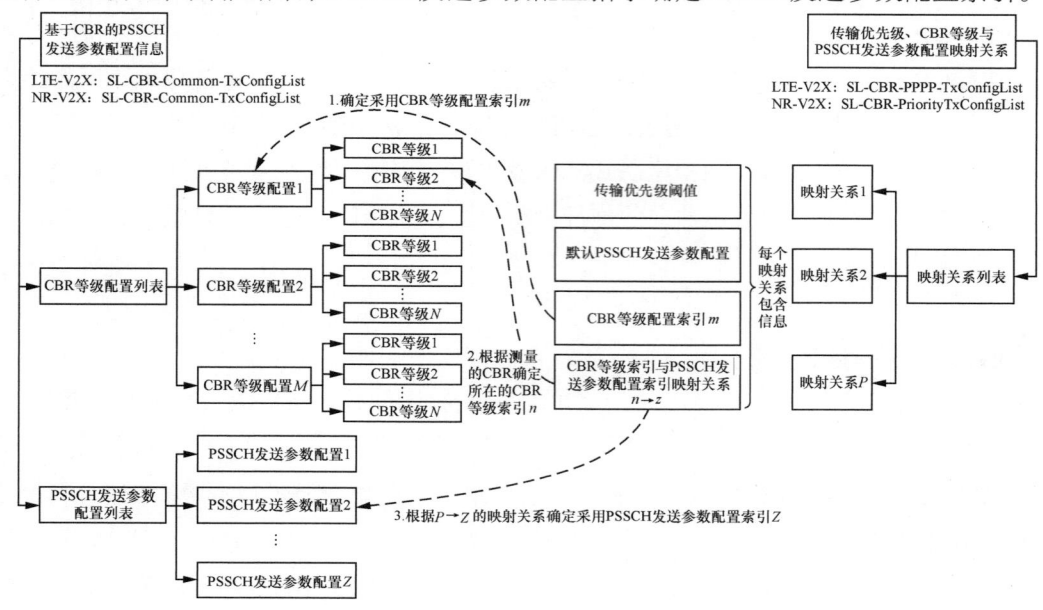

图6-22 拥塞控制机制下获取PSSCH发送参数配置示意图

其中，LTE-V2X和NR-V2X中PSSCH发送参数配置如表6-4所示。

表6-4　LTE-V2X和NR-V2X中PSSCH发送参数配置

PSSCH发送参数配置		LTE-V2X	NR-V2X
资源池内支持的MCS范围	MCS最小值	0～31	0～27
	MCS最大值	0～31	0～31
子信道个数的可选范围	子信道个数最小值	1～20	1～27
	子信道个数最大值	1～20	1～27
PSSCH最大重传次数		0或1（模式4）	0～31（模式2）
最大发送功率		−41～31dBm	−30～33dBm
CR限制 CR_{Limit}		0～1（精度为0.0001）	0～1（精度为0.0001）

其中，参数 CR_{Limit} 在拥塞控制中的具体作用如下：优先级取值不低于 k 的侧行传输对应的CR总和小于或等于优先级 k 对应的 CR_{Limit}，即

$$\sum_{i \geqslant k} CR(i) \leqslant CR_{\text{Limit}}(k) \qquad (6\text{-}23)$$

$CR(i)$ 在LTE-V2X和NR-V2X中的定义有所区别。在LTE-V2X中，$CR(i)$ 表示在子帧 $(n-4)$ 测量到的优先级 i 对应的CR，相应的 $CR_{\text{Limit}}(k)$ 为高层配置的针对优先级 k 的侧行传输和子帧 $(n-4)$ 测量到的CBR对应的PSSCH发送参数中的CR限制。在NR-V2X中，$CR(i)$ 是时隙 $(n-N)$ 测量到的PSSCH传输优先级 i 对应的CR，相应的 $CR_{\text{Limit}}(k)$ 为高层配置的针对优先级 k 的侧行传输和时隙 $(n-N)$ 测量到的CBR对应的PSSCH发送参数中的CR限制，N 表示UE处理拥塞控制所需的时间，并和 μ 有关，3GPP定义了两种UE拥塞控制处理能力（处理能力1和处理能力2），如表6-5所示。最后，终端具体如何满足上述CR限制条件，由终端实现确定，可以通过丢弃一些PSSCH传输来实现。

表6-5　NR-V2X中UE拥塞控制处理能力

μ	N处理能力1（单位时隙）	N处理能力2（单位时隙）
0	2	2
1	2	4
2	4	8
3	8	16

需要说明的是，终端在一个资源池上还会配置一套依据同步源类型与移动速度的PSSCH发送参数，即终端依据当前同步源和移动速度，在一类同步源下，判断移动速度高于或低于设定移动速度的阈值，确定出对应的PSSCH发送参数配置。最终的PSSCH发送参数在拥塞控制基于CBR等级的PSSCH发送参数配置和基于同步源类型与移动速度的PSSCH发送参数配置这两套配置的限制下设定。

第 7 章

同步过程

蜂窝通信系统是同步系统，终端与网络在通信之前首先要保证终端与网络之间是同步的，终端接收网络发送的同步信号，获取与网络之间的同步，从而可以接收网络发送的控制信息和数据。网络为终端调整定时提前量（Timing Advance，TA），使得各个终端的上行发送数据同步到达网络。

在侧行通信中，终端与终端之间也需要进行同步才能保证数据的正常发送和接收。侧行通信需要考虑不同的通信场景，如在网络覆盖范围内、网络覆盖范围外、部分网络覆盖以及终端位于不同的小区（参见5.1.1节）。在各种场景中如何保证终端之间的同步、终端如何获取同步信息、终端如何发送同步信号？本章介绍侧行通信中的同步源类型、同步源优先级、同步资源以及终端之间进行侧行同步的过程。

在蜂窝通信中，终端只需要接收网络的同步信号，获取与网络之间的同步即可进行通信，在侧行通信中，由于终端可以位于小区内、小区外，并且进行侧行通信的两个终端之间可以位于相同小区、不同小区，或一个位于小区内，另一个位于小区外（参见图5-1），因此，在侧行通信中需要引入多种类型的同步源，以满足各种场景的通信需求，具体的同步源类型在7.1节介绍。

终端在进行侧行通信前首先搜索同步源，由于有多种类型的同步源，终端可能搜索到不同类型的同步源，这些不同类型的同步源之间可能是不同步的，终端如何从多个同步源中选取一个作为自己的同步源？在侧行通信中定义了同步源的优先等级，终端选取具有最高优先等级的同步源，使得侧行通信系统尽量保持全局同步，从而避免由于异步导致的传输效率降低或可靠性降低的问题。关于同步源优先等级在7.2节介绍。

终端获取同步信息后，在侧行链路上发送侧行同步信号（Sidelink Synchronization Signal，SLSS）和侧行广播信道（PSBCH），以辅助其他终端进行同步，在侧行通信系统中分配了用于传输SLSS和PSBCH的同步传输资源，侧行同步资源在7.4节介绍。终端如何在搜索到的多个同步源中选取同步源，以及如何根据选取的同步源确定发送的侧行同步信号对应的SLSS ID以及PSBCH的内容，具体的同步过程在7.5节介绍。

7.1 同步源类型

同步源是能够提供同步信息的设备，而发送端与接收端可能处于不同的覆盖范围内，因此，侧行通信系统中需要引入多种类型的同步源以满足不同场景的同步需求。

如图7-1所示，UE1和UE2都位于eNB1所属的小区内，因此，UE1和UE2可以根据eNB1获取同步信息进行侧行通信；UE3位于eNB2所属的小区内，UE3从eNB2获取同步信息，UE2与UE3位于不同的小区，如果eNB1和eNB2是不同步的（如eNB1和eNB2

是FDD系统的基站），则UE2与UE3之间也是不同步的，即无法根据网络同步信息直接进行侧行通信；UE4和UE5位于小区外，无法从基站获取同步信息，UE3与UE4之间的通信也无法根据网络同步信号进行直接通信，需要额外的同步源提供同步信息；同理，UE4和UE5之间也无法根据网络同步信号进行通信。

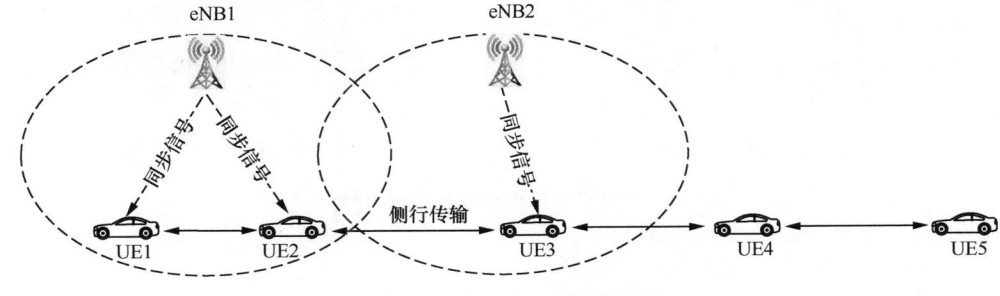

图7-1 不同场景下的侧行通信

如上所述，由于车联网系统需要支持多种场景，此时很难根据网络的同步信息进行有效的数据传输，因此，需要引入新的同步机制。为了支持不同场景下的侧行通信，LTE-V2X系统中引入了3种同步源类型，分别是：eNB、GNSS和UE[29]，如图7-2所示。

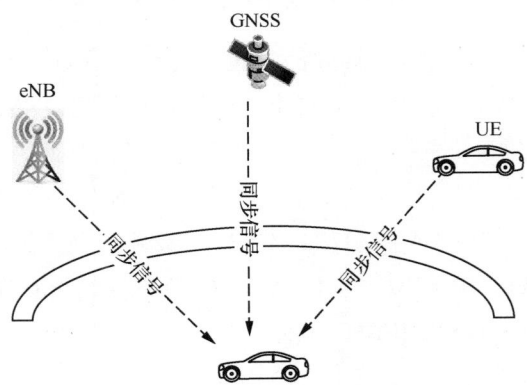

图7-2 侧行通信系统的同步源类型

当终端在小区覆盖范围内时，终端可以从eNB获取同步信息。需要说明的是，侧行传输可以使用共享载波或专有载波。当侧行传输和蜂窝通信使用共享载波时，终端在小区覆盖范围内，即终端驻留在某个小区，终端可以根据该小区的eNB获取同步信息，如图7-3（a）所示。当侧行传输使用专有载波时，如5.9GHz的智能交通系统（Intelligent Transportation System，ITS）载波，通常在该载波上没有基站部署，即终端的蜂窝通信和侧行通信使用不同的载波，如果终端在蜂窝通信中驻留在某个小区，则终端可以根据该驻留小区的eNB获取同步信息，并且根据该同步信息进行侧行链路传输，如图7-3（b）所示。在本章中，如无特殊说明，上述两种情况泛称终端在小区范围内。

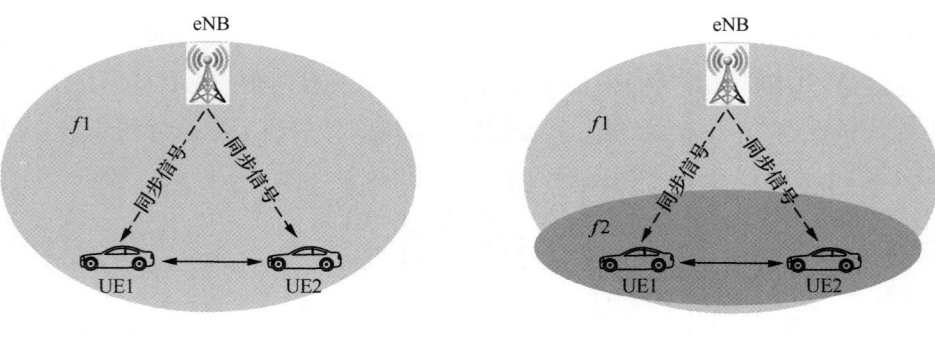

(a) 侧行通信使用共享载波　　　　　　　(b) 侧行通信使用专有载波

图7-3　侧行通信使用共享载波或专有载波

下面分别介绍LTE-V2X系统中的3种同步源类型。

1. eNB

当终端位于网络覆盖范围内时，终端可以搜索eNB发送的同步信号获取同步信息，此时，终端可以将eNB作为同步源获取同步信息，如图7-4中的UE1。

2. GNSS（Global Navigation Satellite System，全球导航卫星系统）

在车联网系统中，终端之间交互的信息包括终端的位置、速度、移动方向等，因此，可以默认终端具有获取GNSS信号的能力，终端可以将GNSS作为同步源并获取同步信息。GNSS可以为所有的终端提供统一的定时同步，因此，GNSS作为同步源适用于车联网系统的所有场景，无论终端位于网络覆盖范围内还是网络覆盖范围外，都可以将GNSS作为同步源，如图7-4中的UE2、UE3。UE2位于网络覆盖范围内，可以从eNB获取同步信息，或者从GNSS获取同步信息，UE3位于网络覆盖范围外，无法从eNB获取同步信息，但是可以从GNSS获取同步信息。

3. UE

如果终端通过eNB、GNSS或其他终端获取了同步信息，该终端可以根据该同步信息在侧行链路上发送同步信号，以辅助其他无法获取同步信息的终端进行侧行同步，此时该终端可以作为其他终端的同步源，如图7-4中的UE1和UE3。UE1位于网络覆盖范围内，可以从eNB获取同步信息，该终端可以在侧行链路上发送同步信号。UE7位于网络覆盖范围外，无法从eNB获取同步信息，如果该终端也无法获取GNSS信号，但是能够检测到UE1发送的侧行同步信号，则可以将UE1作为同步源获取同步信息。UE3从GNSS获取同步信息，该终端在侧行链路上发送同步信号。UE4位于网络覆盖范围外，因此，无法通过eNB获取同步信号，而且该终端由于被建筑物遮挡，无法获取可靠的GNSS信号，如果

UE4能够检测到UE3发送的侧行同步信号，则可以将UE3作为同步源获取同步信息。

当终端无法通过上述3种方式获取同步信息时，可以根据内部时钟确定同步信息。如图7-4中的UE5，UE5位于网络覆盖范围外，并且无法获取可靠的GNSS信号，如果UE5也无法检测到其他终端发送的侧行同步信号，则此时UE5可以利用终端内部时钟获取时间信息，并且在侧行链路上发送同步信号，以辅助其他终端（如UE6）获取同步信息。

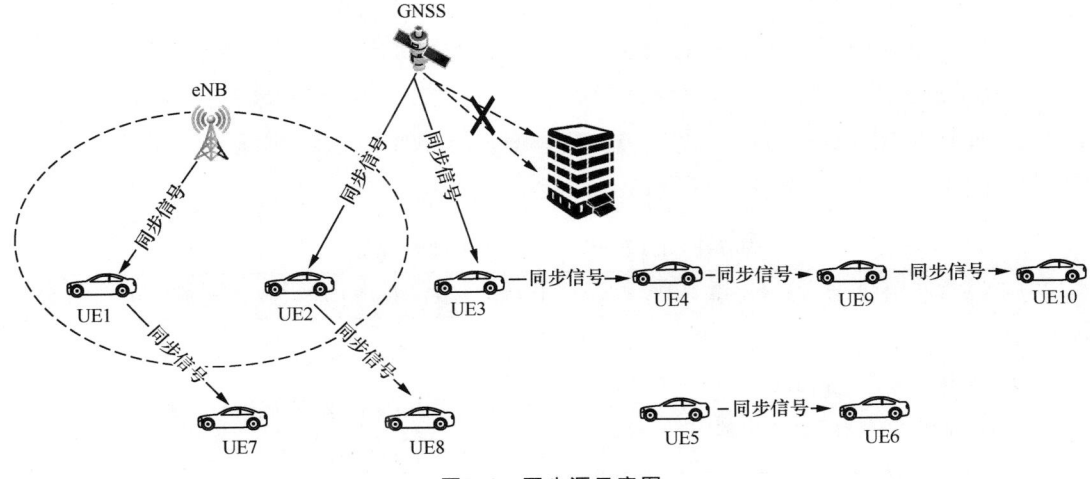

图7-4　同步源示意图

NR-V2X系统中的同步源类型和LTE-V2X基本是一致的，唯一的区别在于NR-V2X系统中终端可以从gNB或eNB获取同步信息，因此，在NR-V2X中支持的同步源类型包括eNB、gNB、GNSS、UE、终端内部时钟[22, 40]。

由于在侧行通信中引入了不同的同步源类型，导致从不同类型的同步源获取同步信息的终端之间形成不同的簇，如图7-4所示，UE1和UE7构成一个簇，都是直接或间接从eNB获取同步信息；UE2、UE3、UE4、UE8、UE9和UE10构成一个簇，都是直接或间接从GNSS获取同步信息；UE5和UE6构成一个簇，是根据UE5的内部时钟获取同步信息。不同类型的同步源之间可能是不同步的，如根据eNB、GNSS和终端内部时钟获取的同步信息是不同步的，此时由于多个簇的终端之间时间不同步会导致它们之间无法进行侧行通信，因此，需要定义同步源的优先级，以从不同类型同步源获取同步信息的终端都尽可能地同步到具有最高优先级的同步源上，保证它们之间能够正常地进行侧行通信。

7.2　同步源优先级

如7.1节所述，在LTE-V2X和NR-V2X系统中，支持多种类型的同步源，终端进行侧行传输时，首先要获取同步信息，那么终端如何确定选取哪种同步源类型获取同步信息呢？在LTE-V2X和NR-V2X中定义了同步源的优先级，终端选取能够检测到的优先级最高的同步源作为侧行传输的同步源。

7.2.1 LTE-V2X系统同步源优先级

在LTE-V2X系统中，eNB和GNSS具有最高的优先级[29]。在网络覆盖范围外时，没有eNB同步源，因此，GNSS具有最高的同步源优先级。在网络覆盖范围内时，网络可以配置eNB或GNSS具有最高的优先级。具体地，当eNB或GNSS被配置为高优先级时，其对应的同步源优先级如表7-1所示。

表7-1　LTE-V2X系统同步源优先级

GNSS被配置为最高优先级	eNB被配置为最高优先级
P0：GNSS	P0'：eNB
P1：以下两种终端具有相同优先级 ● 直接从GNSS获取同步信息的UE ● 直接从eNB获取同步信息的UE	P1'：直接从eNB获取同步信息的UE
	P2'：间接从eNB获取同步信息的UE
	P3'：GNSS
P2：以下两种终端具有相同优先级 ● 间接从GNSS获取同步信息的UE ● 间接从eNB获取同步信息的UE	P4'：直接从GNSS获取同步信息的UE
	P5'：间接从GNSS获取同步信息的UE
P3：其余终端	P6'：其余终端
P4：终端内部时钟	P7'：终端内部时钟

从表7-1的同步源优先级可以看出，eNB和GNSS具有最高的优先等级，而终端从eNB或GNSS获取同步信息并发送同步信号后，经过的跳数越多，该终端的优先等级越低，根据终端内部时钟获取同步信息的优先等级最低，这主要有以下两方面原因。

（1）由于发送功率的限制，终端发送的同步信号的覆盖范围远小于eNB或GNSS，采用终端内部时钟为同步源不利于减少相互之间不同步的簇。

（2）由于成本的限制，终端通常采用低精度的晶振，其精度低于基于eNB或GNSS同步信息的同步精度。

7.2.2 NR-V2X系统同步源优先级

和LTE-V2X系统类似，在NR-V2X系统中也对同步源定义了不同的优先级。

NR-V2X系统中包括eNB和gNB同步源类型，由于这两种同步源类型都来自于网络，因此，没有区分这两种同步源类型的优先级。NR-V2X系统中定义的同步源优先级如表7-2所示[22]。

表7-2　NR-V2X系统同步源优先级

GNSS被配置为最高优先级	gNB/eNB被配置为最高优先级
P0：GNSS	P0'：gNB/eNB
P1：直接从GNSS获取同步信息的UE	P1'：直接从gNB/eNB获取同步信息的UE
P2：间接从GNSS获取同步信息的UE	P2'：间接从gNB/eNB获取同步信息的UE
P3：gNB/eNB	P3'：GNSS
P4：直接从gNB/eNB获取同步信息的UE	P4'：直接从GNSS获取同步信息的UE
P5：间接从gNB/eNB获取同步信息的UE	P5'：间接从GNSS获取同步信息的UE
P6：其余终端	P6'：其余终端
P7：终端内部时钟	P7'：终端内部时钟

由于GNSS和gNB/eNB可能是不同步的，因此，在NR-V2X系统中支持当GNSS被配置为最高优先级时，可以通过网络配置信息或预配置信息使P3/P4/P5等级无效，即只包括P0/P1/P2/P6/P7等级。此时所有终端（不包括根据终端内部时钟获取同步信息的终端）的同步信息都是基于GNSS获取的，可以保证所有终端都是同步的。当gNB/eNB被配置为最高优先级时，此时不能使P3'/P4'/P5'无效，因为所有网络覆盖范围外的终端还是要根据GNSS获取同步信息的。

7.2.3　配置或预配置gNB/eNB或GNSS为最高优先级

在侧行通信系统中，支持网络配置或预配置gNB/eNB或GNSS为最高优先级的同步源的原因主要是为网络控制或网络部署留下自由度。在不同场景下，网络可以配置或预配置gNB/eNB或GNSS为最高优先级的同步源，从而满足不同场景的需求。

场景1：配置或预配置GNSS为最高优先级，提高小区内和小区外的终端进行侧行通信的效率。

对于网络覆盖范围外的终端，无法从网络直接获取同步信号，如果终端也无法从小区内的终端获取同步信号，则只能使用GNSS作为同步源获取同步信息。对于小区覆盖范围内的终端，终端可以从基站获取同步信号进行侧行通信。侧行通信系统中并没有强制要求基站部署GNSS，因此，终端从基站获取的同步信息与从GNSS获取的同步信息可能是不同步的，这会导致小区内的终端和小区外终端不同步的问题，降低系统的传输效率，如图7-5所示。此时，网络可以配置GNSS作为最高同步源优先等级，使得小区内的终端和小区外的终端都基于GNSS获取同步信息，以实现侧行传输，如图7-6所示。

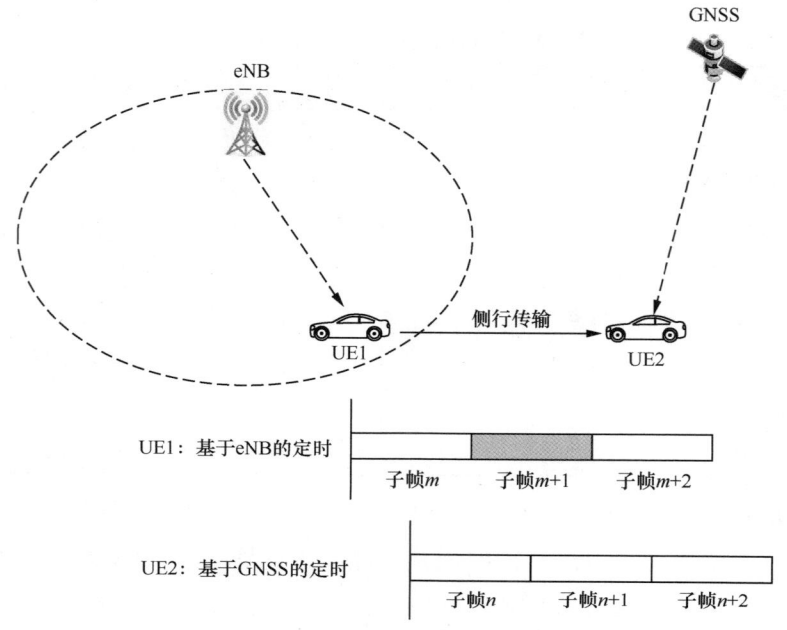

图7-5　小区内终端和小区外终端使用不同同步源进行侧行通信

在图7-5中，UE1位于小区覆盖范围内，以eNB为同步源，UE2位于小区覆盖范围外，以GNSS为同步源，由于eNB和GNSS是不同步的，因此，UE1在子帧$m+1$上发送的侧行数据与以GNSS为同步源确定的子帧n和子帧$n+1$有交叠。如果UE2要接收UE1在子帧$m+1$上发送的侧行数据，其需要先搜索UE1发送的侧行同步信号，只有该侧行同步信号与UE1同步，UE2才能正确接收UE1发送的数据。并且，由于子帧$m+1$与UE2的子帧n和子帧$n+1$有交叠，因此，UE2要保证在这两个子帧中都不发送侧行数据，才能接收到UE1在子帧$m+1$中发送的侧行数据。由此可见，发送端和接收端不同步会导致系统传输效率下降。

为了解决上述问题，网络可以配置GNSS具有最高优先级，如图7-6所示，此时网络配置GNSS为最高同步优先级，UE1和UE2都以GNSS为同步源，因此，UE1和UE2的侧行传输是同步的，UE1在子帧$n+1$上发送侧行数据，UE2在该子帧上接收该数据即可，这样不会由于发送端和接收端定时不同步而导致传输效率降低。

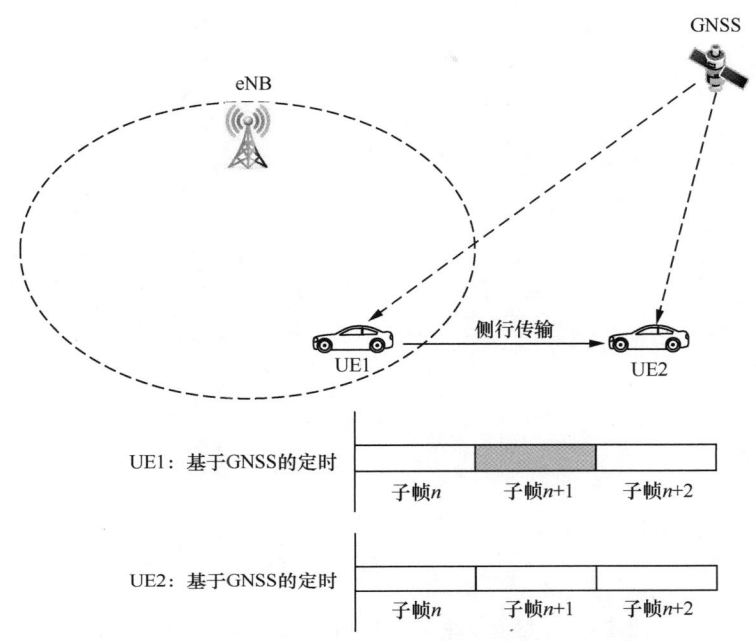

图7-6 小区内终端和小区外终端使用相同同步源进行侧行通信

如上所述,配置GNSS为最高优先级可以提高小区内终端和小区外终端之间的传输效率,但是当侧行通信系统部署在共享载波上时,基于GNSS作为同步源的侧行通信会对上行传输造成干扰,如场景3所述。当侧行通信系统部署在专有载波（如5.9GHz）时,在该载波上没有蜂窝系统的上下行通信,不存在侧行传输和蜂窝系统的上行传输之间的干扰,此时,侧行系统可以使用GNSS作为同步源,所有的侧行终端都可以获得相同的同步信息。

场景2：配置GNSS具有最高优先级,以提高小区间的终端进行侧行通信的效率。

对于TDD系统,小区之间是严格同步的,以避免邻小区之间的上下行干扰问题。对于FDD系统,不存在上下行之间的干扰问题,因此,小区间并不要求时间同步。如果侧行通信系统部署在FDD系统中,网络配置gNB/eNB具有最高的同步源优先级,不同小区内的终端分别以本小区的gNB/eNB作为同步源,就会导致相邻小区内的终端发送的侧行数据是不同步的,降低侧行传输的效率。如图7-7所示,当UE1在子帧$m+1$发送侧行数据时,UE2在子帧$n+1$和子帧$n+2$上都不能发送侧行数据；同理,当UE2在子帧$n+1$发送侧行数据时,UE1在子帧$m+1$和子帧$m+2$上都不能发送侧行数据。此时,网络可以配置GNSS具有最高同步源优先级信息,因此,所有小区内、小区外的终端都根据GNSS获取同步信息,从而方便进行侧行传输,如图7-8所示。

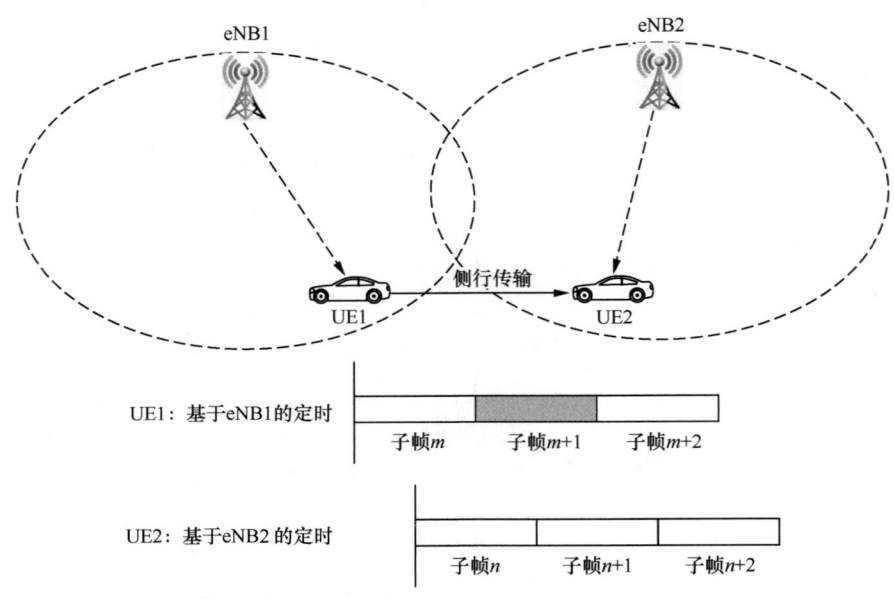

图7-7 小区间终端基于eNB定时进行侧行通信

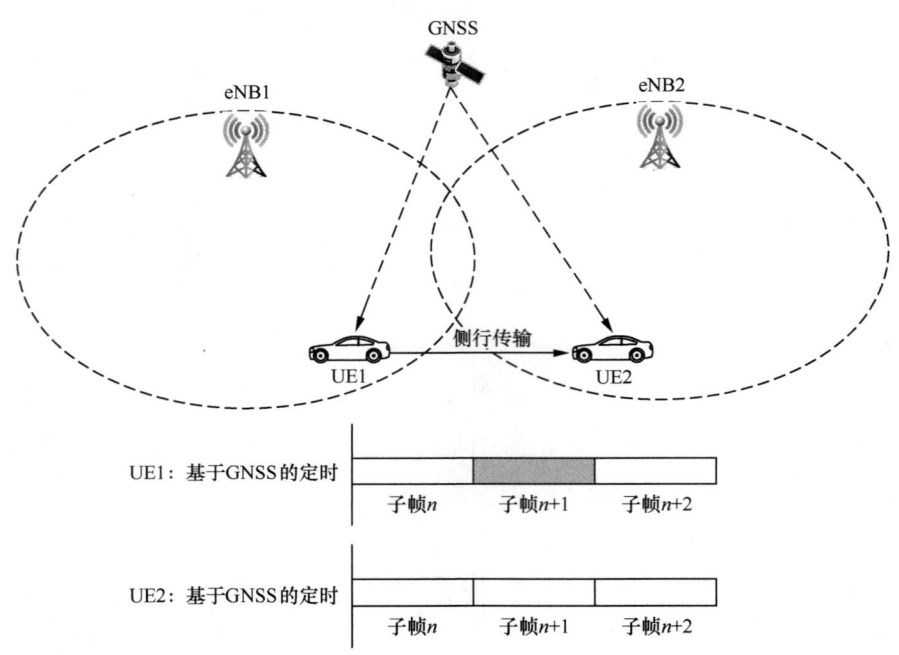

图7-8 小区间终端基于GNSS定时进行侧行通信

场景3：配置gNB/eNB具有最高优先级，避免侧行传输和上行传输之间的干扰。

当侧行通信系统部署在共享载波时，如果网络配置GNSS具有最高优先级，并且gNB/eNB和GNSS之间不是同步的，此时，基于GNSS进行侧行传输的终端与基于

gNB/eNB进行上行传输的终端之间会相互干扰,导致系统性能或传输效率降低,如图7-9所示。此时,网络可以配置gNB/eNB具有最高同步优先级,小区内终端都根据gNB/eNB获取同步信息进行侧行传输或上行传输,可以避免两者之间的干扰。

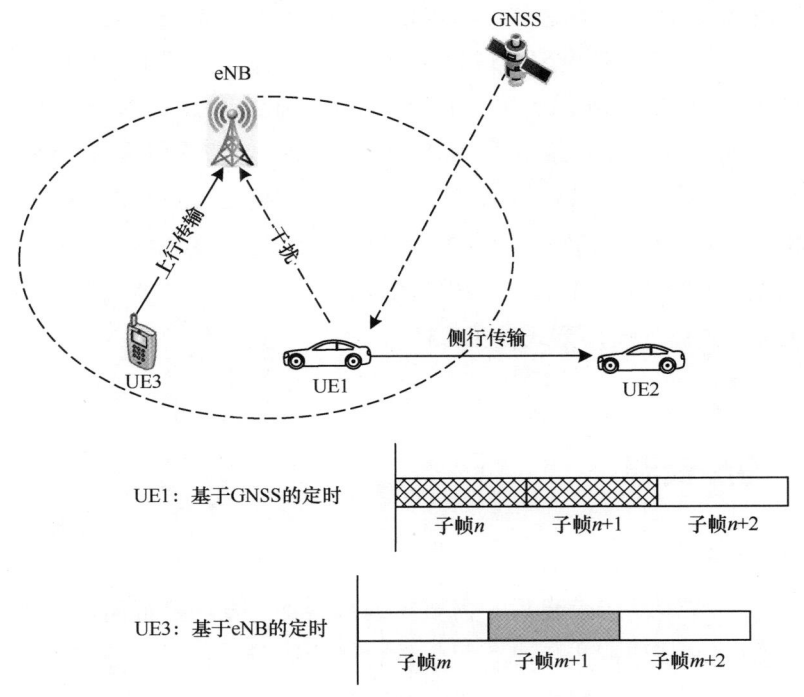

图7-9 小区内终端的侧行传输对上行传输的干扰

在图7-9中,如果网络配置GNSS具有最高优先级,UE1以GNSS为同步源进行侧行传输,由于eNB和GNSS不同步,UE1在子帧n上发送的侧行数据会对UE3在子帧m和子帧$m+1$上发送的上行数据产生干扰,为了避免对UE3在上行子帧$m+1$发送的上行数据产生干扰,UE1不能使用子帧n和子帧$n+1$进行侧行数据传输,因为这样会降低系统的传输效率。

7.3 同步源ID

在蜂窝通信系统中,小区ID(Cell-ID)用于识别不同的小区,Cell-ID通过主同步信号和辅同步信号承载。在侧行通信系统中,终端获取同步信息后,在侧行链路上发送SLSS和PSBCH,其中,SLSS携带侧行同步信号标识(Sidelink Synchronization Signal Identity,SLSS ID)用于区分发送同步信息的终端。

在LTE-V2X系统中，共包括336个SLSS ID[23]，即$N_{ID}^{SL} \in \{0,1,\cdots,335\}$，分为两个集合：小区内ID（id_net）：$\{0,1,\cdots,165\}$和小区外ID（id_oon）：$\{168,169,\cdots,335\}$。考虑到GNSS作为同步源的情况，在LTE-V2X系统中将SLSS ID 0、168、169预留给从GNSS获取同步信息的终端，以在发送侧行同步信号时使用，具体的使用方式参见7.5节。

NR-V2X系统中支持672个SLSS ID[21]，即$N_{ID}^{SL} \in \{0,1,\cdots,671\}$。与LTE-V2X类似，NR-V2X系统的$N_{ID}^{SL}$也被分为两个集合：小区内ID（id_net）：$\{0,1,\cdots,335\}$与小区外ID（id_oon）：$\{336,337,\cdots,671\}$。其中，SLSS ID 0、336、337预留给从GNSS获取同步信息的终端，以在发送侧行同步信号时使用，NR-V2X系统中的SLSS ID 0与LTE-V2X系统中的SLSS ID 0的用法相同；NR-V2X系统中的SLSS ID 336与LTE-V2X系统中的SLSS ID 168的用法相同；NR-V2X系统中的SLSS ID 337与LTE-V2X系统中的SLSS ID 169的用法相同，具体的使用方式参见7.5节。

7.4 同步资源

终端从同步源获取同步信息后，需要在侧行链路上发送侧行同步信号和侧行广播信道以辅助其他终端获取同步信息，用于传输侧行同步信号和侧行广播信道的资源称为同步资源。

7.4.1 多套同步资源的工作机制

由于半双工的限制，终端在一个载波上发送信号时不能同时在该载波上接收信号，为了避免终端在发送侧行同步信号时无法接收其他终端发送的侧行数据，导致侧行数据丢失，在侧行链路传输中，同步传输资源与侧行数据传输资源采用时分复用（TDM），即不支持侧行同步信号和侧行数据的FDM方式复用。进一步地，在确定侧行数据传输的资源池时，将同步信号所在的子帧或时隙从可用时域资源中排除，即同步资源不包括在资源池中，参见5.1.2节。

另外，也是由于半双工的限制，终端需要在不同的时域资源上发送和接收侧行同步信号，因此，在LTE-V2X系统中，每个同步周期内需要2个或3个子帧作为同步资源。其中，引入第3个同步资源主要用于以GNSS作为同步源的终端发送同步信号，具体如何使用各个同步资源传输同步信号参见7.5节。

如图7-10所示，LTE-V2X系统的同步资源的周期为160ms，在每个同步周期内包括2个同步子帧，当终端在同步资源1上获取同步信息时，在同步资源2上发送同步信号；

同理，当终端在同步资源2上获取同步信息时，在同步资源1上发送同步信号。

由于在一个同步周期内只有2个或3个子帧用于传输同步信号，而发送同步信号的终端有很多，因此，在每个同步资源上都有多个终端发送同步信号。不同的终端发送的同步信号的优先级可能不同，当终端在该同步资源上检测同步信号时，会检测到不同优先等级的同步信号，终端根据优先级的顺序从多个同步源中选取同步源，确定同步源的具体过程参见7.5节。

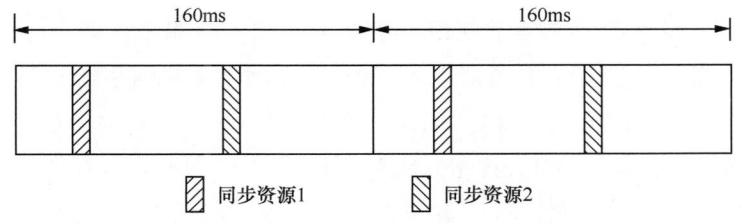

图7-10 LTE-V2X系统同步资源示意图

NR-V2X系统中同步资源的设计结合了NR Uu和LTE-V2X系统的设计，在NR Uu系统中，同步资源的周期也是160ms，在一个周期内包括多个同步信号块（Synchronization Signal Block，SSB）传输机会，这主要是考虑到在FR2时，需要使用不同的波束分别传输SSB，以实现对小区的全覆盖。在LTE-V2X系统中，每个同步周期内需要2个或3个同步子帧以消除半双工的影响。因此，在NR-V2X系统中，在每个同步周期内支持配置2套或3套同步资源，在每一套同步资源内包括多个传输机会。R16 NR-V2X中不支持基于波束的侧行传输，多个传输机会可以为终端提高检测性能，在后续版本中，如果引入基于波束的侧行传输，则终端可以在多个传输机会中使用不同的波束发送侧行同步信号。

图7-11所示的NR-V2X系统中，在每个同步周期160ms内配置了2套同步资源，在每套同步资源内配置4个同步时隙，发送端可以在4个时隙上分别发送同步信号。当终端在某个同步时隙上检测到同步信号时，根据与该同步信号同时传输的PSBCH中携带的直接帧号（Direct Frame Number，DFN）和时隙编号可以确定该同步时隙属于第一套同步资源还是第二套同步资源，终端在另一套同步资源的4个时隙上分别发送同步信号。

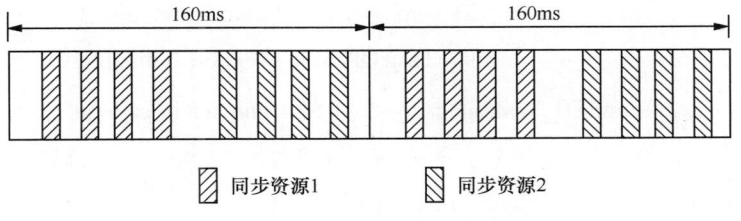

图7-11 NR-V2X系统同步资源示意图

7.4.2 同步资源的配置

LTE-V2X系统中同步资源的周期是160ms,通过预配置或网络信息配置多个同步资源在一个同步周期内的偏移量,根据下式确定每个同步资源的时域位置[29]。

$$(SFN \times 10 + \text{Subframe Number}) \bmod 160 = \text{SL-OffsetIndicatorSync}$$

其中,SFN表示系统帧号,Subframe Number是一个无线帧内的子帧编号,SL-OffsetIndicatorSync是同步资源所在的子帧相对于SFN #0的子帧偏移量。

NR-V2X系统中同步资源的周期也是160ms,由于NR-V2X系统支持不同的子载波间隔,因此,在一个同步周期内包括的时隙个数为$160\times 2^\mu$,其中μ=0、1、2、3,分别对应于子载波间隔15kHz、30kHz、60kHz和120kHz[21]。NR-V2X系统在一个同步周期内最多可以配置3套同步资源,对于每一套同步资源,通过下面的3个参数确定一个周期内每个同步资源所在的时隙[22]。

(1) 周期内同步时隙个数 (sl-NumSSB-WithinPeriod): 一个同步周期内每套同步资源包括的同步时隙的个数。具体地,在FR1和FR2中的不同子载波间隔,每套同步资源内支持的同步时隙的个数分别如下。

① FR1
- 15kHz SCS: {1}。
- 30kHz SCS: {1, 2}。
- 60kHz SCS: {1, 2, 4}。

② FR2
- 60kHz SCS: {1, 2, 4, 8, 16, 32}。
- 120kHz SCS: {1, 2, 4, 8, 16, 32, 64}。

(2) 同步时隙偏移量 (sl-TimeOffsetSSB): 一个同步周期内每套同步资源中的第一个同步资源相对于同步周期边界的时隙偏移量。

(3) 时间间隔 (sl-TimeInterval): 一个同步周期内每套同步资源中相邻两个同步资源的时隙间隔。

具体地,同步资源所在的时隙可以根据下面的公式确定。

$$\left(SFN \times 10 \times 2^\mu + \text{Slot number in a Frame} \right) \bmod 160 \times 2^\mu$$
$$= \text{sl\_TimeOffsetSSB} + k \times \text{sl\_TimeInterval}$$

其中, $k = 0,1,\cdots,\text{sl\_NumSSB\_WithinPeriod} - 1$, Slot number in a Frame表示一个无线帧内的时隙索引, μ=0、1、2、3,分别对应15kHz、30kHz、60kHz、120kHz子载波间隔。

如图7-12所示，图中示出一个同步周期内的一套同步资源，子载波间隔为60kHz，即一个同步周期内包括640个时隙，配置一套同步资源内包括4个同步时隙，即sl-NumSSB-WithinPeriod=4，第一个同步资源相对于周期边界的偏移量为15个时隙，即sl-TimeOffsetSSB=15，相邻两个同步资源的时隙间隔是10个时隙，即sl-TimeInterval=10，由此可以确定4个同步资源所在的时隙分别为时隙15、25、35和45。

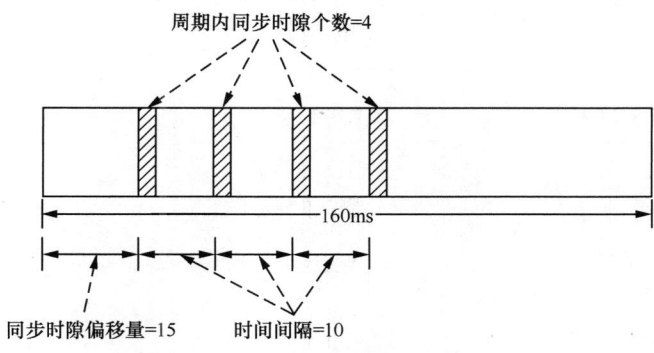

图7-12　NR-V2X同步资源指示示意图

7.5　同步过程

终端在进行侧行通信前，首先要确定同步源，根据同步源获取同步信息；然后在侧行链路上发送SLSS和PSBCH以辅助其他终端进行同步，终端需要根据同步源确定该终端发送的SLSS所对应的SLSS ID，根据同步源确定PSBCH的内容，以及确定发送SLSS和PSBCH的同步资源。

NR-V2X中的同步过程与LTE-V2X的同步过程几乎相同，本节以LTE-V2X为例介绍侧行系统的同步过程，NR-V2X的同步过程可以参见参考文献[22]。

7.5.1　确定能够发送SLSS和PSBCH的终端

终端获取同步信息后，可以在侧行链路上发送同步信号以辅助其他终端进行同步，只有满足特定条件的终端才能发送同步信号。如果一个UE作为其他终端的同步源，该UE又称为同步参考终端（Synchronization Reference UE，SyncRef UE）。

1. 小区覆盖范围内的终端

（1）终端选取eNB或GNSS为同步源，网络通过专有信令指示某个终端发送侧行同步信号，如图7-13中的UE1。

（2）终端选取eNB或GNSS为同步源，网络配置RSRP门限，RSRP测量值低于该门限的终端发送侧行同步信号，如图7-13中的UE2。

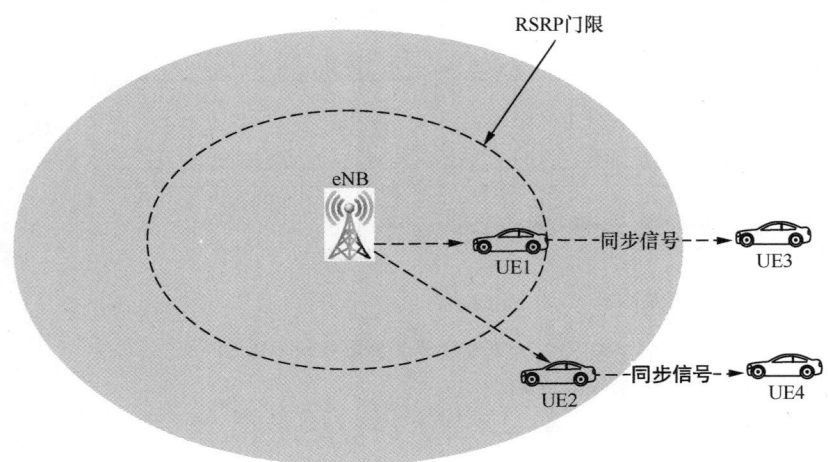

图7-13 小区内发送侧行同步信号的终端

2. 小区覆盖范围外的终端

（1）直接同步到GNSS的终端在侧行链路上发送同步信号，如图7-14中的UE1。

（2）终端没有直接同步到GNSS，而是选取了SyncRef UE，并且终端针对该SyncRef UE的侧行参考信号接收功率（Sidelink Reference Signal Received Power，S-RSRP）测量结果低于预配置的侧行同步信号的发送门限syncTxThreshOoC，该终端在侧行链路上发送同步信号，如图7-14中的UE3。其中S-RSRP表示终端测量PSBCH的解调参考信号得到的RSRP[39]。

（3）终端没有直接同步到GNSS，也没有选取其他终端作为SyncRef UE，该终端在侧行链路上发送同步信号。

在图7-14中，UE1从GNSS获取同步信息，因此，UE1在侧行链路上发送侧行同步信号；UE2检测到UE1发送的侧行同步信号，但是UE2测量UE1的S-RSRP高于预配置的门限syncTxThreshOoC，因此，UE2不发送侧行同步信号；UE3也检测到UE1发送的侧行同步信号，UE3测量UE1的S-RSRP低于预配置的门限syncTxThreshOoC，因此，UE3需要发送侧行同步信号。

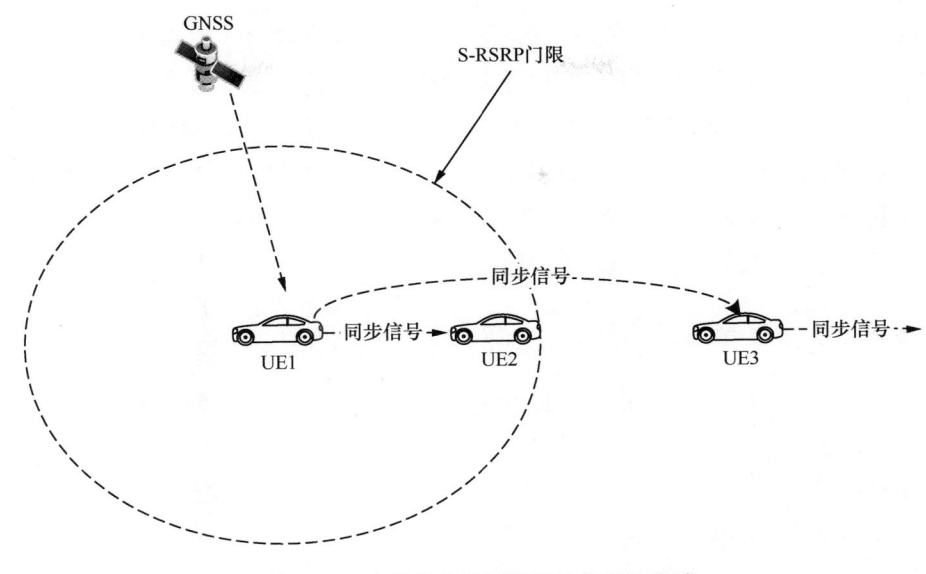

图7-14 小区外发送侧行同步信号的终端

7.5.2 确定同步源的过程

本节介绍终端确定同步源的过程。如前所述，侧行传输的终端可能位于小区覆盖范围内或小区覆盖范围外，并且在小区覆盖范围内时，网络可以配置eNB或GNSS为更高优先级，因此，本节根据不同的场景以及不同的配置情况分别讨论确定同步源的过程。

1. 终端位于小区覆盖范围内

当终端位于小区覆盖范围内时，终端可以接收网络发送的SIB信息（如SIB21）或RRC信令（如SL-V2X-ConfigDedicated），网络通过SIB信息或RRC信令为终端配置侧行传输的参数[29]，其中包括同步源类型（typeTxSync）参数，该参数用于指示终端优先选取eNB或GNSS为同步源，即配置eNB或GNSS具有更高优先级。

（1）如果参数typeTxSync设置为eNB，则终端选取eNB为同步源。

（2）如果参数typeTxSync设置为GNSS：

① 如果GNSS信号是可靠的，终端选取GNSS（对应优先等级P0）为同步源；

② 如果GNSS信号不可靠[41, 42]，即认为没有GNSS信号。

- 搜索直接同步到GNSS的终端（对应优先等级P1），如果能够检测到，并且测量该终端的S-RSRP超过最低需求，则选取该终端为同步源终端。

- 如果未能检测到直接同步到GNSS的终端，则搜索间接同步到GNSS的终端（对应优先等级P2）；如果能够检测到，并且测量的RSRP超过最低需求，则选取该终端为同步源终端。

- 如果未能检测到间接同步到GNSS的终端，则选取eNB作为同步源终端。

当终端在网络覆盖范围内时，终端可以检测到网络发送的同步信号，因此，无论是网络配置eNB，还是GNSS具有更高的优先级，终端都不会以直接或间接同步到网络的终端或其他终端作为同步源。当eNB被配置为高优先级时，终端直接同步到eNB；当GNSS被配置为高优先级时，终端按照GNSS、直接同步到GNSS的终端、间接同步到GNSS的终端、eNB的顺序依次选取同步源。

2. 终端位于小区覆盖范围外

当终端位于小区覆盖范围外时，终端无法直接从eNB获取同步信息，可用的同步源包括如下几种：

- GNSS；
- 直接同步到GNSS的终端；
- 间接同步到GNSS的终端；
- 直接同步到eNB的终端；
- 间接同步到eNB的终端；
- 其他终端；
- 终端内部时钟。

对于小区覆盖范围外的终端，通过预配置信息获取同步参数，其中，预配置信息中的同步优先级（syncPriority）参数可以配置为eNB或GNSS。当该参数配置为GNSS时，表示GNSS为最高优先级；当该参数配置为eNB时，表示直接和间接同步到eNB的终端的优先级高于GNSS的优先级。下面介绍小区外的终端确定同步源的过程[29]。

（1）如果预配置信息中的参数syncPriority配置为GNSS，按照下面的优先级顺序选取同步源。

① 优先级组1：如果GNSS信号可靠，则选取GNSS作为同步源。

② 优先级组2：直接同步到GNSS或eNB的终端为同步源，此类终端包括下面3种情况。

- 终端发送的SLSS对应的ID=0，并且使用第3个同步资源发送SLSS。
- 终端发送的SLSS对应的ID=0，终端发送的侧行广播信息（MasterInformationBlock-SL-V2X，MIB-SL）中的信息域inCoverage设置为TRUE。
- 终端的SLSS ID是来自于小区内ID集合id_net，终端发送的MIB-SL信息中的信息域inCoverage设置为TRUE。

③ 优先级组3：间接同步到GNSS或eNB的终端为同步源，对应优先级组2的3种情况，优先级组3的终端也包括3种情况。

- 终端的SLSS对应的SLSS ID=169，终端发送的MIB-SL信息中的信息域in-

Coverage设置为FALSE。

· 终端的SLSS对应的SLSS ID=0，终端发送的MIB-SL信息中的信息域inCoverage设置为FALSE，不使用第3个同步资源发送SLSS。

· 终端的SLSS ID来自于小区内ID集合id_net，终端发送的MIB-SL信息中的信息域inCoverage设置为FALSE。

④ 优先级组4：其他终端，即除了优先级组2和优先级组3的终端。

⑤ 优先级组5：终端的内部时钟，如果终端无法获取GNSS同步信息，也没有检测到其他终端发送的SLSS，则终端可以根据内部时钟获取同步信息。

（2）如果预配置信息中的参数syncPriority配置为eNB，按照下面的优先级顺序选取同步源。

① 优先级组1：即直接同步到eNB的终端。此类终端的SLSS ID来自于小区内ID集合id_net，终端发送的MIB-SL信息中的信息域inCoverage设置为TRUE。

② 优先级组2：即间接同步到eNB的终端。此类终端的SLSS ID来自于小区内ID集合id_net，终端发送的MIB-SL信息中的信息域inCoverage设置为FALSE。

③ 优先级组3：GNSS，即将GNSS作为同步源，从GNSS获取同步信息。

④ 优先级组4：直接同步到GNSS的终端，此类终端包括以下两种情况。

· 终端的SLSS对应的SLSS ID=0，终端发送的MIB-SL信息中的信息域inCoverage设置为TRUE。

· 终端的SLSS对应的SLSS ID=0，并且从第3个同步资源发送SLSS。

⑤ 优先级组5：间接同步到GNSS的终端，对应于优先级组4的两种情况，优先级组5的终端也包括两种情况。

· 终端的SLSS对应的SLSS ID=169，终端发送的MIB-SL信息中的信息域inCoverage设置为FALSE。

· 终端的SLSS对应的SLSS ID=0，终端发送的MIB-SL信息中的信息域inCoverage设置为FALSE，不从第3个同步资源发送SLSS。

⑥ 优先级组6：其他终端，即去除优先级组1、2、4、5的终端。

⑦ 优先级组7：终端的内部时钟，如果终端无法获取eNB或GNSS的同步信息，也没有检测到其他终端发送的SLSS，终端可以根据内部时钟获取同步信息。

在上述确定同步源的过程中，有如下几点需要说明。

（1）当预配置参数syncPriority配置为GNSS时，直接以GNSS或eNB为同步源的终端具有相同的优先级（优先级组2），间接以GNSS或eNB为同步源的终端具有相同的优先级（优先级组3）。这主要是因为在确定同步源的同步精度时，eNB和GNSS具有最高的同步精度，直接同步到eNB或GNSS的终端（从eNB或GNSS经过一跳）比间接同步到eNB或GNSS的终端的同步精度高（从eNB或GNSS经过两跳），即经过的跳数越多，其对应的同步精度越低。所以在syncPriority配置为GNSS时，直接同步到GNSS或eNB的终端都是经过一跳获取同步信息，因此具有相同的优先级，间接同步到GNSS或eNB的终端都是经过两跳获取同步信息的，因此具有相同的优先级。

当预配置参数syncPriority配置为eNB时，直接同步到eNB的终端的优先级（优先级组1）高于直接同步到GNSS的终端的优先级（优先级组4），间接同步到eNB的终端的优先级（优先级组2）高于间接同步到GNSS的终端的优先级（优先级组4）。这主要是因为，当syncPriority配置为eNB时，即优先选取从eNB获取同步信息的终端作为同步源。当终端位于小区覆盖范围外时，终端还可以从GNSS获取同步源，如果将直接同步到eNB的终端的优先级和直接同步到GNSS的终端的优先级设为相同，此时直接同步到GNSS的终端的优先级就会高于GNSS优先级，这是不合理的配置。因此，在标准讨论中，对于小区覆盖外的场景，如果预配置参数syncPriority配置为eNB时，直接同步到eNB的终端的优先级（优先级组1）和间接同步到eNB的终端的优先级（优先级组2），高于GNSS的优先级（优先级组3），进一步地，高于直接同步到GNSS的终端的优先级（优先级组4）和间接同步到GNSS的终端的优先级（优先级组5）。

（2）在上述确定同步源的过程中，如果终端同时检测到不同优先级组的同步源，则选取优先级最高的同步源；如果检测到多个SLSS属于相同优先级组，则分别测量各个终端的S-RSRP，选取S-RSRP测量结果最高的终端作为同步源。

（3）在上述确定同步源的过程中，如果终端检测到其他终端发送的SLSS，则只有针对该终端测量的S-RSRP高于最低需求时，才认为该终端是一个候选的同步源终端SyncRef UE。

（4）如果终端已经选取了SyncRef UE，只有当下面任意一个条件满足时，终端才会选取新的同步源；否则不选取新的同步源。

① 如果候选同步源终端的优先级高于终端当前的SyncRef UE的优先级，并且候选同步源终端的S-RSRP超过最低需求门限syncRefMinHyst，即只有当高优先级的候选同步源的信号质量足够好时，终端才会将其作为新的同步源，信号质量足够好可以保证根据该同步源终端获取的同步信息的精度。

② 如果候选同步源终端的优先级与终端当前的SyncRef UE的优先级相同，并且具有最高S-RSRP的候选同步源终端的S-RSRP超过最低需求门限syncRefMinHyst且超过终端当前的SyncRef UE的S-RSRP门限syncRefMinHyst，即只有当候选同步源的信号质量足够好，并且与当前同步源的信号质量差值高于门限时，才会选取该候选同步源作为新的同步源，从而可以保证获取足够高的同步精度，并且可以避免由于信号测量结果的波动导致在这两个同步源之间发生频繁的同步源切换。

③ 如果终端当前SyncRef UE的S-RSRP低于最低需求，即当前同步源的信号质量很差，不能够提供足够高的同步精度，此时需要选取新的同步源。

7.5.3 确定发送SLSS和PSBCH的过程

终端确定同步源后，在侧行链路上进行侧行通信。同时，为了辅助其他终端获取同步信息，终端在侧行链路上发送SLSS和PSBCH，其中，SLSS又分为侧行主同步信号（SPSS）和侧行辅同步信号（SSSS），PSBCH中承载MIB-SL，MIB-SL主要包括如下信息域。

（1）侧行传输的系统带宽（sl-Bandwidth）。

（2）侧行传输系统的TDD配置（tdd-ConfigSL）。

（3）直接帧号（directFrameNumber）：发送SLSS和PSBCH所对应的直接帧号。

（4）子帧号（directSubframeNumber）：发送SLSS和PSBCH所对应的子帧在所述DFN内的子帧编号。

（5）覆盖范围内指示（inCoverage）：指示发送SLSS和PSBCH的终端是否在小区覆盖范围内，或指示终端是否直接从GNSS获取同步信号。

当终端需要发送SLSS和PSBCH时，需要解决如下几个问题。

（1）如何确定同步资源

如7.4节所述，在侧行链路传输中引入多套同步资源，尤其是在系统配置了3套同步资源，且第三套同步资源主要是为了以GNSS为同步源引入的时候，终端从同步源获取同步信息后，如何选取同步传输资源传输SLSS和PSBCH？

（2）如何确定SLSS ID

如7.3节所述，在LTE-V2X系统中包括336个SLSS ID，分为两组：id_net和id_oon，并且SLSS ID 0、168、169用于从GNSS获取同步信息，终端在侧行链路上发送SLSS时，如何根据同步源类型、同步源所属的优先级、终端是否位于小区覆盖范围内等因素确定SLSS ID？

（3）如何确定MIB-SL的内容

上述MIB-SL的各信息域中，参数sl-Bandwidth和tdd-ConfigSL可以根据侧行配置信息确定，终端确定同步资源后，可以根据同步资源配置参数确定参数directFrameNumber和directSubframeNumber，而参数inCoverage会根据同步源的类型及终端是否在小区覆盖范围内等因素确定。

当终端位于小区覆盖范围内时，网络通过SIB信息或RRC信令配置侧行传输的参数，此时，终端可以根据网络配置信息确定部分MIB-SL中的参数，如sl-Bandwidth和tdd-ConfigSL。当终端位于小区覆盖范围外时，通过预配置信息配置侧行传输的参数，此时，终端可以根据预配置信息确定MIB-SL中的参数。当终端使用专有载波进行侧行传输时，即使终端可以从蜂窝通信的驻留小区中获取同步信息，但是其侧行传输的参数，如sl-Bandwidth和tdd-ConfigSL，也可以根据预配置信息确定。

1. 终端位于小区覆盖范围内

当终端位于小区覆盖范围内时，终端从网络获取侧行传输的配置参数，网络可以通过SIB信息（如SystemInformationBlockType21）或RRC信令（如SL-V2X-ConfigDedicated）配置当前小区所在的载波上的侧行传输参数，或者配置用于侧行传输的相邻载波（如5.9GHz的ITS载波）的传输参数。网络配置当前载波的侧行传输参数适用于侧行传输和蜂窝通信共享载波的情况；网络配置相邻载波的传输参数适用于侧行传输的载波和当前载波属于不同载波的情况，如侧行传输使用专有载波。对于每个载波，网络可以为该载波配置多套同步参数配置（v2x-SyncConfig），在每套同步参数配置中包括同步源类型、同步信号ID、同步资源等相关的参数。终端在侧行链路上传输侧行同步信息时，从网络配置的多套同步参数中选取一套确定相应的同步参数进行传输。

当终端位于小区覆盖范围内时，网络可以配置eNB或GNSS为高优先级同步源，根据同步源类型的不同，终端通过下面的过程确定同步资源和SLSS ID。在同步参数中，syncOffsetIndicator用于表示同步资源相对于同步周期起始位置的时域偏移量，为描述方便，本节用syncOffsetIndicator表示同步资源，当配置3套同步资源时，分别对应syncOffsetIndicator1、syncOffsetIndicator2、syncOffsetIndicator3。

情况1：终端选取eNB为同步源。

终端从网络配置的多套同步参数配置（v2x-SyncConfig）中选取一套不包括参数gnss-Sync的同步参数配置，根据该v2x-SyncConfig确定相对应的SLSS ID和同步资源。

（1）SLSS ID：根据选取的v2x-SyncConfig确定相应的SLSS ID，网络配置的v2x-SyncConfig所对应的SLSS ID应该是属于id_net集合中的ID，并且不包括预留给GNSS作为同步源的SLSS ID 0、168、179。

（2）同步资源：根据选取的v2x-SyncConfig确定相应的同步资源syncOffset Indicator。

（3）inCoverage设置为TRUE：表示终端位于小区覆盖范围内。

情况2：终端选取GNSS为同步源。

（1）SLSS ID=0。

（2）同步资源：从网络配置的多套同步参数配置（v2x-SyncConfig）中选取包括参数gnss-Sync的同步参数配置，选取该v2x-SyncConfig配置所对应的同步资源syncOffsetIndicator。

（3）inCoverage设置为TRUE：表示终端位于小区覆盖范围内。

2. 终端位于小区覆盖范围外

当终端位于小区覆盖范围外时，终端可以从GNSS、其他终端或终端内部时钟获取同步信息。当同步源类型不同时，终端确定MIB-SL的方式也不同。

（1）当终端以GNSS为同步源时，根据预配置信息确定MIB-SL的内容。

（2）当终端以其他终端为同步源时，根据该同步源终端发送的MIB-SL确定其发送的MIB-SL的内容。

需要说明的是，当该同步源终端位于网络覆盖范围内时，该同步源终端根据网络配置信息确定其MIB-SL的内容。

（3）当终端根据内部时钟获取同步信息时，根据预配置信息确定MIB-SL的内容。

综上，如果同步源终端是位于网络覆盖范围内的终端，其MIB-SL的内容根据网络配置信息确定，所有直接或间接同步到该同步源的终端发送的MIB-SL都是根据网络配置信息确定的。如果终端根据GNSS或内部时钟获取同步信息，其MIB-SL的内容根据预配置信息确定，所有直接或间接同步到该同步源的终端发送的MIB-SL都是根据预配置信息确定的。

当终端位于小区覆盖范围外时，根据同步源类型的不同，终端通过下面的过程确定同步资源和SLSS ID。

情况3：终端选取GNSS为同步源，并且预配置了3套同步资源。

（1）SLSS ID=0。

（2）同步资源：使用第3套同步资源syncOffsetIndicator3。

（3）inCoverage设置为FALSE。

情况4：终端选取GNSS为同步源，并且预配置了2套同步资源。

（1）SLSS ID=0。

（2）同步资源：使用第1套同步资源syncOffsetIndicator1。

（3）inCoverage设置为TRUE。

情况5：终端选取SyncRef UE为同步源。

根据下述几种情况分别确定相应的SLSS ID、同步资源等。

情况5-1：如果该SyncRef UE使用第3套同步资源syncOffsetIndicator3传输S-SSB，则

- SLSS ID=169；
- 同步资源：使用第2套同步资源syncOffsetIndicator2；
- inCoverage设置为FALSE。

情况5-2：如果该SyncRef UE发送的MIB-SL中信息域inCoverage设置为TRUE。

情况5-3：如果该SyncRef UE发送的MIB-SL中信息域inCoverage设置为FALSE，并且使用的SLSS ID属于小区外ID集合id_oon。

当满足情况5-2和情况5-3的任意一种时，则

- SLSS ID：与SyncRef UE的SLSS ID相同。
- 同步资源：与SyncRef UE使用不同的同步资源syncOffsetIndicator，即，如果

SyncRefUE使用syncOffsetIndicator1，则该终端使用syncOffsetIndicator2；如果SyncRefUE使用syncOffsetIndicator2，则该终端使用syncOffsetIndicator1。

- inCoverage设置为FALSE。

情况5-4：即除了上述情况5-1、情况5-2和情况5-3之外的其他情况。

- SLSS ID：将SyncRef UE的SLSS ID+168作为该终端使用的SLSS ID。
- 同步资源：与SyncRef UE使用不同的同步资源syncOffsetIndicator，如情况5-3。
- inCoverage设置为FALSE。

情况6：终端没有选取同步源，根据内部时钟获取同步信息。

（1）SLSS ID：在SLSS ID集合$\{170, 171, \cdots, 335\}$中随机选取一个。

（2）同步资源：选取第1套同步资源syncOffsetIndicator1或第2套同步资源syncOffsetIndicator2。

（3）inCoverage设置为FALSE。

下面结合具体的示例说明在各种情况下终端如何确定SLSS ID、同步资源以及inCoverage指示信息。

示例1：图7-15表示网络配置eNB为高优先级，UE1为小区内的终端，UE2、UE3、UE4是小区外的终端。图中（X，Y，Z）分别表示终端发送S-SSB使用的SLSS ID、inCoverage信息域的值（1表示TRUE，0表示FALSE）以及使用的同步资源（res-1、res-2分别表示第1套同步资源和第2套同步资源）。

（1）UE1选取eNB为同步源（情况1），UE1在侧行链路上发送SLSS和PSBCH时，其使用的SLSS ID是根据网络配置的v2x-SyncConfig确定的，SLSS ID$\in\{2,\cdots,167\}$，即为小区内ID（id_net）集合中的元素，但是不包括0、1，这是因为SLSS ID 0、1对应的小区外ID为168、169，而SLSS ID 0、168、169是预留给从GNSS获取同步信息的终端发送SLSS使用的，因此，当终端从eNB获取同步信息时，避免使用SLSS ID 0、1。res-1是v2x-SyncConfig配置中该SLSS ID所对应的同步资源。由于UE1位于小区覆盖范围内，因此，inCoverage设置为TRUE。

（2）UE2以UE1为同步源（情况5-2），则UE2使用与UE1相同的SLSS ID，并且inCoverage设置为FALSE，表示位于小区覆盖范围外，使用与UE1不同的同步资源，即res-2。

（3）UE3以UE2为同步源（情况5-4），则UE3使用的SLSS ID为UE2使用的SLSS ID+168，即对应小区外ID（id_oon）集合中的元素，并且inCoverage设置为FALSE，使用与UE2不同的同步资源，即res-1。

（4）UE4以UE3为同步源（情况5-3），则UE4使用与UE3相同的SLSS ID，并且inCoverage设置为FALSE，使用与UE3不同的同步资源，即res-2。

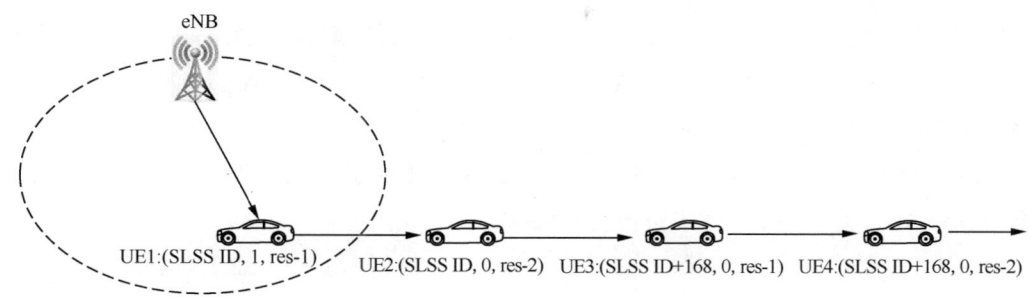

图7-15　eNB被配置为高优先级的同步过程

示例2：图7-16表示网络配置GNSS为高优先级，UE5为小区内的终端，UE6、UE7、UE8是小区外的终端。

（1）UE5选取GNSS为同步源（情况2），UE5在侧行链路上发送S-SSB时，其使用的SLSS ID=0，res-1是包括gnss-Sync参数的v2x-SyncConfig配置中所对应的同步资源，由于UE1位于小区覆盖范围内，因此，inCoverage设置为TRUE。

（2）UE6以UE5为同步源（情况5-2），UE6使用与UE5相同的SLSS ID，即SLSS ID=0，并且inCoverage设置为FALSE，表示位于小区覆盖范围外，使用与UE5不同的同步资源，即res-2。

（3）UE7以UE6为同步源（情况5-4），UE7使用的SLSS ID为UE6使用的SLSS ID+168，即SLSS ID=168，并且inCoverage设置为FALSE，使用与UE2不同的同步资源，即res-1。

（4）UE8以UE7为同步源（情况5-3），UE7使用的SLSS ID=168，也属于小区外ID集合ooc_net，则UE8使用与UE7相同的SLSS ID，即SLSS ID=168，并且inCoverage设置为FALSE，使用与UE7不同的同步资源，即res-2。

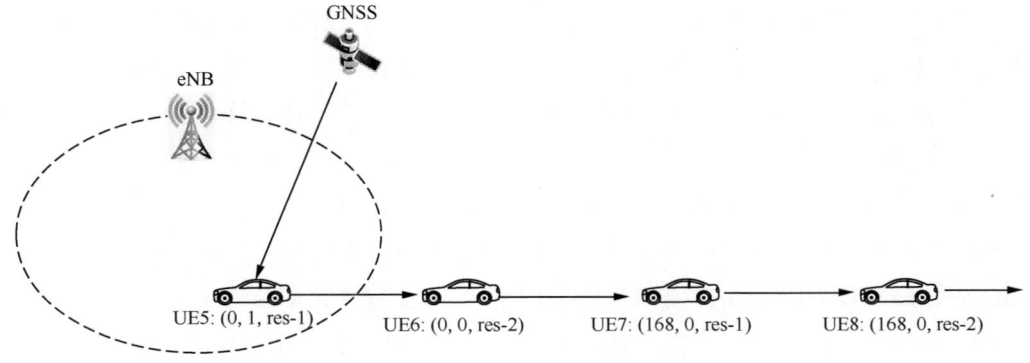

图7-16　GNSS被配置为高优先级的同步过程

示例3：图7-17表示网络覆盖范围外的场景，预配置GNSS为高优先级，UE9、UE10、

UE11、UE12是小区外的终端。

（1）UE9选取GNSS为同步源（情况3），并且系统预配置了3套同步资源，UE9在侧行链路上发送侧行同步信息时，其使用的SLSS ID=0，inCoverage设置为FALSE，并且使用第3套同步资源发送同步信息，即res-3。

（2）UE10以UE9为同步源（情况5-1），UE10使用的SLSS ID=169，并且inCoverage设置为FALSE，使用第2套同步资源，即res-2。

（3）UE11以UE10为同步源（情况5-3），由于UE10使用的SLSS ID=169，属于小区外ID集合id_oon，因此UE11使用与UE10相同的SLSS ID，即SLSS ID=169，并且inCoverage设置为FALSE，使用与UE10不同的同步资源，即res-1。

（4）UE12以UE11为同步源（情况5-3），UE12使用与UE11相同的SLSS ID，即SLSS ID=169，并且inCoverage设置为FALSE，使用与UE11不同的同步资源，即res-2。

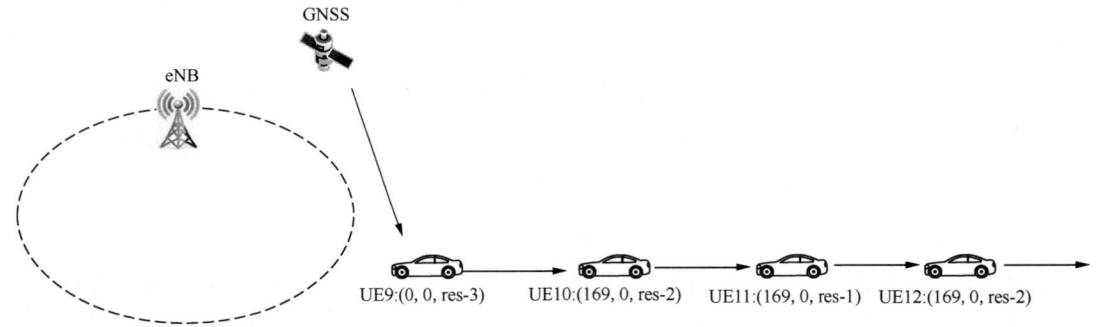

图7-17 小区外终端从GNSS获取同步信息的同步过程

示例4：图7-18表示网络覆盖范围外的场景，预配置GNSS为高优先级，UE13、UE14、UE15是小区外的终端，但是由于建筑物的遮挡，UE13、UE14、UE15都无法获取GNSS信号。

（1）UE13无法获取GNSS信号，在侧行链路上也没有检测到其他终端发送的SLSS，此时UE13根据内部时钟获取同步信号（情况6），UE13在侧行链路上发送侧行同步信息时，其使用的SLSS ID是在集合{170,171,…,335}（为小区外集合id_oon，但是不包括168、169）中随机选取的一个，inCoverage设置为FALSE，在同步资源res-1或res-2中随机选取一个（图7-18中选取了res-1）发送侧行同步信息。

（2）UE14以UE13为同步源（情况5-3），则UE14使用与UE13相同的SLSS ID，并且inCoverage设置为FALSE，使用与UE13不同的同步资源，即res-2。

（3）UE15以UE14为同步源（情况5-3），则UE15使用与UE14相同的SLSS ID，并且inCoverage设置为FALSE，使用与UE14不同的同步资源，即res-1。

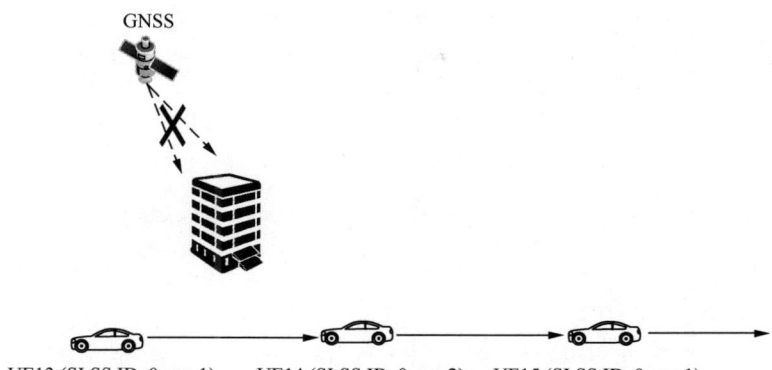

图7-18　根据终端内部时钟获取同步信息的同步过程

第8章
高层相关——用户面

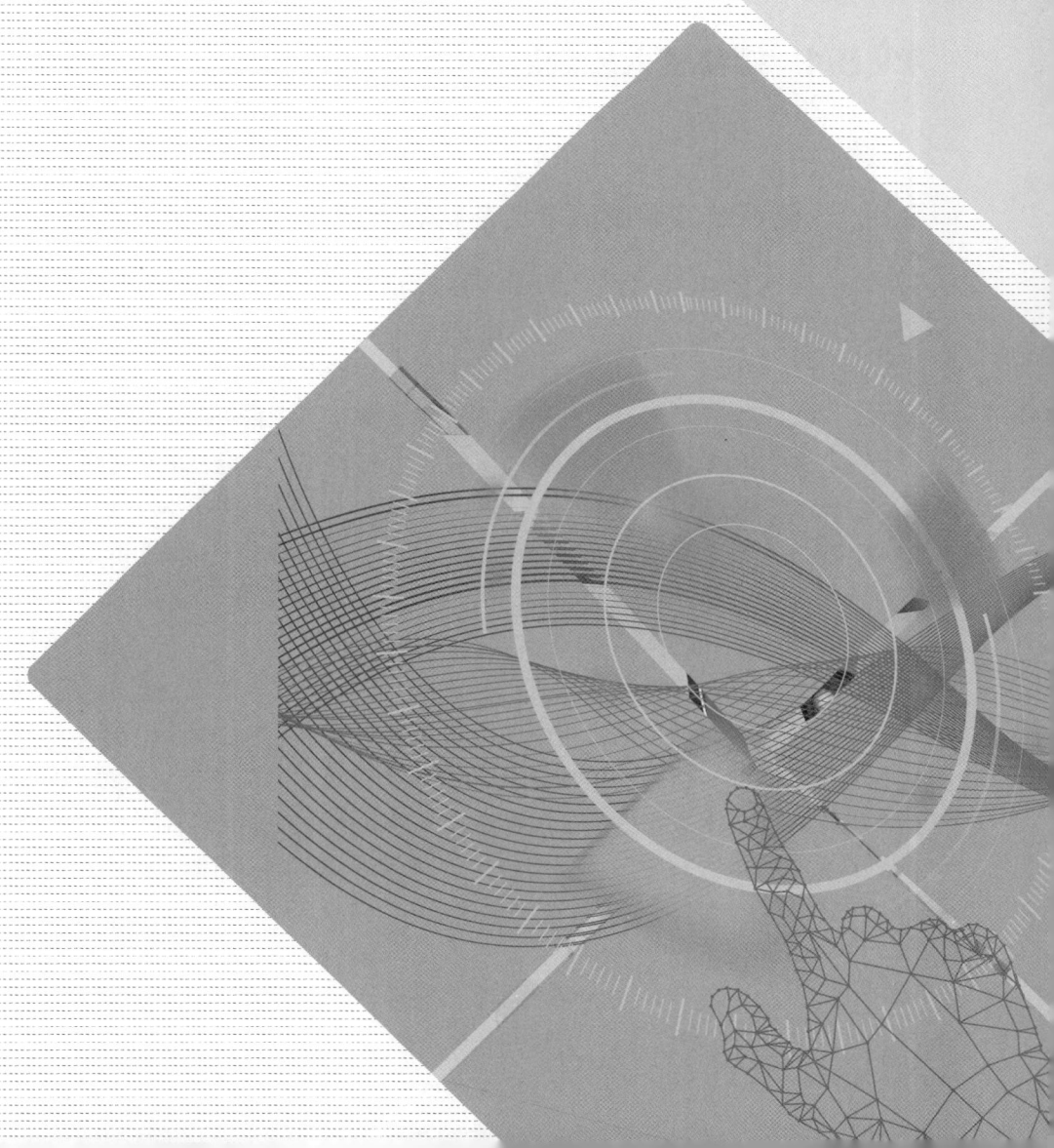

侧链无线承载（SLRB）包括用于用户面数据的侧链信令无线承载（SL DRB）。对于用户面数据承载，包含物理（Physical，PHY）层、媒体接入控制（Media Access Control，MAC）层、无线链路控制（Radio Link Control，RLC）层、分组数据汇聚协议（Packet Data Convergence Protocol，PDCP）层和业务数据适配协议（Service Data Adaptation Protocol，SDAP）层，如图8-1所示。本章分别描述MAC层、RLC层、PDCP层和SDAP层的功能。

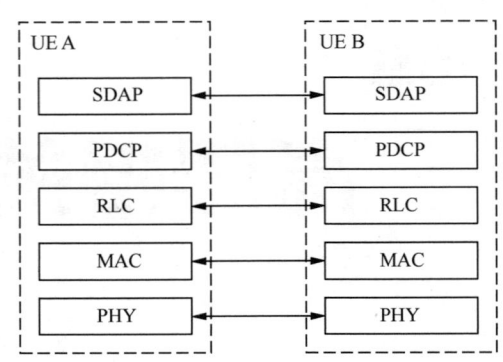

图8-1　侧行链路用户面接入层协议栈

8.1　媒体接入控制层

8.1.1　侧行链路调度请求缓存状态上报

LTE-V2X和NR-V2X都支持网络调度下的数据传输，包括LTE-V2X下的模式3和NR-V2X下的模式1。

当UE工作在上述模式下时，用于侧行链路数据传输的资源授权来自于网络，即网络下发资源授权给发送UE，发送UE使用该资源进行侧行链路发送。类似于Uu接口的上行传输，由于网络侧不知道UE侧当前的数据缓存状态，需要UE向网络报告UE当前的数据缓存状态，从而触发网络下发资源授权。与传统蜂窝网络不同的是，传统蜂窝网络中的缓存状态上报（Buffer Status Report，BSR）/调度请求（Scheduling Request，SR）只针对上行数据，而针对V2X，需要增加针对侧行链路数据的BSR/SR。

简单来说，UE向基站发送调度请求（SR或随机接入），然后发送侧行链路BSR。基于侧行链路BSR（其具有和上行链路BSR不同的逻辑信道标识），基站可以确定UE具有用于侧行链路通信的待传输的数据，并且估计传输数据所需的资源。基站可以使用配置的用于侧行链路的RNTI来调度用于侧行链路通信的传输资源。

对于LTE-V2X侧行链路的BSR格式，协议定义为如下形式（针对包含偶数项个数的条目和奇数项个数的条目分别定义），如图8-2和图8-3所示。

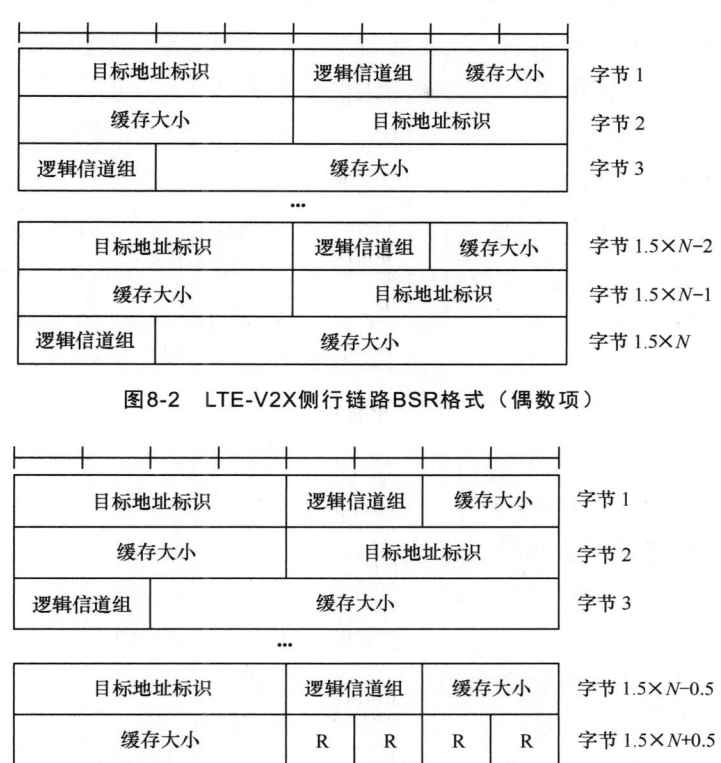

图8-2 LTE-V2X侧行链路BSR格式（偶数项）

图8-3 LTE-V2X侧行链路BSR格式（奇数项）

针对侧行链路BSR的不同字段的定义如下。

（1）目标地址标识："目标索引"字段用于标识侧行链路通信的目标地址。UE将该值设置为在SidelinkUEInformation消息（如9.1.7节所述）中上报的目标地址列表中相关目标地址的索引。如果UE在SidelinkUEInformation消息报告了多个目标地址列表，则按上报顺序对多个目标地址列表进行串行排列，从而对相应的目标地址进行索引。具体来说，由于LTE-V2X中的SidelinkUEInformation消息针对不同的频率分别定义目标地址列表，因此，对于某一个目标地址，当它可以使用多于一个频率时，会出现一个目标地址对应于多个目标索引的情况，因此会导致一些目标索引冗余，该问题没有在LTE-V2X中解决。在NR-V2X中，针对该问题对SidelinkUEInformation消息的信令结构进行了修改，即将频率列表放在不同目标地址结构体中，从而避免了该问题。

（2）逻辑信道组：该字段标识报告中包含的UE缓冲区状态对应的逻辑信道组。这里逻辑信道组标识用于指示与待传输数据相关的优先级信息（ProSe Per Packet Priority，PPPP）和可靠性信息（ProSe Per Packet Reliability，PPPR）。具体来说，PPPP值以及PPPR值到逻辑信道组的映射可以由基站配置，并且PPPP值和PPPR值由侧行链路BSR中包含的逻辑信道组ID反映，UE经由侧行链路BSR报告与一个或多个PPPP值和

/或PPPR值相关联的数据量。

（3）缓存大小：与上行链路BSR的定义类似，该字段定义为在生成MAC协议数据单元（Protocol Data Unit，PDU）之后，相关逻辑信道组（Logical Channel Group，LCG）的所有逻辑信道的数据总量，包括所有可用于RLC层和PDCP层中传输的数据（不考虑RLC和MAC报文头的大小）。

此外，上述格式（图8-2、图8-3）同样适用于截短的侧行链路BSR，即当资源授权的大小不足以包含所有的侧行链路BSR信息时，UE可以对侧行链路BSR进行截短操作。在进行截短操作时，针对不同目标地址和逻辑信道组的缓冲区信息，根据逻辑信道组中包含的最高优先级的逻辑信道的优先级降序排列，优先包含高优先级的缓冲区信息，而与目标索引字段的值无关。

对于NR-V2X，侧行链路BSR的格式定义与LTE_V2X类似，不同之处在于：

（1）目标地址标识从4bit扩展到了5bit；

（2）逻辑信道组标识从2bit扩展到了3bit；

（3）缓存大小从6bit扩展到了8bit。

因此，针对一个目标地址下的一个逻辑信道组，需要占用2字节，所以不需要针对偶数项个数和奇数项个数分别定义侧行链路BSR格式。

侧行链路BSR的触发包括如下类似上行链路BSR的触发条件。

（1）新的待传输数据出现在RLC实体或PDCP实体中（如果已有其他待传输数据，该新数据优先级比同一目标地址的任何逻辑信道组待传输数据的优先级更高，或同一目标地址目前还没有其他待传输数据）。

（2）在为数据分配完资源授权的空间，并且触发针对上行信道的填充BSR之后，剩余比特数大于或等于侧行链路BSR的大小（包含至少一个目标地址的至少一个逻辑信道组的缓冲区信息）。

（3）侧行链路BSR重传定时器到期，并且MAC实体具有可用于侧行链路传输的数据。

（4）侧行链路BSR周期性定时器到期。

除上述触发条件之外，侧行链路BSR还可以在UE从自主资源选择模式配置为网络调度资源选择模式时触发。自主资源选择模式包括两种：LTE-V2X下的模式4；NR-V2X下的模式2。

在LTE-V2X中，侧行链路和上行链路使用相同的SR资源，而不进行区分。因此，网络侧无法从接收到的SR资源中区分请求资源的是侧行链路还是上行链路。

在NR-V2X中，侧行链路SR资源的使用得到了进一步优化。

首先，网络可以配置UE针对上行链路和侧行链路分别使用不同的SR资源，即解决了LTE-V2X中侧行链路和上行链路使用混合的SR资源的问题。

其次，为了更进一步地在侧行链路内部区分不同的业务，网络可以针对侧行链的不同逻辑信道，配置UE分别使用不同的SR资源，这样网络不仅可以通过SR资源获知是侧行链路触发了资源请求，还能够通过SR资源获知是侧行链路的哪个逻辑信道触发了资源请求。

最后，由于NR-V2X中引入的侧行链路CSI报告是通过侧行链路MAC CE进行传输的，其传输也需要获得相应的侧行链路资源。因此，NR-V2X也定义了侧行链路CSI报告触发SR的相关过程和相应的SR取消条件。具体来说，如果侧行链路资源授权的大小可以容纳已触发但是尚未取消的侧行链路CSI报告，则针对相关目标地址的侧行链路CSI报告所触发的SR将被取消，并且相关的SR定时器应该停止。

相应地，针对侧行链路BSR还可以在UE从自主资源选择模式配置为网络调度资源选择模式时触发，侧行链路SR可以在UE从网络调度资源选择模式配置为自主资源选择模式时取消。

8.1.2 冲突解决机制

针对侧行链路传输，协议定义了相关的冲突解决机制来满足如下冲突场景。

（1）在同一载波上，当UE同时需要进行上行链路传输和侧行链路传输时，由于受到单载波传输的限制，UE只能选择二者之一进行传输。

（2）在不同载波上，当UE同时需要进行上行链路传输和侧行链路传输时，由于受到UE实现的限制，例如UE使用一套发送设备去支持所述两个载波的传输，UE需要选择二者之一进行传输。

（3）在不同载波上，当UE同时需要进行上行链路传输和侧行链路传输时，即使UE使用不同发送设备去支持所述两个载波的传输，但是由于功率放大器是共享的，当功率受限时，UE需要选择二者之一进行传输。

其中，第三种情况可以通过灵活的功率调整解决两个载波上同时传输的问题，因此，本节主要针对前两种情况进行描述。

在LTE-V2X中，针对上行链路和侧行链路传输的冲突，协议定义了相应的侧行链路优先级阈值。

（1）如果上行链路传输是针对随机接入第三消息的发送，或者上行链路传输是针对紧急业务的发送，则优先上行链路传输。

（2）针对随机接入第三消息或紧急业务之外的情况，需要比较侧行链路传输的优先级和侧行链路优先级阈值，例如，如果侧行链路传输的优先级高于阈值（由于优先级的数值越低代表优先级越高，这里的优先级高于阈值体现为优先级数值低于阈值），则优先侧行链路传输；否则，优先上行链路传输。

在NR-V2X中，针对上述冲突解决机制进行了提升，即除了优先进行针对随机接入第三消息以及针对紧急业务的上行链路发送,考虑到高可靠低时延的上行链路传输也需要进行优先处理,NR-V2X中定义了如下冲突解决框架(当上行链路和侧行链路不能同时传输时)。

(1)如果上行链路传输是针对四步随机接入过程中的第三消息、两步随机接入过程中的第一消息的发送、上行链路传输时针对紧急业务的发送,或者通过比较上行链路传输的优先级和上行链路优先级阈值,如上行链路传输的优先级高于阈值(除了MAC SDU,这里也包含逻辑信道优先级高于非CCCH的数据信道的MAC CE),则优先上行链路传输。

(2)否则,需要比较侧行链路传输的优先级和侧行链路优先级阈值,例如,如果侧行链路传输的优先级高于阈值,则优先侧行链路传输;否则,优先上行链路传输。

通过定义上行链路的优先级阈值,网络可以控制UE优先进行针对高可靠低时延的上行链路传输。

更进一步地,由于NR-V2X引入了基于上行链路传输优先级的冲突解决机制,NR-V2X不仅针对上行共享数据信道(PUSCH)定义了冲突解决机制,还针对SR传输定义了冲突解决机制,具体可以分为如下几种不同情况。

(1)如果SR传输是由侧行链路待传输数据触发的,并且所述SR传输和上行共享数据信道传输发生冲突,则可以将触发SR传输的侧行链路逻辑信道相关的优先级当成SR传输相关的侧行链路传输的优先级,从而将SR当作侧行链路传输进行处理。例如,如果侧行链路传输的优先级高于侧行链路优先级阈值,并且上行链路传输的优先级低于上行链路优先级阈值,则优先SR传输;否则优先上行共享数据信道传输。

(2)如果SR传输是由上行链路待传输数据触发的,并且所述SR传输和侧行链路传输发生冲突,则可以将触发SR传输的上行链路逻辑信道相关的优先级当成SR传输相关的上行链路传输的优先级,从而将SR当作普通的上行链路传输进行处理,处理原则不变,这里不再赘述。

(3)如果SR传输是由侧行链路待传输数据触发的,并且所述SR传输和侧行链路传输发生冲突,则可以将触发SR传输的侧行链路逻辑信道相关的优先级当成SR传输相关的侧行链路传输的优先级,从而将SR当作侧行链路传输进行处理。这里可以应用两个侧行链路传输的冲突解决机制,即通过比较两个传输相关的侧行链路传输的优先级,优先处理优先级较高的传输。

通过上述方法,协议定义了NR上行链路传输和NR侧行链路传输的冲突解决机制。

相应地,由于NR-V2X定义了LTE Uu接口控制下的NR侧行链路传输控制机制,以及NR Uu接口控制下的LTE侧行链路传输控制机制,接下来的问题就是如何处理不同接入方式下的冲突,包括:

(1)LTE上行链路传输和NR侧行链路传输的冲突解决机制;

(2)NR上行链路传输和LTE侧行链路传输的冲突解决机制。

对于前者，考虑到第三代合作伙伴计划（3rd Generation Partnership Project，3GPP）不仅针对ITS频段（n47），同时也针对授权频带（n38）定义了NR侧行链路传输的相关性能指标，而蜂窝网络完全可以部署在授权频段上，因此，会出现本节开头所述的3种冲突场景的前两种场景，也就需要定义相应的冲突解决机制。这里，由于涉及LTE上行链路传输，为了尽量减少对于现有LTE设备的影响，3GPP最终决定使用LTE-V2X定义的冲突解决机制解决相关冲突，即仅通过侧行链路优先级阈值（而不会定义上行链路优先级阈值）来解决。

对于后者，通过RAN2和RAN4的研究，考虑到目前3GPP只针对ITS频段（B47）定义了LTE侧行链路传输的相关性能指标，而蜂窝网络目前并不会部署在ITS频段（B47）上，因此，不会出现本节开头所述的3种冲突场景的前两种场景，因此也就不需要定义相应的冲突解决机制。但考虑到和LTE协议的一致性，协议采用了针对NR侧行链路传输类似的描述。

上述冲突解决机制主要针对同一小区组的情况。除此之外，虽然R16 NR-V2X仅考虑主小区组控制下的侧行链路传输，仍然存在针对不同小区组的冲突场景，包括：

（1）主小区组控制下的LTE侧行链路传输和辅小区组的NR上行链路传输的冲突解决机制；

（2）主小区组控制下的NR侧行链路传输和辅小区组的LTE上行链路传输的冲突解决机制；

（3）主小区组控制下的NR侧行链路传输和辅小区组的NR上行链路传输的冲突解决机制。

根据前面的描述，上述3种情况中的第一种情况可以排除，而针对后两种情况，由于3GPP最终决定在R16协议中不支持双小区组场景下的侧行链路操作，因此，不需要设计相关的冲突解决机制。

8.1.3 侧行链路逻辑信道优先级处理

侧行链路逻辑信道优先级处理指的是当生成一个新的MAC PDU时，对于不同的逻辑信道进行优先级排序，确定针对不同的逻辑信道传输的数据量，以及确定对于不同的MAC CE的传输的过程。

具体来说，针对LTE-V2X，首先需要选择满足一定条件的逻辑信道，包括：

（1）所述逻辑信道承载的数据允许在当前的资源授权所属的载波上传输；

（2）所述逻辑信道关联的优先级相对应的信道繁忙率阈值不低于当前的资源授权所属的载波的信道繁忙率测量值；

（3）若PDCP复制被激活，则仅考虑对应于同一PDCP实体的两个侧行链路逻辑信道中的一个侧行链路逻辑信道。

而对于NR-V2X，所考虑的限制条件又有所不同，除了PDCP复制在R16中尚未被包含，NR-V2X还额外包括以下几点。

（1）如果当前的资源授权为类型1侧行配置授权，所述逻辑信道承载的数据允许由类型1侧行配置授权进行承载；

（2）根据所述逻辑信道关联的侧行配置授权列表，所述逻辑信道承载的数据允许由当前配置的资源授权进行承载；

（3）如果当前资源池没有配置反馈信道，所述逻辑信道承载的单播数据允许通过无反馈的方式进行发送。

之后，在满足条件的逻辑信道集合内部，需要进一步对最终需要承载的逻辑信道进行选择，并最终决定各个逻辑信道可承载的数据量。这里具体分为如下两个步骤。

步骤1：对于目标地址的选择：在具有待发送的数据，并且在该目标地址所属的侧行链路逻辑信道中，包含当前可选的逻辑信道中（满足上述条件的逻辑信道）关联的优先级等级最高的逻辑信道。

步骤2：对于所选的目标地址内部逻辑信道的选择：在属于所选目标地址中，在满足上述限制条件的逻辑信道内，将资源分配给优先级最高的侧行链路逻辑信道。

更进一步地，在步骤2中，LTE-V2X和NR-V2X的不同点如下。

（1）在LTE-V2X中，在步骤2中，在决定为逻辑信道分配数据量时，按照优先级从高到低进行分配，在高优先级的逻辑信道的待传输数据清空之后，再给低优先级的逻辑信道分配资源；

（2）在NR-V2X中，在步骤2中，在决定为逻辑信道分配数据量时，按照优先级从高到低进行分配，针对不同的逻辑信道，首先保证各个逻辑信道关联的数据速率要求（Prioritized Bit Rate）。如果在保证了各个逻辑信道关联的数据速率要求之后，还有剩余的资源可供分配，则按照优先级从高到低进行分配，在高优先级的逻辑信道的待传输数据清空之后，再给低优先级的逻辑信道分配资源。

8.1.4　信道状态信息报告

侧行链路信道状态信息（CSI）报告过程用于为单播通信中的对方UE提供侧行链路信道状态信息，从而便于对方UE进行相应的接入层参数调整，包括但不限于功率控制和调制解调方式调整。

对于信道状态信息报告的触发条件，RRC层可以配置一个时延阈值来控制侧行链路信道状态信息报告过程，具体如下。

（1）如果侧行链路信道状态信息报告已由对方UE触发，本UE在所述时延阈值内成功获取针对对方UE的侧行链路资源授权，则本UE相应地生成针对所述对方UE的信道状态信息报告，并进行发送；

（2）如果本UE未能在所述时延阈值内成功获取针对对方UE的侧行链路资源授权，可以认为所述侧行链路信道状态信息即使生成，也已经过时了，即无法及时反映本UE和对方UE的信道质量，因此，即使获取了针对对方UE的侧行链路资源授权，也会取消信道状态信息报告的发送。

同时，如8.1.1节所述，如果UE处于网络调度资源选择模式下，侧行链路资源授权不能满足时延阈值，则UE会触发调度请求，以获取侧行链路资源授权。

8.1.5 MAC报文头格式

在LTE-V2X中，针对侧行链路，MAC PDU的格式定义如图8-4所示。各个字段的定义如下。

（1）V字段：该格式版本号字段指示使用哪个版本的SL-SCH子报文头。到R16为止，定义了3种版本，因此，该字段应设置为0001、0010或0011。其中，针对LTE-V2X，该字段应设置为0011。

（2）源地址：该字段包含源层2地址信息，该SRC字段大小为24位。

（3）目标地址：该字段可以是16位或24位。如果是16位，则它将携带目标层2地址的16个最高有效位。如果是24位，则它将携带完整的目标层2地址。对于LTE-V2X侧行链路通信，该地址字段长度为24位。并且由于LTE-V2X只定义了广播通信，所述DST只用来承载针对广播通信的目标层2地址。

在NR-V2X中，针对侧行链路，MAC PDU的格式修改如图8-5所示。

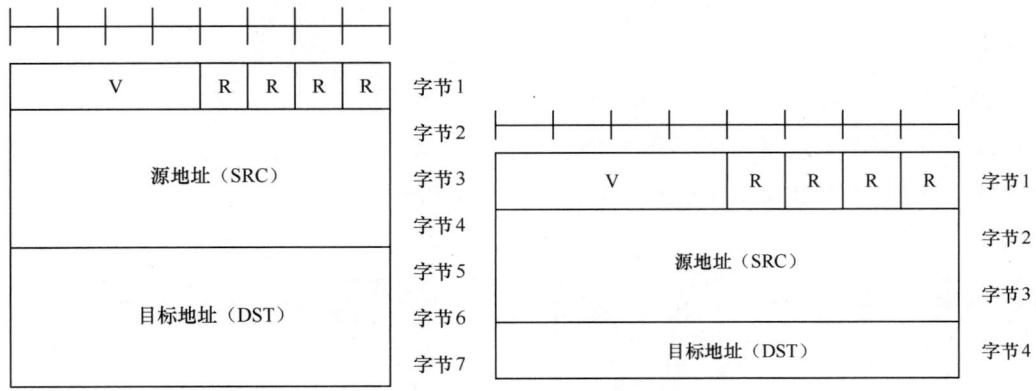

图8-4　LTE-V2X侧行链路MAC PDU格式　　图8-5　NR-V2X侧行链路MAC PDU格式

（1）源地址：SRC字段携带源层2地址信息的16个最高有效位，该变化的原因是源层2地址信息的8个最低有效位可以由物理层信道（PSCCH）承载。

（2）目标地址：DST字段载有目标层2ID的8个最高有效位，该变化的原因是源目标层2地址信息的16个最低有效位可以由物理层信道（PSCCH）承载。

8.2 RLC层

NR的PC5接口上RLC层[43,44]基本上重用了NR在Uu接口上的RLC协议的内容。PC5接口上的RLC层具备Uu接口的RLC层协议的基本功能，具体包括以下内容，见表8-1。

表8-1 RLC层功能比较

RLC功能	Uu接口	PC5接口
发送上层数据	上层数据就是PDCP PDU	上层数据就是PDCP PDU
ARQ（自动重复请求）	只用于RLC AM模式	只用于RLC AM模式
上层数据的分包和组包	只适用于RLC AM和UM模式	只适用于RLC AM和UM模式
重复数据监测	只用于RLC AM模式	只用于RLC AM模式
RLC SDU（业务数据单元）丢弃	只适用于RLC AM和UM模式	只适用于RLC AM和UM模式
RLC重建	支持	不支持
基于RLC重发的无线链路失败监测	只用于RLC AM模式	只用于RLC AM模式

当然，PC5接口的RLC层也有自己的特点，比如PC5接口上单播只发生在两个UE之间，PC5链路要么存在，要么不存在，所以没有必要因为移动性事件引入RLC层的重建机制。而因为安全密钥重置导致的PDCP层的重建也不需要RLC层的重建，因为PDCP层包括的密钥索引足以解决数据分组的歧义问题（具体细节请参见8.3节）。PC5链路上的无线链路失败会导致整个PC5链路的释放，而不会引发RLC层的重建机制，因此，PC5接口上的RLC层并没有重建机制。

PC5接口上有3种发送方式，即广播、多播和单播；而RLC层有3种传输模式，即RLC TM、RLC UM和RLC AM模式。它们的组合如表8-2所示。

表8-2 RLC模式组合

RLC模式/接发模式	广播	多播	单播
RLC TM*	不适用	不适用	不适用
RLC UM	采用6bit RLC UM PDU格式	采用6bit RLC UM PDU格式	采用6和12bit RLC UM PDU格式
RLC AM	不适用	不适用	采用12bit和18bit RLC UM PDU格式

*：RLC TM用于发送PC5接口上的BCCH信息，实际上是MIB的内容。

由于广播和多播发生时,TX UE(发送UE)和RX UE(接收UE)之间不需要经过信令沟通来建立PC5链路,而且数据分组的发送是单向的,因此,从RLC层来看广播和多播的RLC UM模式有以下几个特点。

(1)RLC UM承载总是单向的,即没有双向的RLC UM承载。

(2)RLC UM实体是在发送和接收第一个RLC PDU时临时创建的。

(3)RLC UM接收实体的运行所需要记录的本地变量是根据收到的第一个包含序号的RLC PDU所设置的。

单播的RLC UM模式不存在上述问题,所以和Uu接口的RLC UM模式没有什么本质差别。但是单播的RLC AM模式有一个比较特殊的问题:RLC模式匹配问题。造成这个问题的本质原因是单播的两个UE在RLC模式配置上是各自独立完成或者由服务于UE的网络所决定的,所以导致相同的RLC承载的传输模式可能不一样,而这会导致RLC AM模式运行的失败,因为RLC AM模式按定义必须是双向的承载,也就是说一个UE内的发送和接收的RLC实体必须都是RLC AM模式。这个问题的详细描述和解决方案请参考9.1节。

LTE-V2X对RLC层协议的影响比较小。在侧向链路上引入了广播系统消息的SBCCH和发送业务的业务信道STCH。SBCCH通过RLC TM模式进行发送,即对RLC层来说实际上是透明的。STCH通过RLC UM模式进行发送。针对V2X业务,RLC UM模式原来的重排序功能还是保持的。

8.3 PDCP层

NR和LTE的PC5接口上的PDCP层[45,46]基本上重用了Uu接口上的PDCP层协议。PC5接口上的PDCP层具备Uu接口的PDCP层协议的某些基本功能,具体包括的内容如表8-3所示。

表8-3　Uu和PC5接口PDCP层协议功能对比

PDCP功能	Uu接口	PC5接口
传送数据(用户面和控制面)	支持空口的SRB1/2/3和DRB	NR:支持PC接口的SRB0/1/2/3和DRB; LTE:支持PC5接口
PDCP重建	主要由移动性事件触发	NR:只有当V2X层更换密钥时才会触发; LTE:不支持
头压缩ROHC算法	支持	支持,只适用于IP数据

续表

PDCP功能	Uu接口	PC5接口
头压缩EHC算法	支持	不支持
加密和解密	支持	支持。密钥生成的方式不一样
完整性保护	支持	支持。密钥生成的方式不一样
基于定时器的SDU分组丢失	支持	支持
分离承载和双协议栈承载的路由	支持	不支持
PDCP PDU重复发送	支持	NR：不支持； LTE：支持
排序和按序投递	支持	支持
乱序投递	支持	NR：单播支持，广播和多播不支持； LTE：不支持
丢弃重复的PDCP PDU	支持	支持

注：没有区别NR或者LTE的功能同时适用于NR和LTE。

对于LTE-V2X来说，PDCP PDU的SN长度是固定的，即16bit，而解压缩的框架参数是通过预配置确定的。除此之外，其他的参数都是通过PDCP PDU的协议头在线传递的，特别是与加密和完整性保护相关的参数。发送端和接收端的PDCP实体所需要的变量须各自维护，而它们的初始值则由协议规定。其中发送端的初始序号是1，接收端的初始序号是接收到的第一个PDCP PDU的序号。

PDCP PDU的发送过程基本重用了LTE Uu接口的过程，不同之处在于发送端的HFN是不需要维护的。为了提高发送的可靠性，当发送的PDCP PDU的PPPR（Prose Per-Packet Reliability）的值低于某个设定的阈值时，PDCP实体会把相同的PDCP PDU传递给两个不同的RLC实体进行发送，即采用了PDCP PDU的重复发送机制。PDCP PDU的接收过程也基本上重用了LTE Uu接口的过程。由于发送端可能采用PDCP重复发送机制，因此，PDCP层的重排序功能也会启动。发送和接收过程中只会对IP数据分组进行ROHC（鲁棒头压缩）。

LTE-V2X支持一对多和一对一的通信方式。一对多和一对一通信的加密采用了不同的方式，而完整性保护只会被应用到一对一的通信方式中。一对多的加密参数中COUNT是从密钥PTK标识和PDCP序号中导出来的。密钥PEK的导出方法如图8-6所示。

而在一对一的通信方式中，密钥的导出方法要简单得多。其中COUNT的值是从密钥K_{D-sess}的标识以及PDCP序号导出来的。一对一通信方式在进行完整性保护时采用的密钥称为PIK。

基于上述原因，一对多和一对一通信方式所采用的PDCP PDU的格式是不一样的。其中一对多通信方式的PDCP PDU格式如图8-7所示。

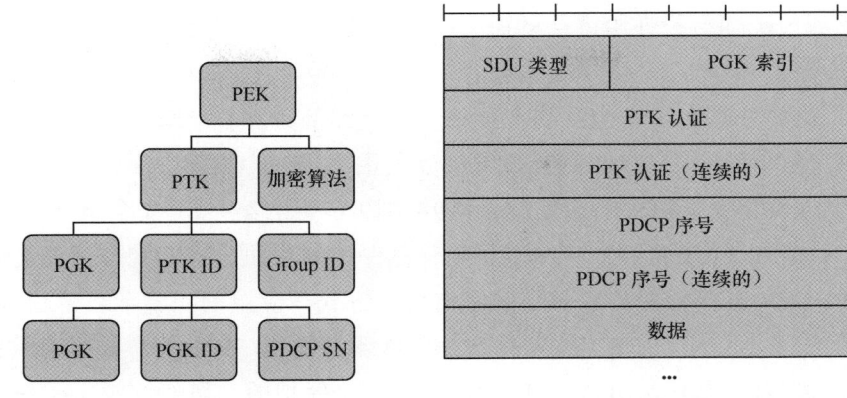

图8-6 密钥PEK的导出方法　　　图8-7 一对多通信方式的PDCP PDU格式

其中SDU类型包括了IP和非IP包的格式等。一对一通信方式的PDCP PDU格式如图8-8所示。

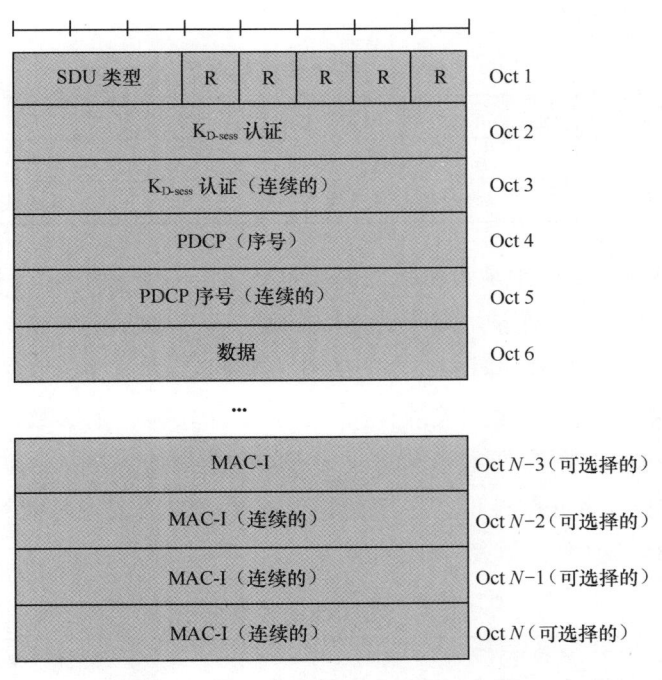

图8-8 一对一通信方式的PDCP PDU格式

其中MAC-I是完整性保护算法产生的完整性消息鉴权码。

NR-V2X的PC5接口上承载单播业务的无线承载的PDCP实体在建立和释放上与Uu接口一致，都由RRC层来触发。承载广播和多播业务的无线承载的接收方PDCP实体与PC5接口的RLC实体类似，也是由接收到的第一个PDCP PDU触发的。与这些PDCP实体运行直接相关的本地参数，即RX_NEXT（下一个期待接收的PDCP序号）和

RX_DELIVER(下一个期待投递给高层的PDCP序号)的设置则由接收到的第一个PDCP PDU的序号所决定。

而变化最大的部分其实是安全及和安全相关的流程部分。和V2X安全相关的内容都详细记录在规范[47]里,而V2X在安全很大程度上重用了5G Uu接口很多和安全性相关的机制[48]。V2X层和安全相关的流程就是第9章图9-17中的第4步"安全建立"。在这个步骤中,TX UE和RX UE需要协商加密和完整性保护的算法、密钥和应用的无线承载的范围。与PDCP层直接相关的是其中的密钥生成方式与应用的无线承载范围。

单播信令无线承载(SL SRB)或单播数据无线承载(SL DRB)需要加密或者完整性保护,广播和多播的SL SRB和SL DRB是没有安全保护的。虽然PC5 RRC信令上允许按照SLRB(侧向链路无线承载,SL SRB和SL DRB的统称)为粒度(如表8-4所示)进行加密或者完整性保护配置,但是实际上一个侧向链路上所有的SL SRB或者SL DRB必须采用相同的安全措施,即安全要么被激活,要么不激活。而在加密和完整性这个维度上也可以分别对待。

表8-4 安全保护粒度

安全保护/SLRB	SL SRB	SL DRB
加密	激活或者不激活	激活或者不激活
完整性保护	激活或者不激活	激活或者不激活

影响SL DRB的安全保护是否激活的因素是V2X层的安全策略。只有V2X层要求激活时,AS层才会激活安全保护。对于SL SRB来说,除V2X层的安全策略之外,另外一个影响因素是PC5链路的建立时序。安全建立(第4步)之前的信令是无法进行安全保护的,因为还没有协商好安全相关的算法、密钥等必不可少的参数。而安全建立过程中两条信令的特殊性在于它们本身也需要一定的安全措施,在安全建立以后,SL SRB才有可能进行加密或者完整性保护。因此,依据是否需要或者可能有安全保护,PC5接口上的SL SRB分成4类,如表8-5所示。

表8-5 SL SRB的安全保护

SL SRB	加密(CP)或者完整性保护(IP)	承载的内容
SRB0	不需要CP或IP	不需要安全保护的PC5-S信令,比如DCREQ(直接通信请求)
SRB1	直接安全命令消息需要IP; 直接安全命令完成消息需要CP和IP	建立安全的PC5-S信令,即直接安全命令消息和直接安全命令完成消息
SRB2	是否需要CP或IP取决于V2X层的策略	需要安全保护的PC5-S信令,比如DCRES(直接通信请求应答)
SRB3	是否需要CP或IP取决于V2X层的策略	需要安全保护的PC5 RRC信令,比如PC5 RRC重配置消息

另外一个和PDCP层直接相关的是密钥的生成。在Uu接口中生成密钥的其中一个输入参数是无线承载的标识（DRB ID）。在PC5接口上，这个标识改成了PC5 SLRB逻辑信道标识的低5位（逻辑信道标识一共有6bit）。

PC5上的SLRB的密钥因为安全需要会发生变化，比如PDCP的序号中和加密过程相关的部分接近序号翻转时，V2X层会触发REKEYING（密钥重新协商）过程。由于这个过程不能像Uu接口那样由一个在时间上没有歧义的切换过程来辅助完成，因此，在PDCP的PDU格式里，只要激活了安全保护的SLRB都会携带一个密钥的序号（称为$K_{NRP\text{-}sess}$ ID，用来表征密钥NRPIK的索引）。当密钥发生变化时，数据分组携带的PDCP PDU中的密钥的序号也会发生相应的变化，从而避免在REKEYING过程中出现密钥歧义的问题。REKEYING过程还会触发PDCP的重建过程，其中最核心的动作就是更换AS层的加密密钥（K_{UPint}）或者完整性保护密钥（K_{RRCint}）。

安全方面的这些变化都体现在了PDCP PDU格式的定义上，如图8-9所示。

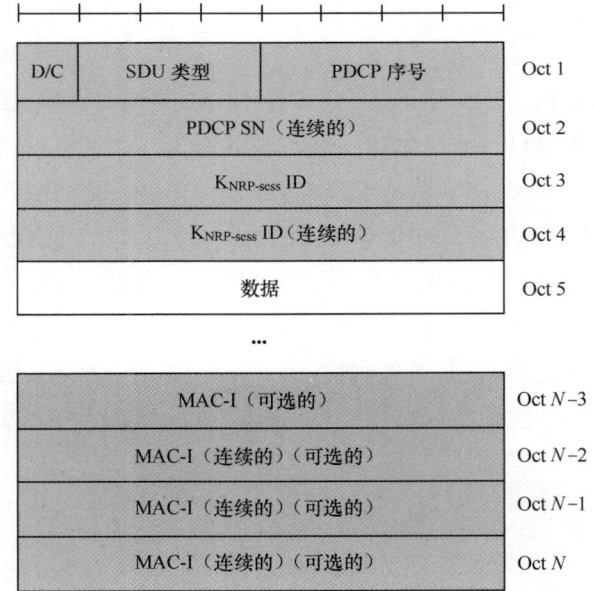

图8-9　序号长度为12bit的PDCP PDU格式（引自参考文献[45]中的图6.2.2.6-1）

其中D/C表示这个PDCP PDU是数据PDU还是控制PDU。在PC5接口上重用了PDCP Status Report（PDCP状态报告，仅用于PDCP重建）和ROHC Feedback这两个PDCP控制PDU的格式。当D/C表示的是数据PDU时，SDU Type（业务数据单元类型）字段才有意义。在NR PC5接口上一共有IP、非IP两种SDU类型。LTE中使用的SDU类型，即PC5信令和地址解决协议（Address Resolution Protocol，ARP）在NR不再使用。MAC-I（完整性消息鉴权码）只有在数据PDU需要进行完整性保护时才会出现在数据PDU中。PDCP一共引入了4种格式的PDCP PDU，如表8-6所示。

表8-6 PDCP PDU格式

PDCP PDU序号	格式特点	承载内容
1	参见参考文献[45]中的图6.2.2.4-1，不需要安全保护，PDCP序号长度为12bit	用于广播和多播的SL DRB。用于SRB0时，可以是广播，也可以是单播
2	参见参考文献[45]中的图6.2.2.5-1，安全保护可选，PDCP序号长度为12bit	用于SL SRB，即SRB1、SRB2和SRB3
3	参见参考文献[45]中的图6.2.2.6-1，安全保护可选，PDCP序号长度为12bit	用于SL DRB
4	参见参考文献[45]中的图6.2.2.7-1，安全保护可选，PDCP序号长度为18bit	用于SL DRB

8.4 SDAP层

PC5接口基本上重用了Uu接口的SDAP[49]，但是PC5接口根据侧向链路的特点进行了适配性的修改。SDAP最基本的功能是QoS流到DRB的映射，PC5接口支持这个基本功能，但是PC5接口不支持QoS流到DRB的镜像映射方式，因为QoS流到DRB的映射不会发生得那么频繁，所以不再需要SDAP PDU格式中的RDI（QoS流到DRB的镜像映射指示），而仍然需要SDAP PDU格式中的QoS流的索引（PFI），这是因为QoS流到DRB的映射还是可能会发生变化的，在这种情况下，对于RX UE来说，需要知道从某个DRB上解码出来的QoS流的标识以便能够做到按序投递。按序投递的另外一个措施是需要重用SDAP层的End-Marker（结束标记）控制PDU，这样，当某个QoS流改变DRB时，就能够让RX UE知道收到的QoS流的时间顺序。SDAP数据PDU格式如图8-10所示。

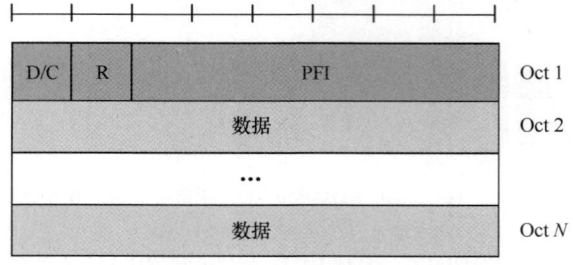

图8-10 SDAP数据PDU格式（引自参考文献[49]中的图6.2.2.2-1）

图8-10中的数据PDU只适用于单播。对于广播和多播方式来说，如果发生了QoS流到DRB重新映射的事件，那么在RX UE侧的按序投递由UE自己来实现。这主要是为了简化协议的实现，并且TX UE一定程度是可以做到按照时间顺序在两个不同的DRB上发送相同QoS流的数据分组。因此，多播和广播的SDAP数据PDU没有图8-10中所示的SDAP协议头字节，只有数据（Data）部分。

第9章

高层相关——控制面

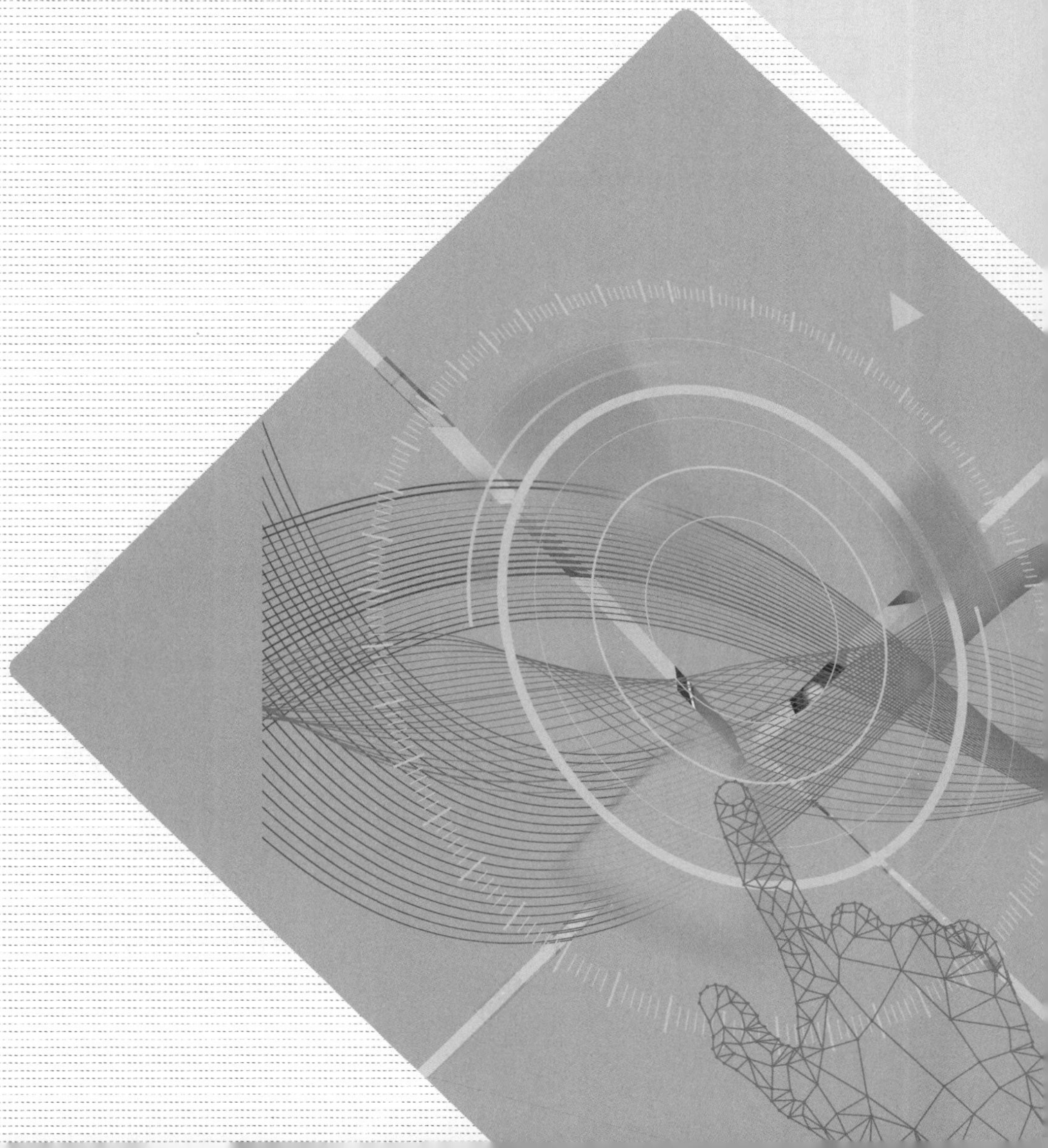

侧行链路无线承载（Sidelink Radio Bearer，SLRB）包括用于控制面数据的侧行链路信令无线承载（SL SRB）。对于SL SRB，使用不同侧行链路控制信道（Sidelink Control Channel，SCCH）分别配置承载用于接入层控制的PC5-RRC信令和用于非接入层控制的PC5-S信令。其接入层协议栈如图9-1、图9-2所示，包含PHY层、MAC层、RLC层等。

（1）对于针对无线资源控制（Radio Resource Control，RRC）的控制面，包含PDCP层和RRC层（其中较为特殊的是，对于针对PSBCH的控制面，不包含PDCP层）。

（2）对于针对PC5-S的控制面，包含PDCP层和PC5-S层。

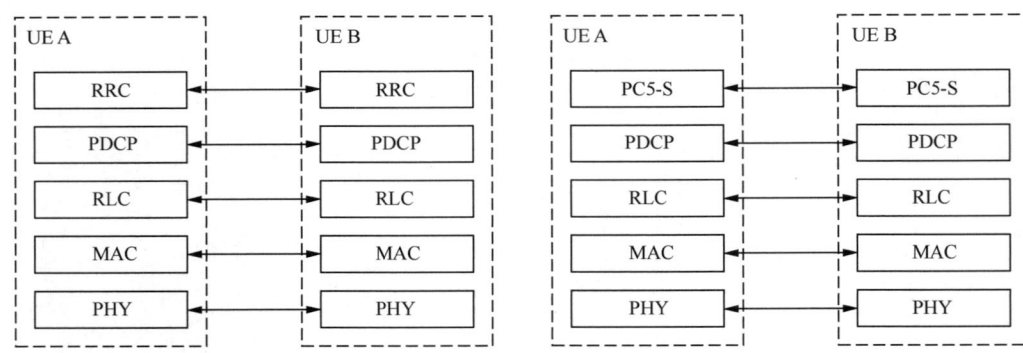

图9-1　针对PC5-RRC的侧行链路控制面接入层协议栈　　图9-2　针对PC5-S的侧行链路控制面接入层协议栈

9.1　无线资源控制层

9.1.1　PC5接口RRC协议综述

LTE侧行链路没有使用PC5接口RRC协议，3GPP R16针对NR-V2X引入了PC5接口RRC协议。因此，下面的描述仅针对NR-V2X系统。

对于广播和多播来说，UE不使用PC5-RRC，即PC5-RRC只针对单播链路。具体来说，对于单播侧行链路，PC5-RRC连接是两个UE之间针对一对源侧层2地址和目标侧层2地址建立的逻辑连接，UE可以与一个或多个UE建立PC5-RRC连接。UE使用单独的PC5-RRC过程和消息进行如下操作。

（1）UE之间的能力交互：一条单播链路上的两个UE，可以分别向对方报告自己的能力。

（2）UE之间进行侧行链路的接入层配置：一条单播链路上的两个UE，可以在两个方向上使用单独的PC5-RRC过程进行侧行链路接入层配置。

（3）UE之间进行侧行链路的测量报告。

（4）PC5-RRC连接的释放：PC5-RRC的连接在如下场景下会被释放（包括但不限于）：如单播链路上发生RLF、PC5-S层信令交互释放单播链路连接，以及T400计时器超时。

下面将会针对不同的过程进行详细描述。

9.1.2 PC5接口能力交互

对于能力交互过程的设计，主要针对如下两种方式。

方式1：自主发送，如图9-3所示，一个UE通过UECapabilityEnquirySidelink消息自主地将自身的能力信息发送给另一个UE。

方式2：请求发送，如图9-4所示，一个UE在另一个UE的请求下，通过UECapabilityInformationSidelink消息将自身的能力信息发送给另一个UE。

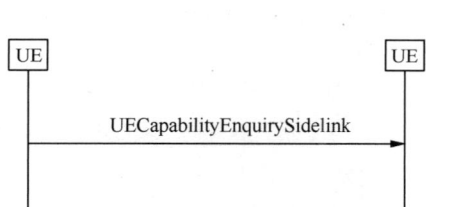
图9-3 自主发送式侧行链路能力交互过程

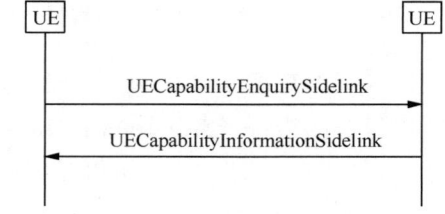
图9-4 请求发送式侧行链路能力交互过程

这两种方式各有优缺点。

方式1：其优点在于节省了一条信令，这有助于在侧行链路连接建立过程中降低由于能力交互步骤导致的控制面时延。

方式2：虽然增加了一条信令会导致控制面时延的增加，但是由于这种方式中能力信息的发送是基于对方UE给出的请求信息，对方UE可以只在必要时发送请求信息，并且可以在请求信息中指示对方UE需要的能力信息，因此，有助于降低由于能力交互步骤导致的信令开销。

对于这两种方式的选择，实际上是对于时延和信令开销的折中。

在RAN2#107bis会议中，考虑以下两个方面的因素：（1）对于双向业务，两个UE都需要将能力信息发送给对方；（2）方式1和方式2各有优缺点，没有明确的优劣势，决定将两种方式进行融合。

首先UE1向UE2发送请求信令，要求UE2发送能力信息给UE1，同时UE1在请求信令中包含UE1自身的能力信息。

然后UE2向UE1回复能力信息，包含UE2自身的能力信息。

可以理解为，对于UE1自身的能力信息发送来说，采用了方式1，而对于UE2自身的能力信息发送来说，采用了方式2——通过这种不同UE使用不同方式的做法，进行了时延和信令开销的折中。

9.1.3 PC5接口接入层参数配置

对于接入层参数配置过程，协议定义了如图9-5、图9-6所示的两个过程。

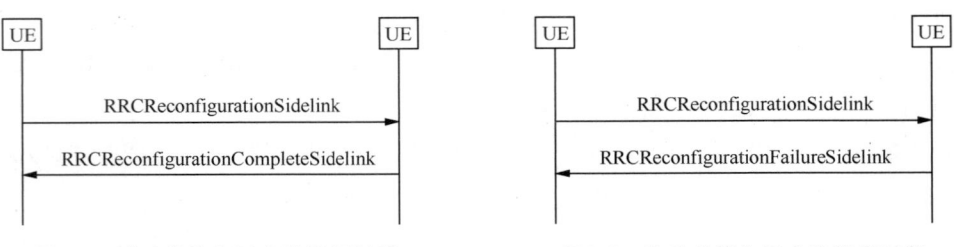

图9-5 成功的接入层参数配置过程　　图9-6 失败的接入层参数配置过程

该接入层参数配置过程的目的是通过RRCReconfigurationSidelink消息建立、修改和释放侧行链路数据承载（Data Radio Bearer，DRB）或配置NR侧行链路测量并报告对方UE。在以下情况下，UE可以发起侧行链路接入层参数配置过程。

（1）释放与对方UE相关联的侧行链路DRB；
（2）建立与对方UE相关联的侧行链路DRB；
（3）对与对方UE相关联的侧行链路DRB的SLRB参数配置中包含的参数进行修改；
（4）针对对方UE进行NR侧行链路测量和报告的配置。

3GPP对于接入层参数配置的信令内容进行了研究，以UE1发送给UE2的接入层参数配置信令为例，其可能涉及的参数包含以下几个类型。

类型1：只和UE1的数据发送相关，但和UE2的数据接收不相关的参数。
类型2：和UE1的数据发送以及UE2的数据接收都相关的参数。
类型3：只和UE2的数据接收相关，但和UE1的数据发送不相关的参数。

经过分析，由于类型2的参数（如RLC模式、RLC报文头序列号长度、PDCP报文头序列号长度等）需要两个UE使用统一的参数，因此，需要包含在接入层参数配置信令中。相比较而言，类型1和类型3可以分别由UE1和UE2独立配置而不需要在接入层配置信令中体现。尤其对于类型3而言，对于多播和广播方式，由于不具备通过PC5-RRC进行侧行链路接入层参数配置的能力，接收UE只能自行决定接收参数配置。因此，3GPP最终决定，由UE2自行决定类型3的参数，而只包含类型1的参数中关于服务数据适配协议（Service Data Adaptation Protocol，SDAP）层配置的QoS相关信息，以辅助UE2进行参数设定。

在上述的几个类型的参数中，之所以只涉及UE1发送、UE2接收的方向（而没有涉及UE2发送、UE1接收的方向），是为了和资源分配的设计框架相匹配，即各个UE以及服务UE的网络节点独立地对所述UE的发送资源进行控制，从而更好地匹配侧行链路分布式网络拓扑的特点。但是这样的两个方向独立配置的设计引入了一个问题（如图9-7所示），即对于RLC模式来说，两个方向不能独立配置。换句话说，对于同一个侧行链路逻辑信道，无论是UE1发送、UE2接收的方向，还是UE2发送、UE1接收的方向，都必须采用同一个RLC模式，而不能一个是RLC非确认模式（Unacknowledged Mode，UM），另一个是RLC确认模式（Acknowledged Mode，AM）。但是，由于这两个方向是由两个UE或者相关的服务基站独立配置的，两者之间前期并无信令交互，如何避免两个方向选择不同的模式是亟需解决的问题。

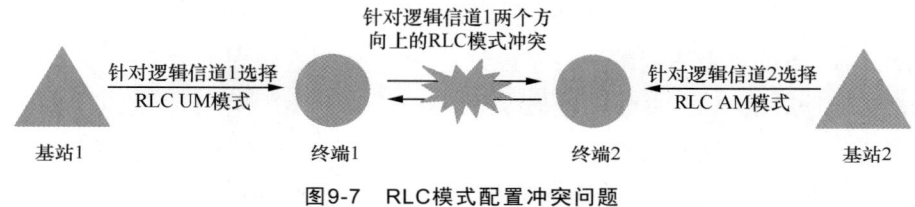

图9-7　RLC模式配置冲突问题

在RAN2#107bis会议中，研究了如下几种解决方案。

方案1：在协议中固定逻辑信道标识（Logical Channel ID，LCID）和RLC模式的对应关系。

方案2：对于单播通信，只使用RLC AM模式。

方案3：由UE自行分配固定逻辑信道标识（LCID）。

方案4：网络节点在进行侧行链路配置前通过Xn接口进行配置参数的协调。

方案5：不解决该问题，如果RLC模式发生冲突，按照配置失败进行处理。

3GPP对上述几种解决方案进行了进一步分析：方案1和方案2属于同一类型，通过在协议中预定义LCID和RLC模式的对应关系来避免冲突。方案2可以看作方案1的一个简化模式，即对于所有的LCID，其对应的RLC模式都固定为RLC AM。考虑到这两种方案导致配置灵活性的损失较大，最终没有被采纳。方案4所述的网络节点间的协调涉及的节点间信令较为复杂，并且只限于两个UE都处于RRC连接态的情况下，复杂度较高且场景较为受限，最终也没有被采纳。

最终，在RAN2#108次会上，RAN2采纳了类似方案3和方案5结合的方案。考虑到当任意一个UE处于网络覆盖范围内时，虽然其参数配置信息来自于网络，但是由于网络节点间缺乏协调，也就对侧行链路反向链路的配置信息无从知晓，并不适合将LCID的配置权放在网络侧。相反，如果由UE进行LCID的配置，UE可以根据反向链路的配置信息自行进行LCID和RLC模式的选择。例如，假设UE1收到来自UE2的针对LCID=1

的逻辑信道的RLC模式配置信息为RLC AM，那么当UE1发送接入层参数配置信息时，如果需要建立两个侧行链路承载，一个为RLC AM，另一个为RLC UM，则UE1可以将RLC AM而非RLC UM的侧行链路承载配置为LCID=1的逻辑信道上。

同时，为了让双方的网络侧至少知道对方UE对于不同承载的RLC模式配置，3GPP同意支持UE向自身的服务网络上报对方UE的侧行链路配置，包含RLC模式信息和QoS属性信息。

需要处理接入层参数配置失败的情况，主要分为两种情况。

情况1：UE1在向UE2发送了参数配置信令之后，没有收到来自UE2的确认信令RRCReconfigurationCompleteSidelink。

情况2：UE2收到来自UE1的参数配置信令之后，发现其中包含的参数配置信息不适用（包括前面所述的RLC模式冲突的情况）。

RAN2#106会议对上述问题进行了讨论。

一方面，针对情况1，参数配置信令的发送端可以维护一个计时器（T400），该计时器用来判断接收端是否对该参数配置信令回复了确认信令。因此，若该计时器超时，发送端则判断接收端没有回复参数配置信令，主要原因为发送端和接收端之间的链路出现问题。例如，发送端和接收端之间的距离变长或者由于遮挡等非视距环境导致路径损耗变大。

另一方面，针对情况2，虽然也可以通过T400计时器来处理，即如果参数配置信息不适用，则接收端不向发送端发送确认信令，但是这种方式会导致发送端增加不必要的等待时延（等待T400计时器超时），并且在情况2中，发送端和接收端的链路质量可能并未发生问题，所以统一使用计时器的方法进行处理并不可行。考虑到这些方面，3GPP引入了显式的错误信息，即RRCReconfigurationFailureSidelink，用于接收端UE向发送端UE报告错误信息。

在引入这两个错误处理机制之后，剩下的问题就是，当计时器超时或者发送端收到RRCReconfigurationFailureSidelink信令之后，如何进行进一步处理。

针对情况1，即T400超时的情况，由于所述情况是发送端UE和接收端UE的链路质量恶化导致的，因此，当所述情况发生时，发送端UE按照RLF（如9.1.3节所述）进行处理。

针对情况2，即收到RRCReconfigurationFailureSidelink的情况，所述情况是由于参数配置信令不适用于接收端UE的情况导致的，处理方式如下。

（1）假如此时发送端UE处于RRC连接态，则说明参数配置信令来自于网络，则该问题可以通过网络更新下发的参数配置信令解决。为了通知网络发生了收到RRCReconfigurationFailureSidelink的情况，发送端UE需要向网络上报所述错误信息。

(2)假如此时发送端UE处于RRC非激活态、空闲态,或者处于无覆盖场景,有如下两种处理方式。

方式1:当发送端UE收到RRCReconfigurationFailureSidelink时,发送端UE按照发生了无线链路失败进行处理,即主动断开当前通信链路。

方式2:当发送端UE收到RRCReconfigurationFailureSidelink时,发送端UE不进行特殊处理。

对于这两种方式,考虑到方式2给予了发送端UE自由度,对接入层配置参数进行调整,3GPP最终采纳了该方式。

因此,3GPP对于参数配置的成功场景和错误场景都完成了相关设计。

9.1.4　PC5接口测量配置与报告过程

对于侧行链路来说,测量主要针对单播链路,主要目的是服务于发送端功率控制,即发送端UE根据接收端UE发送的参考信号接收功率(Reference Signal Receiving Power,RSRP)的测量结果,结合自身的发送功率值,对侧行链路路径损耗进行估计,进而调整发送功率值。

对于RSRP报告触发条件而言,可以通过周期性计时器触发;也可以通过事件触发。针对侧行链路的RSRP报告,3GPP定义了两个事件:S1和S2,分别对应于当前侧行链路的RSRP测量值高于或低于一个门限值。

9.1.5　PC5接口无线链路监测/无线链路失败

针对单播链路,另一个必要功能为无线链路监测(Radio Link Monitoring,RLM),用于判断无线链路失败(Radio Link Failure,RLF),即当两个UE中间的链路发生问题,如两个UE彼此远离,或者由于遮挡导致两个UE相互无法通信,需要释放正在使用的链路资源和配置。

针对这个问题,3GPP讨论了以下几种方案。

方案1:PC5-S层解决方案,如图9-8所示的类似于LTE的设计方案,两个UE通过发送类似于心跳包的KeepAlive信令,从而达到监测对方UE状态的目的——若对方UE没有在一定时间内(T4101)回复所述信令,说明两个UE之间的链路发生了中断;否则,说明两个UE之间的链路处于正常状态。

图9-8　KeepAlive信令过程

方案2：接入层解决方案。

- **方案2A**：通过RLC AM的重传次数进行判断，即当RLC AM的重传超出一定次数时，判断发生了RLF；否则，就说明当前链路质量正常。这和Uu接口中通过RLC AM判断RLF的方式一样。
- **方案2B**：通过物理层指示的方式进行判断，即通过物理层指示当前链路的质量来判断当前链路的质量。这里所说的物理层链路质量指示包括类似传统的同步（in-sync）、失步（out-of-sync）指示，以及由于混合自动重传请求（Hybrid Automatic Repeat reQuest，HARQ）机制得到的反馈。

一方面，方案1是必要的，考虑到底层的传输方式可能并未采纳RLC AM和/或带反馈的HARQ传输方式。另一方面，方案2A和方案2B可以作为方案1的补充，这主要是考虑到PC5-S层解决方案的响应速度可能较慢，接入层解决方案可以更迅速地检测无线链路失败。因此，3GPP最终采纳了全部方案，即方案1、方案2A和方案2B。具体地，对于方案2B来说，链路检测是通过在带HARQ反馈的传输过程中，对于接收端发送的反馈信号的DTX检查完成的，即当发送端UE检测到一定数量的（具体数量由网络配置）连续的DTX时，触发无线链路失败。

9.1.6　Uu接口RRC协议综述

为了支持网络控制下的基于PC5接口的通信，Uu接口的RRC协议针对PC5接口提供了相应的信令支持，具体来说，包括以下几个方面。

（1）侧行链路辅助信息上报：如果RRC_CONNECTED UE希望进行V2X侧行链路通信，则可以向服务小区发送SidelinkUEInformation、UEAssistanceInformation消息，以请求侧行链路资源。

（2）能力交互：RRC_CONNECTED UE向网络上报侧行链路通信能力，包括侧行链路通信能力和Uu接口通信能力的协调和交互。

（3）侧行链路配置：系统可以通过专用信令、SIB21和/或预配置来给UE提供侧行链路的承载配置，包括RLC、PDCP和SDAP层的配置参数。同时，针对MAC和PHY层，系统可以通过专用信令、SIB21和/或预配置来给UE提供不同频率的侧行链路资源。

（4）测量配置与报告：网络可以配置RRC_CONNECTED的UE报告CBR测量结果。对于CBR测量报告，支持时间触发和事件触发的报告。

（5）侧行链路移动性管理：这里的移动性管理包括RRC_CONNECTED、RRC_INACTIVE和RRC_IDLE状态下的移动性。

下面会针对不同的过程进行详细描述。

9.1.7　Uu接口侧行链路辅助信息上报

具体来说，辅助信息上报包含两个部分：侧行链路用户设备信息（Sidelink UE Information）和用户设备辅助信息（UE Assistance Information）。

对于前者，只要系统广播了V2X相关的系统消息，同时UE支持V2X侧行通信能力，如果RRC_CONNECTED UE希望进行V2X侧行链路通信，则可以向服务小区发送SidelinkUEInformation消息，如图9-9所示。此过程的目的是通知基站，UE有兴趣或不再有兴趣进行V2X侧行链路通信。

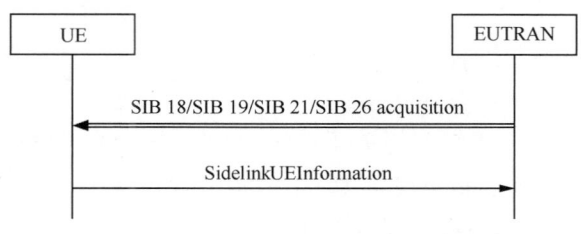

图9-9　Sidelink UE Information信令过程

除此之外，更进一步地，该信令可以包含以下功能。

（1）若RRC_CONNECTED UE希望在特定载波频率上执行侧行链路通信，可以向其服务小区发送Sidelink UE Information消息，用于指示具体的载波频率。根据所述上报，服务小区可以向UE配置所要求的载波频率上的相关资源和参数。SIB18的存在能够指示是否允许UE发送ProSe UE信息指示。

（2）对于基于网络调度的资源分配，基站可以基于侧行链路BSR调度V2X传输。为了确定BSR中的目的地址索引，UE在Sidelink UE Information消息中向基站报告针对不同频率的相关的目的地址，从而可以确定相关的索引，用于后续的侧行链路BSR上报。

（3）为了辅助基站配置PPPR值到逻辑信道组的映射，并由此便于网络由侧链BSR中包含的关联逻辑信道组ID获知相关联的PPPR值，可以由RRC_CONNECTED UE在侧链UE信息中报告PPPR值列表。

（4）对于行人设备（Pedestrian-UE，P-UE），如果基站不提供用于随机选择的发送资源池，则仅支持随机选择的P-UE无法执行侧行链路传输。因此，P-UE可以通过发送Sidelink UE Information消息，以请求与P2X相关的V2X侧行链路通信的用于随机选择的发送资源池。

（5）对于NR-V2X，由于引入了单播和多播的传播方式，UE需要在Sidelink UE Information消息中向基站报告需要进行的传播类型，即单播、多播和广播（在LTE-V2X中，虽然Sidelink UE Information中也包含传播类型指示，但单播和多播用于ProSe而非V2X）。

对于UE Assistance Information，RRC_CONNECTED UE的上报需要根据网络的配置信息进行触发。因此，典型场景是网络在RRC_CONNECTED UE上报了Sidelink UE Information之后，触发UE Assistance Information上报（如图9-10所示）。

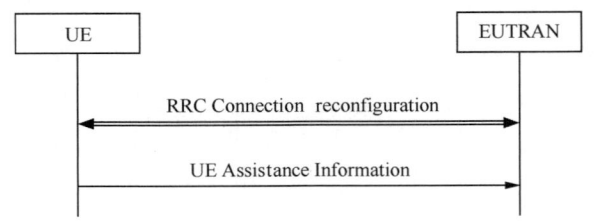

图9-10　UE Assistance Information信令过程

此过程的目的是让UE通知网络关于UE侧业务和设备的各种状态信息，包括但不限于业务时延、设备过热信息、设备内（IDC）干扰信息等。对于车联网来说，其主要针对的是针对资源授权的辅助信息。这里针对资源授权的辅助信息包含以下几个方面。

（1）UE倾向于使用的周期性资源授权周期间隔。

（2）UE倾向于使用的周期性资源授权相对于SFN #0的子帧0的定时偏移。

（3）业务的QoS特征信息，包括PPPP、PPPR、周期性业务的数据分组大小。

（4）业务标识信息，即目标业务的层2地址。更进一步地，在NR-V2X中，所述层2地址在应用于单播和多播业务时，用作单播通信接收UE的身份标识和多播通信的组标识。

对于该信令的触发，不限于UE已经配置周期性资源授权的情况，并且具体的触发机制可以由UE实现。例如，UE可以在上述倾向于使用的周期间隔、偏移信息、业务QoS特征信息等指示发生变化时，触发向网络的上报。

9.1.8　Uu接口能力上报

为了方便接入网对侧行链路进行参数配置，UE需要将侧行链路相关的能力信息上报给网络，具体来说，可以分为两个部分：即针对自身的侧行链路相关能力信息和针对对方UE的侧行链路相关能力信息。

对于针对自身的侧行链路相关能力信息，可以进一步细分为以下几个方面。

（1）针对LTE Uu接口控制下的侧行链路能力信息：该信息是在UE-EUTRA-Capability中承载的，更进一步地，针对不同的Uu接口的频带组合，所述能力信息包含Uu接口的频带组合所支持的至少一个PC5接口的频带组合。

（2）针对NR Uu接口控制下的侧行链路能力信息：该信息是在UE-NR-Capability中承载的，更进一步地，针对不同的Uu接口的频带组合，所述能力信息包含Uu接口的频带组合所支持的至少一个PC5接口的频带组合。

对于针对对方UE的侧行链路能力信息（所述过程限于单播过程），具体的信令流程如图9-11所示。

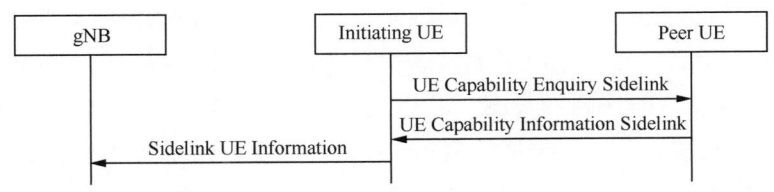

图9-11 能力转发信令过程

针对对方UE的侧行链路能力信息上报可以分为以下两个步骤。

步骤1：在本UE和对方UE之间，进行如9.1.2节所述的能力交互过程，通过所述过程使本UE获得对方UE的侧行链路通信能力。这里有两种方式：一种如图9-11所示，本UE通过UECapabilityInformationSidelink获得对方UE的侧行链路的能力信息；另一种为本UE通过对方UE发送的UECapabilityEnquirySidelink获得对方UE的侧行链路的能力信息。

步骤2：在本UE和网络节点之间，本UE向网络节点上报对方UE的侧行链路能力信息。具体的上报方式为，将步骤1收到的对方UE的能力放在SidelinkUE Information中向网络上报。在上报过程中，本UE不对对方UE的能力信息进行修改。

通过上述两个方面的能力上报，网络节点根据本UE（适用于单播、多播和广播）和对方UE（适用于单播）的侧行链路能力信息进行侧行链路的参数配置。

9.1.9 Uu接口侧行链路配置

网络针对侧行链路的配置可以分为两种类型：针对广播/多播的配置、针对单播的配置。

针对广播/多播的侧行链路配置进一步可以区分为LTE-V2X和NR-V2X两种不同情况。

（1）对于LTE-V2X，侧行链路的参数配置限于侧行链路业务信道（Sidelink Traffic Channel，STCH），即没有控制面承载。针对STCH，LTE-V2X通过协议定义了大部分承载相关的参数（PDCP、RLC相关参数），另外一部分参数由UE决定，例如重排序定时器、逻辑信道相关的参数。因此，接入网无须对侧行链路承载参数进行过多的配置。

（2）对于NR-V2X，侧行链路的参数配置从STCH拓展到了SCCH，即扩展到了控制面承载。一方面，NR-V2X保持了LTE-V2X的做法，即通过协议定义一部分承载相关的参数。因此，即使在PC5-S、PC5-RRC信令流程开始之前，UE已经可以获得SCCH的相关参数，从而开始相关的信令流程。另一方面，NR-V2X与LTE-V2X相比，将许多侧行链路承载的相关参数纳入网络可配置参数的范围内（SDAP、PDCP、RLC、逻辑信道相关参数）。需要注意的是，这里网络可配置的参数指的是不影响接收端接收数据的相关参数。反之，对于同时影响发送端发送数据和接收端接收数据的相关参数，如PDCP和RLC报文头的序列号长度，需要接收端提前获知以用于接收数据，因此，无须网络进行参数配置，而只能采用固定值。此外，对于只用于接收端接收数据的参数，即不需要发送端提前获知以便于发送数据的参数，其处理方式类似于LTE-V2X，即由UE决定。

针对单播的侧行链路配置，仅限于NR-V2X，LTE-V2X并未引入针对单播通信的控制信道。

相比于上述广播/多播的情况，单播方式的不同之处在于，由于存在针对单播通信的控制信道，因此，对于同时影响发送端发送数据和接收端接收数据的STCH相关参数，如PDCP和RLC报文头的序列号长度，可以由网络配置决定。同时，如9.1.3节所述，对于UE1和UE2组成的单播链路而言：UE1的网络节点对UE1发送、UE2接收的参数进行配置；UE2的网络节点对UE2发送、UE1接收的参数进行配置。

在发送UE获得来自网络节点的参数配置之后，通过控制信道，即9.1.3节所述的接入层参数配置过程，将所述参数从发送端配置到接收端。而对于仅影响发送端发送及仅影响接收端接收数据的参数，其处理方式和广播/多播的方式类似。

9.1.10　Uu接口测量配置与报告

为了控制信道的利用率，网络能够指示UE如何根据信道繁忙率（CBR）来针对每个发送资源池（UE测量所有配置的发送资源池，包括特殊资源池）调整其传输参数。但是，这样的操作只限于UE自主进行资源选择的模式。

若UE处于网络进行资源集中调度的模式下，拥塞控制的实现就要基于网络实现了。在这种情况下，网络进行拥塞控制的前提就是网络可以获知侧行链路资源上的当前信道繁忙率。为了实现这个目标，网络可以配置RRC_CONNECTED的UE报告CBR测量结果（见图9-12）。对于CBR报告，支持时间触发和事件触发的报告。

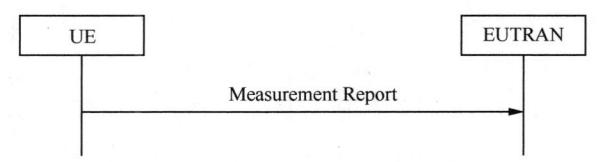

图9-12　测量报告过程

针对事件触发的报告，3GPP引入了如下两个报告事件。

（1）CBR高于一定门限，即事件V1。

（2）CBR低于一定门限，即事件V2。

细节上，如果PSSCH和PSCCH资源不相邻放置（主要针对LTE-V2X），则仅基于PSSCH资源的CBR测量用于事件触发的CBR报告。在PSSCH和PSCCH资源相邻放置的情况下，将PSSCH和PSCCH资源的CBR测量结果用于事件触发的CBR报告。网络可以配置UE需要报告哪个发送资源池，还可以基于UE上报的CBR值进行相关参数的调整，包括但不限于最大传输功率、每个传输块的发送次数、PSSCH资源尺寸、调制编码方式、信道占用率等。

为了更好地进行资源分配，网络可以指示UE根据不同的区域（Zone）使用不同的资源池。但是，这样的操作只限于UE自主进行资源选择的模式，即UE自主定位，并根据自身的位置进行资源池的选择。若UE处于网络进行资源集中调度的模式下，类似的实现就要基于网络来实现了。因此，除了CBR信息，针对车联网，网络可以要求UE上报具体的自身位置信息，该位置信息可以用于网络针对不同位置的UE进行资源分配，即基于不同的区域（Zone）的UE进行资源池的协调配置。

9.1.11　Uu接口侧行链路移动性管理

针对移动性管理，从Uu接口的移动性来说，包含两个方面，即RRC_CONNECTED状态下的移动性管理和RRC_IDLE/RRC_INACTIVE状态下的移动性管理。

对于RRC_CONNECTED状态下的移动性管理，对于V2X侧行链路传输，在切换过程中，可以在切换命令中用信号发送包括目标小区异常传输资源池（Exceptional Transmission Resource Pool）在内的传输资源池配置，从而减少传输中断。这样，UE可以在切换完成之前使用目标小区的V2X侧行链路异常传输资源池。

如果在切换命令中包括异常传输资源池，则UE从接收切换命令开始即可使用从异常传输资源池中随机选择的资源（在该过程中，若UE被配置为将基站配置为同步源，需要基于目标小区信号进行同步；若UE被配置为将全球卫星导航系统（Global Navigation Satellite System，GNSS）配置为同步源，需要基于GNSS信号进行同步）。

（1）如果在切换命令中目标小区为UE配置了基于网络调度的资源分配，则当与切换相关联的计时器（T304）正在运行时，UE会继续使用异常传输资源池。

（2）如果在切换命令中目标小区为UE配置了自主资源选择，则UE继续使用异常传输资源池，直到获得用于自主资源选择的传输资源池上的侦听结果可用为止。

除了切换场景之外，对于例外情况（例如，在RLF期间、从RRC_IDLE到RRC_CONNECTED的过渡期间、在小区内专用V2X侧行链路资源池的更改期间），UE可以在服务小区的SIB21或专用信令中提供的异常传输资源池中自主选择资源，即随机选择传输资源进行传输，暂时性地使用它们。相比于LTE-V2X，NR-V2X允许在T310运行而T311未启动时，使用type1的配置资源授权资源（Configured Grant）。

对于RRC_IDLE/RRC_INACTIVE状态下的移动性管理，RRC_IDLE/RRC_INACTIVE UE可以在小区重选期间优先考虑为V2X侧行链路通信提供跨载波资源配置的频率（通过载波1配置载波2上的侧行链路资源），这里包含以下几种情况。

（1）如果UE被配置为执行NR-V2X侧行链路通信和LTE-V2X侧行链路通信，则UE可以认为同时提供NR-V2X侧行链路通信和LTE-V2X侧行链路通信配置的频率是最高优先级。如果不存在这样的频率，则UE可以认为提供NR-V2X侧行链路通信或LTE-V2X侧行链路通信配置的频率是最高优先级。

（2）如果UE被配置为仅执行NR-V2X侧行链路通信而不执行LTE-V2X侧行链路通信，则UE可以将提供NR-V2X侧行链路通信配置的频率视为最高优先级。

（3）如果UE被配置为仅执行LTE-V2X侧行链路通信而不执行NR-V2X侧行链路通信，则UE可以将提供LTE-V2X侧行链路通信配置的频率视为最高优先级。

在小区重选期间，RRC_IDLE/RRC_INACTIVE UE可以使用从重选小区的异常传输资源池中随机选择的资源，直到获得基于自主资源选择的传输资源池上的侦听结果为止，转而使用正常的传输资源池。

9.2　V2X层协议

UE在开始侧行链路的通信之前，需要首先从网络侧获得授权和相关的控制参数。这个过程是通过N1接口的NAS层流程来完成的。

UE获得网络授权的内容包括当UE正常工作在LTE或者NR网络时或者既不在LTE也不在NR网络正常工作时是否允许在PC5接口上进行V2X的通信。授权一般由PCF节点根据UE提供的V2X能力以及和这个UE相关的用户注册信息来进行决策的。AMF节点从PCF处得到授权信息，并且在UE的注册过程中通过图9-13中的N1接口发送给UE。

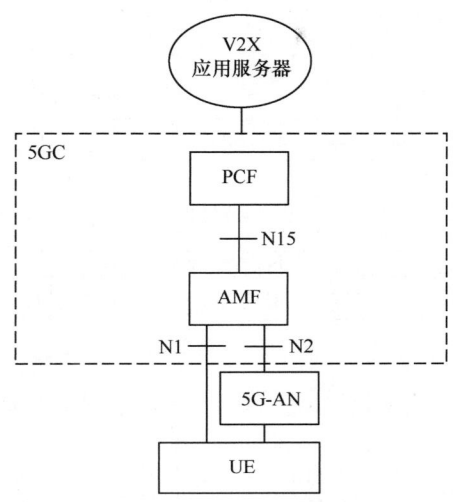

图9-13　V2X通信的5G系统架构图（省略了5GC内其他功能节点）

在UE获得网络授权的前提下，PCF还会提供更多的信息给这个已经被授权的UE。首先是预配置的无线参数。如果当前的服务小区不提供UE在PC5通信频率的必要的配置参数或者UE不在网络的覆盖范围内时，UE就需要这些预配置的无线参数。核心网还要告知UE进行RAT（无线接入技术）选择和PC5发送框架选择的策略和参数。RAT在这里指的是LTE或者NR。到R16为止，LTE的每个Release（协议版本）对应一个发送框架。NR系统只有一个Release。如果选择了NR系统，那么接着会告知UE如何从业务类型映射得到V2X工作频率、默认的通信模式（广播、多播和单播）、目标层2地址（针对广播、多播和单播的第一个消息）、QoS参数等信息。

由于LTE系统只支持广播模式，因此，只有在业务类型映射到广播模式时，才存在RAT选择的过程。当业务类型映射到多播或者单播时，就只能选择NR系统。如果选择的是多播，应用层还会把组的大小和UE在该组中的会员号通过V2X协议层通知AS层。

一个应用内的两个UE之间可以包括多个业务类型，每个业务类型内还可以包括多个PC5 QoS Flow（PC5 QoS流）。

从图9-14可以看到，不同的应用构成了不同的PC5单播链路。由于相同的UE在不同的应用上可能会有不同的应用层标识，因此，即使两个PC5单播链路实际上发生在两个相同的UE之间，V2X层和以下的协议层从技术上来说也是看不出来的。

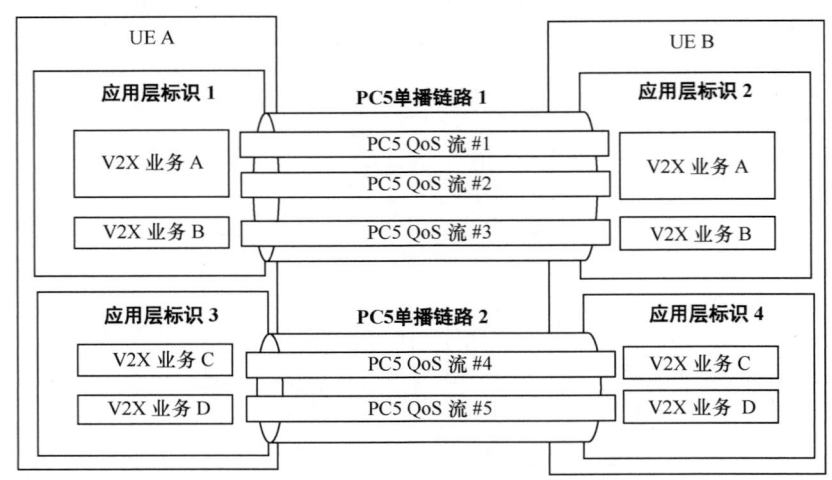

图9-14　PC5单播链路示意图（引自参考文献[50]中的图5.2.1.4-1）

图9-14中的QoS流是PC5接口上QoS控制的最小粒度，其基本框架和Uu接口的QoS框架一致，但是也有一些不同之处。对于多播来说，QoS参数中新增了"通信范围"参数，用来表示满足某个QoS流的QoS参数的最小通信范围。与LTE相比，QoS流的调度优先级不再采用按数据分组分配的优先级的概念[PPPP(ProSe Per-Packet Priority)]，而是采用按QoS流为单位的优先级设置，但同时为了解决LTE和NR的共存问题，这两种优先级又可以直接进行比较，因为它们的优先级的值的定义和范围是完全一样的。标准化的PQI请参见参考文献[50]中的表5.4.4-1。

现在通过PC5接口上的通信流程来详细介绍一下V2X层的控制面和用户面流程。首先是广播流程（如图9-15所示，引自参考文献[50]中的图6.3.1-1）。

图9-15中的Rx UE（广播接收者UE）会针对某个需要广播的业务决定目标层2的标识。由于是广播业务，业务类型到目标层2标识是由网络配置的。如果没有得到网络的配置，那么在UE的SIM卡或者手机硬件中也可以预配置这样的映射关系。当然，网络的配置优先级要高于SIM卡或者手机硬件中的配置参数。Tx UE（广播发送UE）在决定了业务的发送模式后，如果这个UE能够同时支持LTE和NR的PC5通信，那么还需要根据上文中提到的RAT和发送框架选择的策略来选择到底是LTE还是NR。同样，Tx UE也会采取和Rx UE一样的方式得到相同的目标层2标识。应用层在把数据分组传递给V2X层时，还可以把QoS参数也传递给V2X层。如果没有应用层直接传递的QoS参数，那么Tx UE需要根据事先获取的业务类型到QoS参数的映射规则来得到这个QoS流的QoS参数。在做好这些准备工作以后，Tx UE就即可把数据分组和QoS参数一起传递给AS层，然后AS层根据QoS参数的要求把数据分组发送出去。

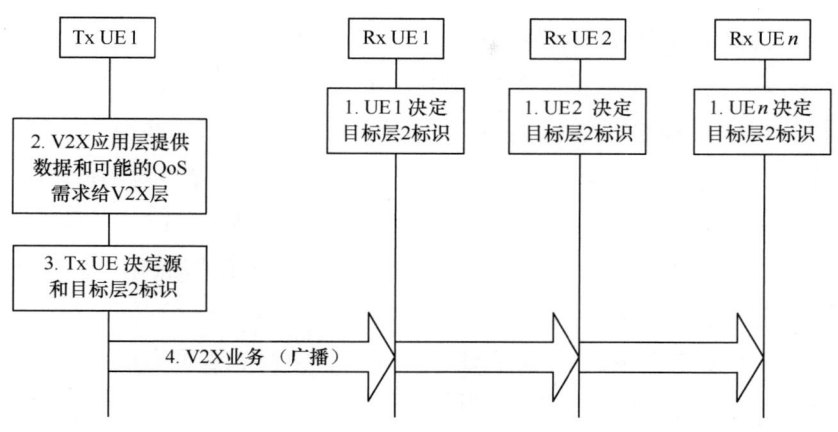

图9-15　V2X广播流程

如图9-16所示，第1步中的组管理过程是在V2X的应用层中执行的。V2X层的应用层在把数据分组递交给V2X层的同时，可能还会提供应用层V2X组标识以及组的大小和自己在组里的成员索引号。如果V2X应用层提供了V2X组标识，那么在第3步中，Rx UE和Tx UE会根据这个V2X组标识来导出目标层2标识；否则，会根据V2X业务类型来获取目标层2标识。和广播一样，源层2标识是由Tx UE自己在本地分配的。QoS参数映射过程则和广播的参数映射过程一致。V2X层把层2标识、QoS参数以及组大小和组成员标识一起传递给AS层。AS层则根据这些参数发送多播数据分组。

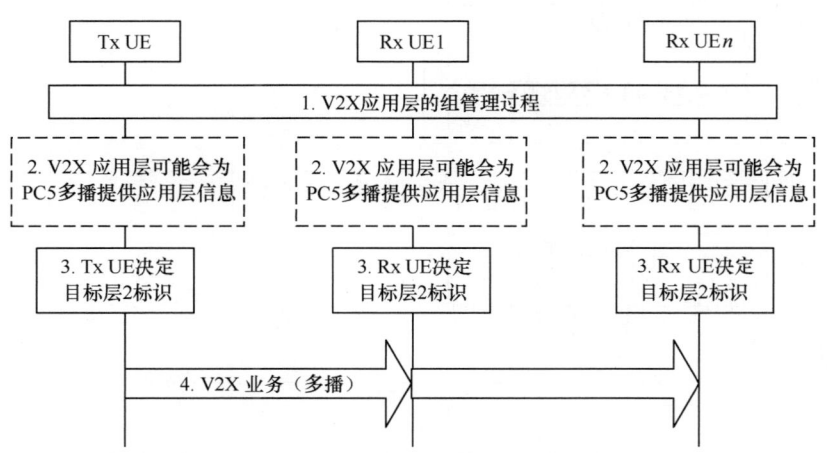

图9-16　V2X多播流程（引自参考文献[50]中的图6.3.2-1）

如图9-17所示，在单播步骤1中，UE2、UE3和UE4根据V2X应用层的标识来确定目标层2的标识。对于UE1来说，除了自己的应用层标识之外，应用层可能还会提供目标UE的应用层标识。UE1于是把应用层的标识、V2X业务信息和安全相关的内容通过直接通信请求消息发送出去。如果Tx UE事先知道目标UE的应用层标识和层2标识，那么采用单播的方式发送这个消息；否则，采用广播的方式发送这个消息。如果直接通信请求消息中包含了目标UE的应用层标识，那么只有目标UE才会响应。如果消息中没有目标UE的应用层标识，那么可能不止一个UE响应这个消息，图9-17中的UE2和UE4也会响应，只要它们对其中包含的V2X业务感兴趣。在这种情况下UE1会与UE2和UE4分别建立层2连接。第4步中如果PC5安全功能成功激活了，则UE1还会告诉目标UE想要建立的QoS流以及它们的QoS参数。QoS参数的确定方式和广播、多播是一样的。如果直接通信请求消息是采用广播的方式发送，至此，UE1就获得了目标UE的层2标识。目标UE发送回来的直接通信接收消息中包含了源侧UE的应用层标识、QoS流和它（们）的QoS参数、IP地址等信息。至此，V2X层的连接就建立完成了，之后V2X层会把数据分组以及这个数据分组的PFI（QoS流标识）一起传递给AS层，AS层根据这些信息来发送单播消息。

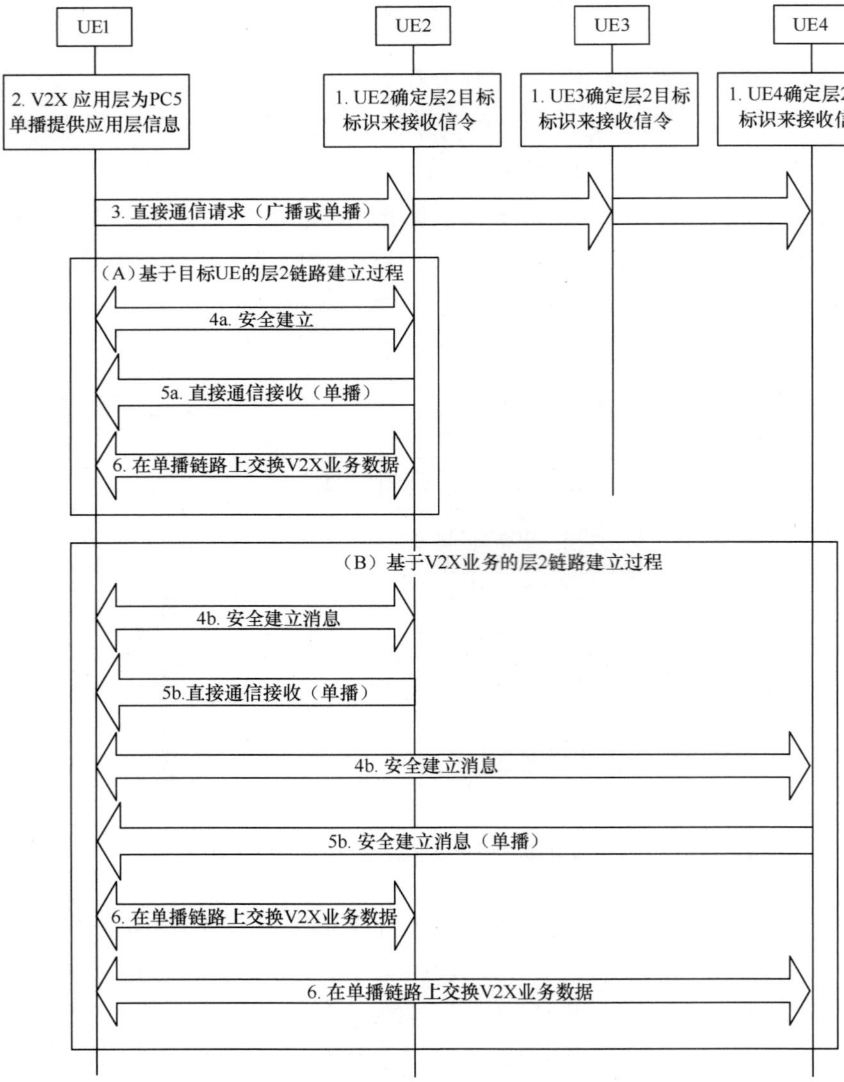

图9-17　V2X单播流程（引自参考文献[50]中的图6.3.3-1）

除了上述3种V2X通信的发送流程之外，V2X层还有如表9-1所示的流程。

表9-1　V2X层的其他流程介绍

流程	目的
PC5连接标识更新	为了保护隐私，在一定的时间后，在PC5连接上的应用层标识、源层2标识和IP地址等要进行更新
PC5连接释放	在V2X层发起层2连接释放过程，比如在业务完成之后
PC5连接修改	修改一些参数，比如业务类型等
PC5连接保活	为了及时发现对方UE是否还在线

第10章 总结与展望

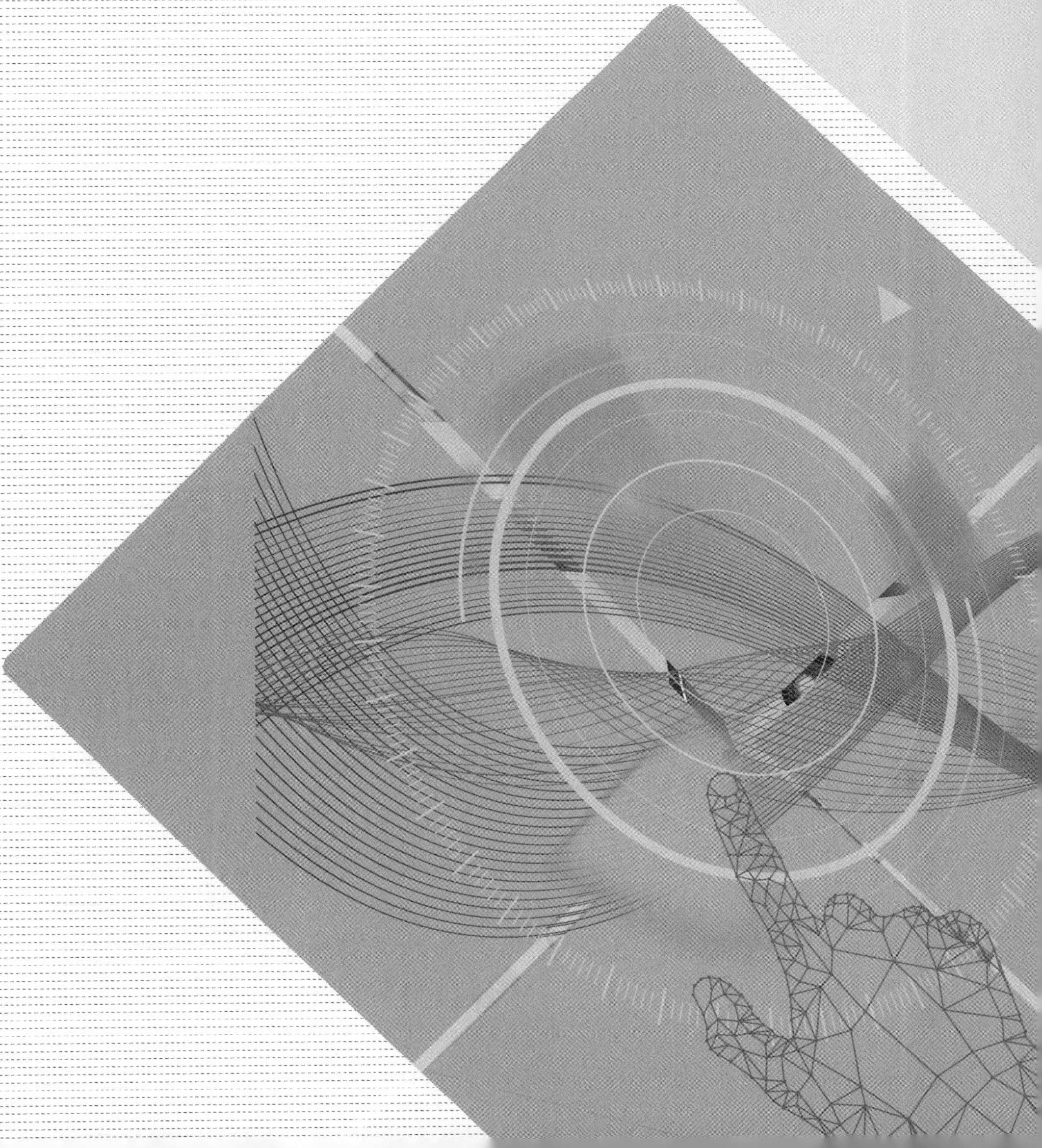

3GPP最早在R12版本的LTE-D2D技术中开始讨论侧行链路通信技术的标准化工作[51, 52],最初讨论的场景是基于公共安全的,如紧急救援、地震灾害等,此时会出现基站设备等被损坏而无法使用、救援人员与被困人员之间无法通过基站进行通信的情况,因此,基于侧行链路的终端与终端之间的直接通信是非常必要的。在R13中,引入了基于侧行链路的中继机制,使得小区外的终端可以通过小区内终端的中继[53]与基站进行通信,从而达到扩大基站覆盖范围,以及避免基站覆盖盲区的目的。在R14中,将侧行通信技术应用到车联网领域,使得该技术受到极大的关注。为了更好地支持车联网的各种应用场景,R14的侧行通信中进行了如下方面的增强。

(1)PSSCH和PSCCH的复用方式。LTE-D2D系统中PSCCH的资源池和PSSCH的资源池的TDM方式会增加系统的时延,在LTE-V2X中将PSCCH和PSSCH在同一子帧中进行FDM,从而可以降低系统的时延。

(2)增加导频密度,以支持高速场景。车联网系统中的终端是高速移动的,在LTE-V2X设计之初就提出需要支持高速移动的场景,LTE-V2X需要支持终端最高250km/h的移动速度,两车之间最高500km/h的相对速度,在无线帧结构中增加了导频密度,将每个子帧中的导频从2列增加到4列,从而可以提升高速场景下的信道估计性能。

(3)基于侦听的资源选取方案。在LTE-D2D中,当终端自主选取资源时,终端是随机选取的,此时很难避免终端之间的传输冲突,这主要是考虑D2D的应用场景中不会有大量的终端,因此,未对终端之间的传输冲突进行优化。但是在车联网系统中会存在大量的车载终端,如果还是采用随机资源选取的方式,会导致终端之间的传输冲突非常严重,无法保证传输的可靠性。因此,在LTE-V2X中引入了基于侦听的资源选取方案,降低终端之间的传输冲突,提高系统的可靠性。

(4)终端节能机制。在车联网系统中支持行人与车辆之间的通信,而行人通常使用手持终端,为了降低手持终端的功耗,在车联网系统中支持基于部分侦听结果进行资源选取或随机资源选取的方案。

(5)拥塞控制机制。当终端工作在自主选取资源模式时,整个系统是全分布式的系统,即没有中央控制节点进行资源协调,当系统中的终端数量很多时,会造成系统的拥塞,降低系统的传输性能,因此,LTE-V2X中引入了拥塞控制机制,即使系统发生拥塞,也能达到较好的传输性能。

(6)引入GNSS同步源。在LTE-D2D中,网络覆盖范围内的终端以基站为同步源,网络覆盖范围外的终端以其他终端为同步源。在车联网系统中,为了尽可能地实现全网同步,保证车联网传输的可靠性和传输效率,引入了GNSS作为同步源。

R14的LTE-V2X支持基本的车联网业务,为了支持更高的传输速率以及更高的可靠性,在R15中物理层引入了侧行多载波、支持64QAM,在高层支持复制(Duplication,不同载波上传输相同的数据)或复用(Multiplexing,不同载波上传输不同的数据)的方式进行传输，以提高传输的可靠性和吞吐量。在R15中也讨论了发送分集的方式提升传输可靠性，但是最终只引入了SD-CDD的发送分集方式，该方式对接收端是透明的，接收端无须知道发送端是否采用了该发送分集方式即可接收数据，由于该方案可以基于终端实现，不需要标准化，因此，最终没有体现在3GPP标准中。

  LTE-V2X考虑的场景主要是辅助驾驶场景，即为驾驶员提供告警信息，由驾驶员采取行动对车辆的行驶进行干预。而随着人们对自动驾驶技术的要求越来越高，能够支持自动驾驶的车联网技术成为研究的热点。第五代移动通信（5G）定义了三大应用场景，分别是增强移动宽带（eMBB）、低时延高可靠（uRLLC）和大规模物联网（mMTC）。3GPP的R15的主要目标是增强蜂窝通信的能力，为Uu接口提供大带宽和高吞吐率。基于R15的NR Uu的标准化，在R16中对基于NR的侧行通信技术进行了标准化，在R16中，基于NR SL考虑的主要场景就是车联网，因此，又称为NR-V2X。3GPP SA首先对自动驾驶的一些典型场景进行了分析，并且制定了非常严苛的性能指标[17]，如可靠性需要达到99.999%、需要支持几毫秒的时延要求等，由3GPP RAN工作组对基于NR的侧行通信技术进行标准制定工作，具体的NR-V2X与LTE-V2X的技术特征比较参见表1-3。

  5G的初始愿景是实现万物互联，赋能千行百业。移动通信行业也正在朝着万物互融、泛在连接的方向快速发展。5G通信技术也正从满足人与人的通信，向满足人与物、物与物通信的方向不断发展。通信产业的蓬勃发展，正在不断催生新的应用场景和新的业务需求，而近两年出现了比较重要的两个短距离通信场景，分别是智慧家庭网络和个人IoT通信。智慧家庭网络内与通信相关的业务和应用极为丰富，有VR/AR、无线投屏、远程视频家庭聚会、远程医疗、家庭视频监控、家庭内传感器控制等。这些家庭内部的各类设备或终端之间有很明确的通信需求，且很大一部分通信交互的数据仅在家庭内部的设备间传递，并不需要通过蜂窝网络传输到外网。基于侧行链路的通信技术是适用于终端之间进行通信的优选技术。

  NR SL除了可以应用到车联网系统外，还可以应用到其他场景中，如公共安全应用和上述智慧家庭网络、个人IoT通信等商业场景。在这些新的应用场景中，终端往往是手持终端，因此NR SL技术在R17的重心落在了和节能相关的解决方案上，比如在侧行链路中引入DRX机制，在资源分配方面引入了终端之间协调机制和部分侦听的方式进行资源选取[54]。在R17中，和NR SL技术直接相关的另外一个课题是基于侧行链路的中继技术[55]，通过引入侧行链路的中继技术，一方面可以扩大基站的覆盖范围，另一方面可以节省终端的能耗。侧行链路的中继包括终端到网络的中继以及终端到终端的中继。两种中继方式对于公共安全应用来说都比较重要，而商业上的一些应用，比如智能手表或手环通过智能手机连接到网络，因此，更多地采用终端到网络的中继方式。对于智能手表或手环来说，它们与智能手机之间的基于侧行链路的短距离通信耗电几乎为零，从而大大提高了终端待机时间。

R17的NR SL研究主要侧重于终端节能方面，而为了使NR SL适用于不同的应用场景，在未来版本（如3GPP R18）的研究中，可以从如下几个方面进行增强。

（1）NR SL在多载波上的应用

类似于LTE-V2X R15相对于R14在多载波方面的增强，在后续研究中可以将NR SL扩展到多载波上。在现有的NR SL中，只考虑单载波的情况，由于载波带宽的限制，单个载波的传输很难满足高传输速率的需求。智慧家庭网络通信中的VR/AR、无线投屏、远程视频家庭聚会、远程医疗、家庭视频监控等场，或者车联网中的传感器数据共享等场景，对基于侧行链路的数据传输速率有非常高的要求，因此，可以采用侧行多载波数据传输的方式提升传输速率。

（2）NR SL在FR2的增强

R16的NR SL虽然支持FR1和FR2，但是针对FR2只引入了PT-RS，并没有对FR2进行优化，也没有在侧行链路上支持基于波束的传输。在R15 NR Uu系统中针对FR2引入了波束管理机制，而基于侧行链路的终端与终端之间的传输与基于Uu口的网络与终端之间的传输有很大的不同，在网络与终端的传输中，网络与终端之间通常是单播通信，网络的位置是固定的，终端通常也是低速移动的，因此，网络可以很容易地进行波束跟踪等处理。但是，对于基于NR SL的终端与终端之间的通信，需要支持单播、多播、广播等传输方式，并且需要考虑终端高速移动的场景（如车载终端），终端之间的拓扑结构也是动态并且快速变化的，在这种场景中支持侧行链路的波束管理机制是非常困难的。

（3）NR SL在非授权频谱的应用

目前3GPP标准针对SL传输只能限制在授权频谱或ITS专用频谱上使用，其中，ITS频谱主要用于车联网系统，上述智慧家庭网络、个人IoT等商业场景无法使用ITS频谱，只能使用授权频谱。如果能增强已有的侧行链路协议传输机制，使之能工作在免授权频段上（Sidelink over Unlicensed Spectrum），并且满足家庭场景下的各种通信业务需求，这将是一个理想的新型短距离无线通信协议。

从3GPP标准化工作开展的范围看，为了不断提升通信能力、满足多样化业务和多场景应用的需求，通信技术主要朝着如下两个维度进行拓展和增强。一个扩展维度是支持的通信频谱不断扩展，如从低于FR1频段（低于7.125GHz）到FR2频段（24.25～52.6GHz），再到FR2x频段（52.6～71GHz），后续会应用到太赫兹频段和可见光通信。另外一个扩展维度是无线通信链路的拓展，从最基本的蜂窝空口（Uu）通信，拓展到支持侧行链路（Sidelink）通信。而基于侧行链路的通信适用于终端到终端的近距离通信系统，具有低时延、低功率、高吞吐量等优点，因此非常适用于垂直行业领域，如车联网、智慧家庭、工业互联网、个人IoT等，而随着对基于侧行链路通信技术研究的深入，其应用场景也会越来越广泛。

参考文献

[1] 中国信息通信研究院. 车联网白皮书[R]. 2017.

[2] Hannes Hartenstein, Kenneth P, Laberteaux. VANET 车载网技术及应用[M]. 北京：清华大学出版社，2013.

[3] 中国信息通信研究院. 车联网白皮书[R]. 2018.

[4] 丁强，方友祥. 从智能交通系统到车联网[J]. 中国新通信，2013(018): 54-56.

[5] 贾梅. ISO/TC204 与我国交通工程标准化[J]. 公路，1997(08): 32-35.

[6] 王立. 车联网标准体系浅析[J]. 中国公共安全，2012(006): 112-114.

[7] 陈山枝，胡金玲，时岩，等. LTE-V2X 车联网技术、标准与应用[J]. 电信科学，2018，34(04): 7-17.

[8] 中国信息通信研究院. 车联网白皮书（C-V2X 分册）[R]. 2019.

[9] 郭海陶. 智能交通专用短程通信（DSRC）关键技术与应用研究[D]. 广州：华南理工大学，2010.

[10] 戴晦明. 车载通信系统物理层及 MAC 层协议的研究与改进[D]. 2019.

[11] ANWAR W, FRANCHI N, FETTWEIS G. Physical Layer Evaluation of V2X Communications Technologies: 5G NR-V2X, LTE-V2X, IEEE 802.11bd, and IEEE 802.11p[C]// IEEE 90th Vehicular Technology Conference (VTC2019-Fall). IEEE Press, 2019.

[12] Naik G , Choudhury B , Jung-Min, et al. IEEE 802.11bd & 5G NR-V2X: Evolution of Radio Access Technologies for V2X Communications[J]. IEEE Access, 2019, 7: 70169-70184.

[13] Wireless LAN Medium Access Control (MAC) and Physical Layer (PHY) Specifications Amendment 8: Medium Access Control (MAC) Quality of Service Enhancements[R]. Tech.rep., IEEE Std. 802.11e, Nov. 2005.

[14] 3GPP. Service Requirements for V2X Services: TS 22.185[S]. V16.0.0, 2020.

[15] 3GPP. Enhancement of 3GPP Support for V2X Scenarios: TS 22.186[S]. V16.2.0, 2019.

[16] 3GPP. Study on LTE Support for Vehicle to Everything (V2X) Services TR 22.885[S].

V14.0.0, 2015.

[17] 3GPP. Study on Enhancement of 3GPP Support for 5G V2X Services TR 22.886[S]. V16.2.0, 2018.

[18] 3GPP. NR; Base Station (BS) Radio Transmission and Reception: TS 38.104[S]. V16.5.0, 2020.

[19] 3GPP. NR; Physical Layer Procedures for Control: TS 38.213[S]. V16.3.0, 2020.

[20] 3GPP. NR; Physical Layer Procedures for Data: TS 38.214[S]. V16.3.0, 2020.

[21] 3GPP. NR; Physical Channels and Modulation: TS 38.211[S]. V16.3.0, 2020.

[22] 3GPP. NR; Radio Resource Control (RRC) Protocol Specification: TS 38.331[S]. V16.2.0, 2020.

[23] 3GPP. Evolved Universal Terrestrial Radio Access (E-UTRA); Physical Channels and Modulation : TS 36.211[S]. V16.3.0, 2020.

[24] Huawei, HiSilicon, R1-166164. Details of PSCCH DMRS Design. RAN1 #86, Gothenburg, Sweden, August 22-26, 2016.

[25] Qualcomm Incorporated, R1-166256. Link Level Enhancements for V2V. RAN1 #86, Gothenburg, Sweden, August 22-26, 2016.

[26] 3GPP. Evolved Universal Terrestrial Radio Access (E-UTRA) and Evolved Universal Terrestrial Radio Access Network (E-UTRAN) Overall Description: TS 36.300[S]. V16.3.0, 2020.

[27] 3GPP. Evolved Universal Terrestrial Radio Access (E-UTRA); Physical Layer Procedures: TS 36.213[S]. V16.3.0, 2020.

[28] 3GPP. NR; NR and NG-RAN Overall Description: TS 38.300[S]. V16.3.0, 2020.

[29] 3GPP. Evolved Universal Terrestrial Radio Access (E-UTRA); Radio Resource Control (RRC); Protocol specification: TS 36.331[S]. V16.2.1, 2020.

[30] 3GPP. Evolved Universal Terrestrial Radio Access (E-UTRA); Multiplexing and Channel Coding : TS 36.212[S]. V16.3.0, 2020.

[31] 3GPP. NR; Multiplexing and Channel Coding: TS 38.212[S]. V16.3.0, 2020.

[32] Samsung, R1-1912459. On Resource Allocation for NR-V2X Mode 1, RAN1 #99, Reno, USA, November 18th – 22nd, 2019.

[33] LG Electronics, R1-1912587. Discussion on NR Sidelink Resource Allocation for Mode 1. RAN1 #99, Reno, USA, November 18th – 22nd, 2019.

[34] OPPO, R1-1912790. Mode 1 Resource Allocation for NR SL. RAN1 #99, Reno, USA, November 18th – 22nd, 2019.

[35] 3GPP. Evolved Universal Terrestrial Radio Access (E-UTRA); Medium Access Control (MAC) Protocol Specification: TS 36.321[S]. V16.2.0, 2020.

[36] 3GPP. NR; Medium Access Control (MAC) Protocol Specification: TS 38.321[S]. V16.2.1, 2020.

[37] Qualcomm Incorporated, R1-1811260. Procedures and Use Cases for Groupcast and Unicast Transmissions. RAN1 #94bis, Chengdu, China, October 8th – 12th, 2018.

[38] Ericsson, R1-1907824. LS on Mode-1 Retransmission Indication. RAN1 #97, Reno, USA, May 13th – 17th, 2019.

[39] 3GPP. NR; Physical Layer Measurements: TS 38.215[S]. V16.3.0, 2020.

[40] 3GPP. Overall Description of Radio Access Network (RAN) Aspects for Vehicle-to-Everything (V2X) based on LTE and NR: TR 37.985[S]. V16.0.0, 2020.

[41] 3GPP. Evolved Universal Terrestrial Radio Access (E-UTRA); User Equipment (UE) Radio Transmission and Reception: TS 36.101[S]. V16.7.0, 2020.

[42] 3GPP. Evolved Universal Terrestrial Radio Access (E-UTRA); Requirements for Support of Radio Resource Management: TS 36.133[S]. V16.7.0, 2020.

[43] 3GPP. NR; Radio Link Control (RLC) Protocol Specification: TS 38.322[S]. V16.1.0, 2020.

[44] 3GPP. Evolved Universal Terrestrial Radio Access (E-UTRA); Radio Link Control (RLC) Protocol Specification: TS 36.322[S]. V16.0.0, 2020.

[45] 3GPP. NR; Packet Data Convergence Protocol (PDCP) Specification: TS 38.323[S]. V16.2.0, 2020.

[46] 3GPP. Evolved Universal Terrestrial Radio Access (E-UTRA); Packet Data Convergence Protocol (PDCP) Specification: TS 36.323[S]. V16.2.0, 2020.

[47] 3GPP. Security Aspects of 3GPP Support for Advanced Vehicle-to-Everything (V2X) Services: TS 33.536[S]. V16.1.0, 2020.

[48] 3GPP. Security Architecture and Procedures for 5G System: TS 33.501[S]. V16.4.0, 2020.

[49] 3GPP. E-UTRA and NR; Service Data Adaptation Protocol (SDAP) Specification: TS 37.324[S]. V16.2.0, 2020.

[50] 3GPP. Architecture Enhancements for 5G System (5GS) to Support Vehicle-to- Everything (V2X) Services: TS 23.287[S]. V16.4.0, 2020.

[51] Qualcomm Incorporated, RP-122009. Study on LTE Device to Device Proximity Services. RAN #58, Barcelona, Spain, Dec. 4 - 7, 2012.

[52] Qualcomm Incorporated, RP-140518. Work Item Proposal on LTE Device to Device Proximity Services. RAN #63, Fukuoka, Japan, 3 - 6 March 2014.

[53] Qualcomm Incorporated, RP-150441. Revised WI: Enhanced LTE Device to Device Proximity Services. RAN #67, Shanghai, China, 9th – 12th March 2014.

[54] LG Electronics, RP-201516. WID Revision: NR Sidelink Enhancement. RAN #89e, Electronic Meeting, September 14 - 18, 2020.

[55] OPPO, RP-201474. Revised SID: Study on NR Sidelink Relay. RAN #89e, Electronic Meeting, September 14 - 18, 2020.